グローバル資金管理と直接投資

小西宏美

日本経済評論社

はしがき

　世界にコンピューターが登場して半世紀を過ぎた今，情報技術の発展はわれわれの生活を大きく変えてきた．今日では，自宅にいながらGoogleのStreet viewでニューヨークのタイムズ・スクエアの様子をうかがうことができるし，iTunesで好きな音楽や映画をダウンロードして楽しむことができる．ITの発展は，金融の世界にも大きな変化をもたらしている．フィンテック（FinanceとTechnologyを組み合わせた造語）という言葉に表されているように，金融はITと結びつきやすい性格をもつ．本書は，多国籍企業のグローバル資金管理（グローバル・キャッシュマネジメント・システム）を題材としているが，これもフィンテックの一例であろう．ただ本書は，グローバル・キャッシュマネジメント・システムの紹介や手引きといった内容ではない．本書は，多国籍企業におけるグローバル・キャッシュマネジメント・システムの普及がハイマー以来の直接投資論に与える影響を整理し，多国籍企業の新たな支配構造を明らかにしようとするものである．

　多国籍企業は，一般的に第二次世界大戦後の1950年代，アメリカ企業によるヨーロッパ進出を契機に注目されるようになった．当時のヨーロッパでは，こうしたアメリカ企業の動きが脅威として受け取られた．また1960年代から70年代にかけてはアジアやアフリカなどの旧植民地では経済的な自立を求めて，自国の資源に対する権利を主張する資源ナショナリズムや先進国からの輸入を自国での生産に切り替えようとする輸入代替工業化政策が展開された．こうした時代背景の下における多国籍企業は，世界経済を支配し利益を独占する先進国の典型として捉えられた．そうした時代から50年を経た現在，多国籍企業に対する見方は大きく変化した．国内に多国籍企業を誘致することで雇用を増加させ，技術の蓄積を図る，といった政策は1980

年代以降のアジアの経済発展によって1つのロールモデルとなった．各国の政策担当者は，今ではどのように税制や投資環境を整備すれば多国籍企業を呼び込むことができるのか，という問題に頭を悩ませる．

　冒頭にもあるとおり多国籍企業は，さまざまな技術革新を生み出し，普及させることで，我々の物質的生活水準を向上させてきた．しかし他方で，多国籍企業による支配とその負の側面がなくなったわけではない．アメリカの製薬会社ファイザーは，2015年にアイルランドの同業であるアラガンの買収に合意したが，16年にこれを撤回している．もともとこの買収は，ファイザーが本社を法人税率の低いアイルランドに移転させ，租税の負担を減少させることを目的にしていた．こうした企業の動きに，米国財務省が規制強化案を打ち出し，ファイザーは最終的に買収を断念した．また，「底辺への競争（Race to the bottom）」という言葉で表現されるように，多国籍企業の国内誘致をめぐって各国が労働条件や環境条件をむしろ悪化させているという問題も指摘されている．

　こうした問題は，いずれも多国籍企業が1つの国にとどまらず外国企業を子会社とし，世界的に事業活動を展開することで発生している．これまでも指摘されてきた問題であるが，多国籍企業にとって進出先の国は世界全体でのビジネスの一部にすぎず，その国よりも有利な国があれば投資先を移転させることもできる．ファイザーの本社移転問題は，多国籍企業にとって親会社が所在する本国でさえも，その世界展開の一部にすぎず，投資先として有望でなければ移転の対象になることを示している．本書はこうした問題を直接，取り扱うわけではないが，多国籍企業による外国子会社の今日的な支配構造を明らかにすることで，その問題の一端を解明しようとするものである．こうした意図が成功しているかどうかは，ひとえに読者の方の判断を仰ぎたい．

　なお，本書を執筆するにあたって，下記の論文を参考にした．ただし資料などは可能な限り最新のものと取り換えている．初出一覧は次の通りである．

序章　書き下ろし
第1章　「グループ内国際貸付資本としてのインハウスバンクと直接投資」駒澤大学『経済学論集』第42巻第1号，2010年
「IMF = OECDの直接投資統計改定議論にみる多国籍企業内国際投資マネーフロー」駒澤大学『経済学論集』第39巻第4号，2008年
第2章　「多国籍企業の資金調達と対外直接投資―アメリカ多国籍企業ヨーロッパ子会社の資金調達―」立命館大学『立命館国際地域研究』第24号，2006年
「オランダ金融子会社にみる多国籍企業内国際マネーフロー」駒澤大学『経済学論集』第38巻第1・2合併号，2006年
第3章～第7章　書き下ろし

　さて，私事ではあるが，本書は筆者にとってはじめての単著であり，本書が完成するまでには多くの方々のご指導を賜った．
　まず私の学部・大学院時代の恩師である立命館大学国際関係学部教授・板木雅彦先生には，世界経済を捉えるうえでの基本的な視座，論文を書くうえでの作法など研究全般にわたってご指導いただいた．衣笠山のふもとにあった西園寺記念館がかつては国際関係学部の学舎であったが，そこでの毎週のゼミは私にとって発見の連続であり，今の研究生活を支える基本となっている．板木先生の，軽妙な語り口を交えた厳しくも心暖かいご指導に，この場を借りて感謝申し上げたい．
　筆者が大学院生のころからご指導いただいている奥田宏司先生には，実証分析の大切さと常に新しい現象に目を向ける研究姿勢を教わった．関下稔先生には，いつも暖かい励ましのお言葉をいただいた．また日ごろの学会や研究会では，中本悟先生，櫻井公人先生，西川純子先生，立石剛先生，萩原伸次郎先生をはじめとする諸先生方に知的好奇心を駆り立てていただいている．筆者が奉職する駒澤大学の代田純先生には，研究・学務と子育ての両立に苦

労する筆者に温かいお言葉をかけていただいている．

　また本書を作成する過程では，実業界の方々へのインタビューを実施した．お忙しい中，インタビューに快く応じてくださった皆様，そして仲介の労を取ってくださった皆様にも合わせてお礼申し上げたい．なお，日本経済評論社の清達二氏，梶原千恵氏には，駒澤大学の出版助成を申請する段階からお世話になった．本書は平成28年度駒澤大学出版助成をいただいている．改めて感謝の意をここに表したい．

　最後に，これまで筆者の人生を全面的に支援してくれている両親，そして時にわがままになってしまう筆者を受け入れてくれている夫と2人の息子たちに感謝の念を記しておきたい．

　　2016年9月

　　　　　　　　　　　　　　　　　　　　　　　　　　　小　西　宏　美

目次

はしがき

序章　グローバル・キャッシュマネジメント・システムと
　　　直接投資の新たな潮流―本書の課題とアプローチ―……………… 1

　　（1）分析の課題と対象　1
　　（2）先行研究の成果と本書のアプローチ　4
　　（3）本書の構成　9

第1章　グローバル・キャッシュマネジメントと
　　　インハウスバンク……………………………………………… 13

　第1節　グローバル・キャッシュマネジメントの概要　14
　　（1）グローバル・キャッシュマネジメントの機能と役割　14
　　（2）インハウスバンク拡大の歴史的背景　19
　第2節　IMF＝OECDの国際収支改訂議論にみる直接投資の新潮流　22
　　（1）インハウスバンクを介した多国籍企業内国際マネーフローと
　　　　直接投資　22
　　（2）IMF＝OECDの国際収支改訂議論と直接投資の定義　27
　第3節　IMF＝OECD新マニュアルにおける直接投資の取り扱い　31
　　（1）逆投資の取り扱い　33
　　（2）プーリングと直接投資　36
　第4節　まとめ　38

第2章　オランダのインハウスバンクと多国籍企業内
　　　　国際マネーフロー……………………………………………45

　第1節　USDIA統計にみるアメリカ系多国籍企業の企業内
　　　　国際マネーフロー　46
　　　(1)　アメリカ系多国籍企業ヨーロッパ子会社の資金調達　47
　　　(2)　第三国からの資金調達　53
　第2節　オランダのインハウスバンクにみる多国籍企業内
　　　　国際マネーフロー　58
　　　(1)　投資マネーフロー　59
　　　(2)　所得マネーフロー　70
　　　(3)　グループ内金融仲介拠点としてのオランダ　73
　第3節　まとめと課題の整理：直接投資の新潮流とハイマー理論　77

第3章　直接投資の3形態………………………………………85

　第1節　直接投資の3形態　85
　　　(1)　直接投資の3形態の概要　85
　　　(2)　BPM6における3分類との違い　90
　第2節　アメリカの対外直接投資にみる3形態　92
　　　(1)　アメリカ対外直接投資の概観　92
　　　(2)　形態別にみるアメリカ対外直接投資　95

第4章　親会社から子会社への支配実現型直接投資……………101

　第1節　支配実現型直接投資の概観　102
　　　(1)　産業別にみる支配実現型直接投資　102
　　　(2)　投資先別にみる支配実現型直接投資　106
　第2節　製薬多国籍企業の支配実現型直接投資　113
　　　(1)　製薬業界を取り巻く環境　115

(2)　M&Aによる成長分野への支配実現型直接投資　118

　第3節　石油多国籍企業の支配実現型直接投資　125

　　　(1)　オイルショックとメジャーズ　125

　　　(2)　1970年代以降の支配実現型直接投資　126

　　　(3)　1990年代末の合併とスーパー・メジャーズの誕生　130

　　　(4)　原油価格の高騰と新たな資源開発　132

　第4節　金融多国籍企業の支配実現型直接投資　135

　　　(1)　ラテンアメリカ向け支配実現型直接投資　136

　　　(2)　ヨーロッパ向け支配実現型直接投資　139

　第5節　まとめ：移りゆく成長分野と支配実現型直接投資　143

第5章　支配実現型直接投資と非出資型国際生産 …………………… 149

　第1節　非出資型国際生産の拡大　149

　　　(1)　非出資型国際生産と多国籍企業　149

　　　(2)　内部化理論と非出資型国際生産　151

　第2節　製薬業界にみる支配実現型直接投資と国際製造委託　153

　　　(1)　製薬業界におけるバリューチェーンの分解　153

　　　(2)　メガファーマの国際製造委託と支配実現型直接投資　155

　　　(3)　製造受託企業の優位性と支配実現型直接投資　157

第6章　子会社から親会社への逆投資 ………………………………… 161

　第1節　逆投資の定義と特徴　162

　　　(1)　逆投資の定義と分類　162

　　　(2)　逆投資のポートフォリオ投資的性格　164

　第2節　資金調達代替型逆投資と資金回収型逆投資　167

　　　(1)　GE Capitalインハウスバンクにみる2つの逆投資　167

　　　(2)　2つの逆投資の取り扱い　170

　第3節　多国籍企業の諸活動の世界的配置と逆投資　171

(1)　多国籍企業の生産・販売活動に占める外国子会社の拡大　172
　　　(2)　親会社の研究開発投資と逆投資による親会社への資金還流　179
　第4節　アメリカ多国籍企業を取り巻く税制と逆投資　184
　　　(1)　低税率国子会社への利益移転と現金の蓄積　184
　　　(2)　本国親会社への逆投資　186
　第5節　まとめ　188

第7章　インハウスバンクの収益再投資 …………………………… 193

　第1節　収益再投資の実態と分類　194
　　　(1)　収益再投資の実態　194
　　　(2)　オランダの国際収支にみる収益再投資の利用パターン　196
　第2節　プーリングを介した資本移動のポートフォリオ投資的性格　202
　　　(1)　プーリングによる多国籍企業内国際投資マネーフロー　203
　　　(2)　プーリングによる「利ざや」の獲得　204
　第3節　キャッシュマネジメントと既存子会社の支配　209
　　　(1)　キャッシュマネジメントの導入による既存子会社の支配強化　209
　　　(2)　事業の現地化とキャッシュの集中化　212
　第4節　インハウスバンクによる新規子会社への投資　215
　　　(1)　直接投資の収益率とグループ内収益再投資　215
　　　(2)　支配実現型直接投資としてのグループ内収益再投資　218
　第5節　まとめ　222

終章　グローバリゼーション時代の多国籍企業による
　　　新たな支配構造 ……………………………………………… 227

参考文献　231
索引　242

序章

グローバル・キャッシュマネジメント・システムと直接投資の新たな潮流
― 本書の課題とアプローチ ―

(1) 分析の課題と対象

近年，多国籍企業の活動範囲はますますグローバルに拡大している．世界最大の多国籍企業ゼネラル・エレクトリック（General Electric：以下，GE）は世界全体で 3,700 億ドルを超える資産を保有し，その半分にあたる 1,900 億ドルは本国アメリカ以外の外国にある[1]．170 か国を超える国で事業を展開し，その海外子会社はヨーロッパを中心にアジア，アフリカ，ラテンアメリカと世界各国に広がっている．また 1 つの国に複数の海外子会社が存在することも多々ある．このような世界的規模での子会社網の拡大は，GE をはじめとする現代の巨大多国籍企業の典型でもある．

海外子会社網の拡大は，単に多国籍企業の規模拡大だけではなく，子会社間の貿易や投資を拡大させる．今では多国籍企業グループ内の貿易は，アメリカの貿易全体の 3 割程度を占めている[2]．こうした多国籍企業内の貿易や投資の拡大により，グループ会社間の資金決済も飛躍的に増大した．たとえば GE では，2006 年の時点で既にグループ内の決済が 1 か月あたり 11 万件以上，金額にして 3,345 億ドルに上っている[3]．こうした大量のグループ内取引やそれに伴う決済業務を効率的に行うため，多国籍企業内ではインハウスバンク（In-House Bank：グループ内銀行）という子会社を通じたグローバル・キャッシュマネジメント・システム（Global Cash Management System：グローバル資金管理）が普及している．

インハウスバンクとは，オランダやルクセンブルクなど租税上の優遇措置

がある国に設立された多国籍企業グループ内の財務機能を担う子会社で，グローバル・キャッシュマネジメントの要となる存在である．たとえば多国籍企業内で貿易が頻繁に行われると，各子会社の資金決済手続きが煩雑になる．グローバル・キャッシュマネジメントは，網の目状に広がった子会社の資金決済を相殺し，インハウスバンクに集中することで，決済業務やそれにかかるコストを軽減する．またグループ内で資金に余裕がある子会社から不足する子会社へ資金を仲介し，グループ全体として銀行などに対する負債を圧縮する．グローバル・キャッシュマネジメントは，こうしたさまざまな財務機能を通じて効率的な現金・資金管理を実現しようとするものである．

さて，グローバル・キャッシュマネジメント・システムとそれによる多国籍企業内の新たなマネーフローは，従来から対外投資の2大形態として分類されてきた直接投資とポートフォリオ投資（間接投資）の区分に問題を投げかけている．直接投資とポートフォリオ投資の最大の違いは，投資先に対する「支配」の有無である．ポートフォリオ投資は利ざやキャピタルゲインを得るための投資であるのに対して，直接投資は投資先企業を支配する投資である．よって直接投資の実際の投資形態も，従来は支配を実現するという意味で，子会社株式への永続的な投資が中心であった．しかし今日の多国籍企業グループ内のマネーフロー，とくにグローバル・キャッシュマネジメント・システムを通じたマネーフローをみれば，子会社株式への永続的な投資だけでなく，さまざまな性格の資金がグループ内を移動していることが分かる．

たとえば，インハウスバンクがロンドンやニューヨークなどの国際資本市場で調達した資金を親会社に貸し付けるといったことが行われているが，これは子会社であるインハウスバンクから親会社への資金移動であり，通常の親会社から子会社への投資とは逆の方向をもつ投資である．また，グローバル・キャッシュマネジメント・システムを通じて，多国籍企業グループ内では資金余剰を抱えた子会社から資金不足となっている子会社に1週間や1日単位での短期の貸出が行われている．これも，従来の親会社から子会社への

長期的・永続的な直接投資という形態からみると，大きく異なる性格をもつ資金移動である．

このような多国籍企業内の新たなマネーフローは，直接投資と言えるのだろうか．インハウスバンクが親会社に貸し付ける資金は，利ざやを追及するポートフォリオ投資と何が異なるのか．直接投資というより，むしろポートフォリオ投資に近いのではないのか．直接投資の本質たる「支配」に一見，反するようなさまざまなグループ内マネーフローが拡大しているのは，なぜか．こうした新たな現象は，「支配」を目的とした投資という直接投資の本質に修正を迫るのか．それとも「支配」をさらに強化するための新たな手段なのか．これらが，本書で検討する課題である．

さて上記の問題を，本書ではとくにアメリカ系多国籍企業に対象を絞って検討する．多国籍企業の国籍をアメリカに限定する理由は，アメリカ企業が世界で最も早い段階からグローバル・キャッシュマネジメント・システムを導入し，それを積極的に活用している点[4]と，多国籍企業内の国際資本移動に関するデータの豊富さにある．アメリカの商務省・経済分析局（Department of Commerce, Bureau of Economic Analysis：以下，BEA）は，アメリカ多国籍企業の海外子会社に関する詳細なデータを5年ごとにベンチマークサーベイ（Benchmark Survey）として，そしてその簡略版を毎年，ホームページに公表している．ここには，アメリカ多国籍企業海外子会社のバランスシートが，子会社の所在国別に掲載されており，概略ではあるが，その資金調達構造が明らかになる．こうした子会社別の負債や資本調達のデータは，現在のところアメリカ系多国籍企業を除いて，公表されているものがない[5]．

ただ筆者は，本書での分析の結果がアメリカ以外の多国籍企業，とくにヨーロッパや日本などの多国籍企業にも一定程度，当てはまるものと考えている．データの制約から本書における分析は，アメリカ多国籍企業に限定しているが，ヨーロッパや日本の多国籍企業もグローバル・キャッシュマネジメント・システムを導入していることは周知の事実である．各国の多国籍企業内部において，インハウスバンクを通じたグループ内の資本移動が発生して

いるのである．もちろんアメリカ多国籍企業と日系多国籍企業・ヨーロッパ系多国籍企業では，その誕生の歴史や産業構造，優位性などの面において異なる点も多々ある．しかし，本文でみるような，直接投資による海外子会社の支配と，その支配に反するようなグループ内マネーフローという点において，多国籍企業の国籍が異なっていたとしても，一定程度，似たような現象がみられる．

(2) 先行研究の成果と本書のアプローチ

多国籍企業による直接投資の本質が，外国企業の支配であると最初に指摘したのは，S.ハイマーである[6]．ハイマーが1960年代に登場するまでは，直接投資とポートフォリオ投資の区別も明確ではなく，外国投資という大きな枠の中で両者を一括りに議論していた．そのような中で，ハイマーはポートフォリオ投資が利ざやを目的とした投資であるのに対して，対外直接投資は外国企業の支配を目的とした投資であることを明確に指摘した．この点をハイマーは，多国籍企業外国子会社の資金調達構造から説明している．

すなわち外国子会社は，負債資金を子会社が所在する現地国で調達しているのに対して，資本は本国親会社から調達していた．もし直接投資がポートフォリオ投資と同じように，本国よりも高い外国の利子率を得ることを目的にしていたならば，親会社は株式以外の負債資金も子会社に提供しているはずであるが，実際はそうではない．親会社から子会社に投資される資金の大半は株式資本，すなわち「支配」を意味する投資であった．そこから，ハイマーは直接投資の目的が株式所有を通じた支配と，支配による超過利潤の獲得であることを明らかにした．

またハイマーは，直接投資を企業の対外事業活動に伴う資金調達の問題と位置付けた．前述のとおり，多国籍企業の外国子会社は，親会社から資本を調達すると同時に，現地国の銀行などから負債資金を借り入れている．対外直接投資は本国・親会社から外国子会社への国境を越えた投資を指すため[7]，外国子会社が親会社から調達した資本は対外直接投資になる．しかし他方で，

外国子会社が現地の金融機関から借り入れた資金は国境を越えた資本移動ではなく，対外直接投資には含まれない．それゆえ対外直接投資は，多国籍企業の多様な活動の一部分にすぎない．2013年におけるアメリカ多国籍企業の外国子会社の総資産は世界全体で25兆ドルに上るのに対して，対外直接投資の残高は7兆ドルにとどまっている所以である[8]．

そのためハイマーは，対外直接投資の本質が外国企業の支配であることを明らかにしたうえで，さらにより大きな問題，すなわち，なぜ企業は対外事業活動に乗り出すのか，という点について議論した．そして，その理由を競争の排除や優位性（advantage）に求めた．とくに鉄鉱石やアルミニウムといった資源産業における多国籍企業の対外事業活動の原因として競争の排除が挙げられているが，むしろハイマーの議論の中心は優位性のほうにある．その説明は以下のようなものである．多国籍企業は外国での言語や法律，その他さまざまな習慣などに精通していないため，現地企業に比べて不利な立場にある．そのような不利な状況にもかかわらず，外国進出するのは多国籍企業が優位性を保持しているからである，と議論した．より低いコストで生産できる優位性，ブランドなどで消費者を惹きつける優位性などさまざまなタイプの優位性があるが，こうした優位性を対外事業活動に利用することで，高い利潤を得られる，と主張した．

このようなハイマーの議論を受けて，その後の多国籍企業論は，直接投資という資本移動の問題というより，むしろ企業の国際的活動という経営学的な議論が中心となった．バーノンのプロダクト・ライフ・サイクル論は，製品が，新製品として新たに開発され，徐々に普及し，最後に標準化製品になるまでの過程に応じた企業の国際生産活動を説明している[9]．これ以外にも，1970-80年代には市場の不完全性と取引コストの節約という観点から企業の多国籍化を説明した内部化理論[10]，所有優位・立地優位・内部化優位の3つを総合したダニングの折衷理論[11]などが展開された．内部化理論は，第二次世界大戦後の自動車産業や電機産業といった研究集約型産業において多国籍企業が多くみられる点に着目した．研究集約型産業において優位性を発揮す

る知識や情報といったものは市場取引において適切に価値を判断することが困難であるために，企業はそれらを直接投資によって内部化する，という議論である．

1980年代以降は，収穫逓増産業における輸送費用と生産費用の関係から多国籍企業の立地を説明する「新貿易・立地論」[12)]や資本関係のない第三者へのアウトソーシングを考察する「新・新貿易理論」[13)]などが誕生した．「新貿易・立地論」では，多国籍企業がさまざまな事業活動を世界のどこで展開するのか，といった立地の問題を，産業集積などとの関係から議論した．また「新・新貿易理論」は，分析の対象をとくに多国籍企業に限定せず，海外へのアウトソーシングやオフショアリングといわれる現象を全体的に考察している．

とくに「新・新貿易理論」で指摘されているこうした現象は，UNCTAD (2011) でも「非出資型国際生産」や「戦略的提携」と呼ばれる資本移動を伴わない国際生産ネットワークとして取り上げられている[14)]．たとえば国際的な下請生産，サービスのアウトソーシング，フランチャイズなどにみられるような株式所有を伴わない国際生産ネットワーク，複数企業の提携による共同研究開発などである．おもちゃやスポーツ用品・家電などの生産において下請契約による生産が普及しているが，発注企業と下請企業との間に株式所有にもとづく支配関係はない．多国籍企業のバリュー・チェーンにおいて利益率が低くなった製造工程を外部化しようとする動きの中で，こうした株式所有を伴わない国際生産ネットワークが拡大した．

重要な点は，株式所有がないにもかかわらず，下請契約において特別なデザイン・品質・製造方法などを指定することにより事業に対して一定の「支配」を実現することである．たとえばアメリカのアップル社は，iPhoneやiPadなどの製品を生み出したが，自社が行うのは研究開発やマーケティング，部品調達や生産工程などサプライ・チェーンの管理などであり，製造工程はすべて中国や台湾のメーカーにアウトソースしている[15)]．アップルとこれらメーカーとの間に資本関係はないが，生産方法や作業工程についてメー

カーに細かく指示することで，製品の品質やブランドが維持されている[16]．

こうした関係は，多国籍企業における親会社と子会社の関係とよく似た部分もある．非出資型国際生産にみられる上記のような関係は，直接投資における「支配」と何が異なるのか．また将来，非出資型国際生産が直接投資を凌駕し，国際生産ネットワークの主流となっていくのか，ということが問題となった．

こうした非出資型国際生産は，本書で考察するグローバル・キャッシュマネジメント・システムを通じた資本移動と対照的な性格をもつ．第1章で詳述するが，多国籍企業内においてインハウスバンクを介したマネーフローが増加することは，それまで親会社が一体的に提供していた経営資源と資本を分離することになる．これまで親会社は子会社に対して出資することで経営を支配し，自ら保有する経営上の優位性を子会社に移転してきた．たとえばブランドに優位性をもつ多国籍企業は，自らが株式を所有し経営を支配している子会社にブランドを提供し，現地市場で利益を追求する，といったことである．

しかしインハウスバンクを介したマネーフローが増加し，子会社への直接の出資の主体がインハウスバンクに変わることで，親会社は資本の提供者ではなくなった．親会社は，経営資源を提供することで子会社に影響力を行使するのみとなった．逆に，インハウスバンクは経営資源や優位性などを保有せず，資本だけを提供する．

本書ではこうしたインハウスバンクによる「経営資源の移転なき資本の移転」を考察するが，「非出資型国際生産」や「戦略的提携」は逆に「資本移転なき経営資源の移転」といった性格をもつのである．

このように，ハイマーの優位性理論から出発して，内部化理論や折衷理論，そして近年の新・新貿易理論までの流れをみると，一貫して経営学的な側面から多国籍企業を考察する，という大きな流れがあった．しかし本書では，こうした経営学的な多国籍企業論というよりむしろ資本の動きとそれによる子会社の支配という点に着目した．直接投資は，ポートフォリオ投資と異な

り多国籍企業による海外生産や雇用といった実体的活動がかかわってくるために，そうした側面を経営学的な側面から分析する議論が，研究の中心になることは当然であるが，そのような分析だけではみえてこないこともある．たとえばハイマーは直接投資を，支配とそれによる超過利潤の獲得を目的とした投資と捉えた．ポートフォリオ投資では，そのような支配に基づく超過利潤が得られない，と議論している．

　第4章，5章でもみるとおり，製薬多国籍企業はヨーロッパやアジアに直接投資を展開すると同時に，資本の移動を伴わない非出資型国際生産も活用している．ある事業では資本を提供し現地企業を支配しているが，他の事業では出資するのではなく長期的な請負生産という形態をとるのは，なぜなのか．多国籍企業は両者をどのように使い分けているのか．支配することにどのような意味があるのか．親会社による支配と支配による超過利潤の獲得といった多国籍企業の本質を理解するためには，経営学的なアプローチだけでなく，親会社の出資やグループ内の資本移動といった資本の動きに注目する研究も必要であろう．そのため本書では，グローバル・キャッシュマネジメントを通じた「経営資源の移転なき資本の移転」に着目し，考察の対象とする．こうした研究がまた，逆に国際的下請生産のような「資本移転なき経営資源の移転」に関する理解を深めることになるであろう．

　最後に，資本の移動とそれによる支配という観点に焦点を当てた数少ない研究として，宮崎義一（1982）の企業内部純余剰仮説[17]と板木雅彦（2006a，2006b，2007）の独占的産業株式資本の研究について触れておこう．宮崎氏は，それまで国民経済レベルで議論されてきた資本過剰と対外直接投資の関係を，個別企業のレベル，ミクロのレベルで捉えなおした．1960年代以降，欧米間の相互的な直接投資が活発になる中で，資本過剰から直接投資を捉えるマルクス経済学に新たな視点を提供した．また，板木氏は直接投資の利益をキャピタルゲインという観点から捉えなおした．とくに板木氏の，持株会社とその支配下にある多国籍企業グループ全体を「独占的産業株式資本」と捉え，それを国際過剰資本の表れとみる視点は，今日の金融化した経済を分

析する上で重要な観点であろう[18]．

　以上のようにハイマーは直接投資を支配のための投資と位置づけたが，近年，その支配のあり方が変化していることもまた事実である．1980年代以降，世界的な資本移動の自由化が進み，多国籍企業がグローバル・キャッシュマネジメント・システムを導入する中で，多国籍企業内では短期的で不安定，そして双方向的な資本移動が拡大した．従来の親会社から子会社への永続的な株式投資という形態の直接投資は，今やアメリカの直接投資全体の半分にも満たない．本書では，こうした変化を明らかにし，それがアメリカ多国籍企業の外国子会社支配をどのように変えたのか，について考察する．

(3) 本書の構成

　本書では，多国籍企業のグローバル・キャッシュマネジメントとそれによる直接投資の性格の変化について，以下の順序で考察する．

　第1章では，グローバル・キャッシュマネジメントとインハウスバンクの活動を具体的に考察し，それが従来の直接投資論にどのようなインパクトを与えるのか，について議論する．とくに世界の直接投資統計を集計するIMFやOECDが，この問題について取り組んできた．それらの議論を参考にしながら，グローバル・キャッシュマネジメント・システムの導入が，直接投資に新たな問題を投げかけている点を考察する．

　第2章では，外国子会社のバランスシートやインハウスバンクの統計を詳しく検討することで，多国籍企業グループ内における国際マネーフローの実態を明らかにする．多国籍企業内国際マネーフローには，グループ内の貸借や株式投資などの投資マネーフローだけでなく，配当や利払・ロイヤリティなどの所得支払もある．こうしたグループ内マネーフローを，投資マネーフローと所得マネーフローに分けて考察する．そのうえで，こうした新たな企業内国際マネーフローが，従来の直接投資論にどのような影響を与えているのか，を明らかにする．

　第1, 2章の分析を踏まえたうえで，本書では直接投資を以下の3つに分

類する．1つ目は，直接投資のもっとも本来的な形態である支配実現型投資である．従来からみられた親会社から子会社への投資を表す．2つ目が子会社から親会社への投資を表す「逆投資」である．従来の親会社から子会社への投資とは，まったく方向性が逆になる投資である．そして最後が子会社間の収益再投資である．第3章ではこうした直接投資の3形態を説明し，さらにそれぞれがどの程度の規模で行われているのかをデータを使って整理する．

第4章では，親会社から子会社への支配実現型投資を取り上げる．親会社が子会社の株式を取得する，という直接投資は，従来からの直接投資の典型的な形態であるが，本書ではそうした直接投資がもつ今日的意義を考察する．すなわち，グローバル・キャッシュマネジメント・システムの導入で企業内の資本移動が増加しているが，そうした状況下で，従来からの支配実現型投資がどのような意味を持つのか，という問題である．

第5章では支配実現型直接投資と非出資型国際生産について議論する．前述のとおり，非出資型国際生産はアウトソーシングなどの拡大によって注目されるようになった．本章では，非出資型国際生産のさまざまな形態について整理したうえで，これが支配実現型投資と何が異なるのか，といった点について考察する．

第6章は，子会社から親会社に対する逆投資を検討するが，とくにインハウスバンクから親会社への逆投資を中心に取り上げる．ここでの主要な論点は，逆投資が直接投資の本質，すなわち外国企業の支配という側面とどのように関わっているか，である．逆投資は，子会社から親会社に対して行われるため，親会社による子会社の支配という方向性とは全く逆の投資である．このような性格を踏まえたうえで，それでも逆投資が直接投資といえるのかどうか，という問題を考察する．

第7章は，子会社間の収益再投資を取り上げる．収益再投資は，理論的には親会社から子会社への支配実現型投資と子会社から親会社への逆投資の2つの相反する投資の両方の性格を併せ持っている．直接投資統計では，収益再投資は子会社の獲得した利益のうち本国への配当に回されない内部留保を

意味している．グローバル・キャッシュマネジメントが普及する前の段階ではこうした内部留保は，現地子会社内にとどまっていたが，キャッシュマネジメント普及以降はこうした資金がインハウスバンクを通じて同じ多国籍企業グループ内の他の子会社への貸付や投資などに活用されるようになった．すなわち，資金余剰子会社からインハウスバンクへの逆投資とインハウスバンクから資金不足子会社への支配実現型投資の両方が，行われていることになる．

第7章では，収益再投資のこのような性質を理論的に考察したうえで，実際，この投資が多国籍企業の支配の拡大に結びついているのか，について考察する．また，インハウスバンクを介して行われるこうした資金余剰子会社から不足子会社への投資は，非常に短期的な投資になる傾向があるが，こうした投資が支配実現型投資や逆投資とどのような関係にあるのか，多国籍企業の支配の拡大に結びついているのか，といった問題を検討する．

注
1) GEの総資産額は，GE Form 10-K 2016, p.77 より．UNCTAD（2014）*World Investment Report 2014: launched around the world; findings point to FDI recovery*, Web table 28. The world's top 100 non-financial TNCs, ranked by foreign assets, 2013においてGEは在外総資産トップで多国籍企業ランキング1位となっている．World Investment Reportは2015年以降，多国籍企業ランキングを掲載していない．
2) アメリカの輸出全体に占める米系多国籍企業の企業内貿易は15%，外国系多国籍企業の企業内貿易は13%となっている．また輸入では米系多国籍企業内貿易が13%，外国系多国籍企業内貿易が24%となっている．いずれも2013年のデータ（U.S. MNE Activities: Preliminary 2013 Statistics, Table II.H1., FDIUS Preliminary 2013 Statistics, Table II.H1）．
3) NIRAフォーラム（2006）．
4) 同上．
5) BEAはアメリカ多国籍企業に関するデータを，USDIA（U.S. Direct Investment Abroad）としてHPで公表している．ただ後の第2章でみるように，外国子会社の資金調達に関するデータは2008年までしか作成されておらず，2009年以降のデータはない．それでもヨーロッパに比べると子会社のデータは豊富にあ

る．ヨーロッパの多国籍企業も，Eurostat が *Foreign Affiliates Statistics* を整備し，売上高や従業員数などを公表しているが，バランスシート，とくに負債・資本構造は明らかになっていない．
6) Hymer, Stephen Herbert（1976）参照．
7) 本書第1章参照．
8) BEA interactive data, U.S. assets, direct investment at market value. BEA interactive data, Data on activities of multinational enterprises, Total assets.
9) Vernon, Raymond（1971）．
10) Buckley, Peter J. and Casson, Mark（1976），Rugman, Alan M.（1981）．
11) Dunning, John H.（1977）．
12) Krugman, Paul R.（1991）．
13) Helpman, Elhanan（2011）．
14) UNCTAD（2011）*World Investment Report 2011; Non-Equity Modes of International Production and Development.* 長谷川信次（1998），徳田昭雄（2000）．
15) Linden, Greg, Dedrick, Jason and Kraemer, Kenneth L.（2011）．
16) iPhone5 の筐体は，従来の携帯電話のようにプラスチックなどの樹脂を金型などで射出成型して生産するのではなく，アルミ合金などの金属を切削して作られている（「iPhone が生まれなかったワケ（5）」日経産業新聞 2012年11月29日）．
17) 宮崎義一（1982）．
18) 資本はもはや稀少なものではなく過剰に存在する，という議論はさまざまな場面で指摘されている（Christensen, Clayton M. and Bever, Derek van［2014］，Bain & Company, Inc.［2012］）．

第1章
グローバル・キャッシュマネジメントと
インハウスバンク[1]

　本章では，グローバル・キャッシュマネジメント（グローバル資金管理）とインハウスバンクの詳細を明らかにしたうえで，こうした新たな活動が従来の直接投資論にどのような影響を与えたのか，を考察する．序章でも触れたとおり，海外子会社網の拡大は多国籍企業内の資金決済額を飛躍的に増大させた．グローバル・キャッシュマネジメントやインハウスバンクは，複雑化したグループ内の決済を集約し相殺することで，効率的な現金・資金管理を実現しようとするものである．

　なお本書では，オランダやルクセンブルクなど租税上の優遇措置がある国に設立された多国籍企業グループ内の財務機能を担う子会社をインハウスバンク（In-House Bank）と呼ぶが，他の文献では金融子会社・特別目的会社（SPE）・持株会社・導管体（conduits）・トレジャリーセンターなどと記述されている場合があり，用語が統一されていない[2]．しかし，どの場合も投資先国において実体的投資が行われていないにもかかわらず，グローバル・キャッシュマネジメント・システムのような多国籍企業の財務活動の中心となる組織を指している．本書では後にみるように，こうした機能を備えた企業をインハウスバンク（企業内銀行）と呼ぶことが最も適切であると考えた．

第1節　グローバル・キャッシュマネジメントの概要

(1) グローバル・キャッシュマネジメントの機能と役割

グローバル・キャッシュマネジメント・システムにはさまざまな機能があるが，まとめると次の4つになる[3]．

① ネッティング
② プーリング
③ 為替・金利リスクなどの一元的管理
④ 外部金融市場での資金調達，運用の一元的管理

以下で，この4つの機能について詳しく検討する．

まず1つ目のネッティングである．これは多国籍企業グループ内で発生するさまざまな資金決済を，ネッティング・センターであるインハウスバンクに集約するシステムである．たとえばグループ内で以下のような支払が発生したケースを想定してみる．図表1-1はネッティングが機能する前の段階におけるグループ内決済金額を表している．ネッティング導入前にはグループ全体の資金決済が，送金回数12回，金額でみると2,700USドル相当となっている．各社は，支払先に応じて複数の通貨を複数の口座に振り込まなければならない．同じグループでも異なる銀行を使っていることがしばしばあったため，グループ内決済が増えていくにしたがって，間違った口座への入金や遅延などの人為的ミスが頻発した．また，こうしたミスを防ぐために担当者はその確認や照合に追われていた[4]．

これに対して図表1-2は，これら決済がネッティング・センターであるインハウスバンクに集中することで相殺されるケースを示している．グループ各社は，インハウスバンクだけに対して自国通貨建てで決済を行うため，その事務手続きが大幅に簡素化される．グループ全体の決済総額は900USド

図表 1-1　ネッティング前のグループ内決済

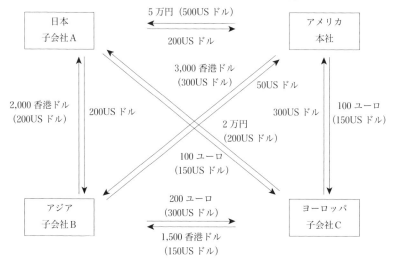

送金回数 12 回，全体の送金額は 2,700US ドル相当

注：為替レートを，1US ドル＝100 円＝10 香港ドル，1 ユーロ＝1.5US ドルと設定して計算．
出典：社団法人企業研究会（2004）24-25 ページより筆者作成．

図表 1-2　ネッティング後のグループ内決済

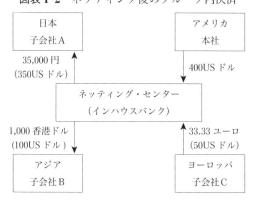

ネッティング・センターを挟むことで総額 900US ドルの支払に縮小できる．
送金回数は 4 回．
出典：同前．

ル相当に，送金回数も4回に減少している．グループ内であっても対外決済に際しては送金手数料・為替手数料が掛かることを考慮すれば，ネッティングによる対外決済の集約は大幅なコスト削減につながることが分かる．

ネッティングによってグループ各社は，必要な資金手当てを減少させることもできる．ネッティング導入前のアメリカ本社は，総額（グロス）で950USドル相当（子会社Aへの500USドル＋子会社Bへの300USドル＋子会社Cへの150USドル）の支払をしなければならない．同時に，各社から550USドル（子会社Aからの200USドル＋子会社Bからの50USドル＋子会社Cからの300USドル）の受取が予定されているが，これが期日に確実に支払われるかどうかは不明である．よって手元資金として支払が予定されている950USドル相当を確保しておく必要がある．しかしネッティングが導入されればアメリカ子会社は400USドルの手元資金を用意しておくだけでよい．手元資金を最小限に抑えることで金利支払コストも削減できる．

次にプーリングである．子会社数が少ない初期の段階では，子会社は各自，現地銀行からの借入を中心として負債資金を調達してきた．しかし海外子会社数が増大してくると，そうした財務手法は多国籍企業全体として非効率な状況を生み出す．たとえば，ある子会社では資金余剰が発生し現地金融市場で短期資金運用していながら，他方で別の子会社は資金不足で現地銀行から資金を借り入れている，というようなケースである．インハウスバンクによるプーリングは，こうした状況下で複数の子会社の資金管理を統括し，グループ内での資金過不足を調整する．

図表1-3は，キャッシュ・コンセントレーションと呼ばれるプーリングを図示したものである．グループ内のインハウスバンクと各子会社は同じ金融機関にマスター口座とサブ口座を開設する．一定の周期（毎日，毎週，毎月など）で子会社のサブ口座残高がゼロ，または一定額になるようにインハウスバンクのマスター口座を通じて調整する（ZBA: Zero Balance Account）．

すなわち，期末にサブ口座に余剰がある場合はマスター口座に自動的に吸収され，逆にサブ口座に資金不足が発生すれば当座貸越によって自動的に資

図表 1-3 プーリング（キャッシュ・コンセントレーション）

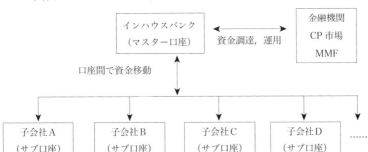

サブ口座残高はゼロまたは一定額に設定．

出典：香港上海銀行東京支店（2003）『アジアのキャッシュマネジメント』東洋経済新報社，29 ページより筆者作成．

金が手当てされる（スウィーピング）．資金不足の子会社は，事前にプーリングで設定された金額の枠内であれば自動的に貸付を受けられる．こうしてグループ内の資金過不足がプーリングを通じて調整されるため，グループ全体として資金の効率的運用が可能になり，銀行など外部金融機関からの借入額を抑えることが可能になる．

しかし実際，ネッティングやプーリングを，国境を越えてクロスボーダーで実行しようとした場合，為替規制や税制によって実現が困難な国も多い[5]．こうした国では国内グループ会社に限定したキャッシュマネジメントが行われているケースが多い．しかし統一通貨を導入したユーロ圏，またユーロ建て決済が可能なイギリスなどでは比較的容易にクロスボーダーのキャッシュマネジメントが可能となっている[6]．それ以外でも，ドル建て貸借が一般的なラテンアメリカにおいてもドル建てマスター口座を通じたプーリングが行われている[7]．

ところでグループ内の国際資金移動にはプーリングによる貸借だけでなく，配当金やロイヤリティの支払，株式投資といった手段がある．日々の資金過不足はプーリングによって調整するが，恒常的な資金余剰が発生している子会社がある場合は，その子会社に配当金を支払わせることで余剰資金を吸収

する．またあまり一般的なケースではないが余剰資金の吸収方法として減資を提案する実務家もいる[8]．逆に恒常的な資金不足が発生している場合は，増資によって対応するケースがある[9]．もちろんこの場合，赤字を垂れ流している子会社に資金を追加して提供することを意味するのではなく，追加投資の収益率予想を十分に行ったうえでの話である．

　ネッティングやプーリングによってインハウスバンクがグループ内の資金移動を仲介するようになると，さらにそこに新たな機能が加わってくる．インハウスバンクによる集中的な為替，金利リスク管理や外部金融市場での資金調達，運用である．ネッティングによって子会社間のグローバルな決済を仲介するようになると当然そこに為替取引が集中するようになる．ネッティングには各社さまざまな形態があるが，図表1-2のように各子会社とインハウスバンクとの決済は各子会社所在国の現地通貨で実行される場合が多い．これによって各子会社は保有する為替リスクをインハウスバンクに移転させたことになる．

　図表1-2の場合はインハウスバンクがアメリカ本社から400USドル，ヨーロッパ子会社から33.33ユーロをそれぞれ受け取り，日本子会社に3万5,000円，アジア子会社に1,000香港ドルの支払いをしなければならない．USドルにほぼ固定されている香港ドルを除いても，インハウスバンクはUSドル安，ユーロ安，円高の為替リスクを背負っていることになる．これをヘッジするために先物やオプション，スワップなどを利用する．各子会社がそれぞれ行っていた為替リスク管理をインハウスバンクが集中的に行うことになった．

　またインハウスバンクを通じてプーリングを行うようになれば，各子会社の資金過不足がインハウスバンクに集中し，グループ全体としての資金過不足が明らかになる．よって，グループ全体として資金余剰のときはインハウスバンクが各国金融市場において一括して運用し，また逆にグループ全体として資金不足の場合は，インハウスバンクが一括して資金調達を行うようになる．

このようにインハウスバンクの業務を詳細にみていくと，まさにその名の通り，通常の「銀行」と同じような働きをしていることが分かる．もちろんあくまでもその対象はインハウス（グループ内）にとどまっており，銀行のような信用創造機能があるわけではない．しかしグループ内の各企業からすれば，インハウスバンクはグループ内決済や資金調達・運用，リスク管理を手がけるという意味で，まさにグループ内「銀行」としての機能を果たしているのである．そのため，本書では「インハウスバンク」という名称を用いる．

また，インハウスバンクが設立されたからといって多国籍企業がこれまでの外部の銀行サービスを不要とするわけではない．むしろインハウスバンクを設立するにあたって銀行との緊密な連携が必要になってくる．たとえば前述のネッティングの場合でも，グループ内での支払関係を相殺した後のインハウスバンクと各子会社の最終的なグループ内決済は各社の銀行口座を通じて行われる．またプーリングでは，グループ内各社は特定の銀行のマスター口座とサブ口座を通じて資金を移動させている．

さらにもっとも重要な点であるが，こうしたネッティングやプーリングを導入する際に必要となる基幹的情報システムを銀行と共同で開発することもあるし，また銀行が開発したものを購入するケースもある．よって多国籍企業がインハウスバンクを設立し，そこを通じてグループ内決済や資金移動を実行したからといって，外部の銀行の役割が減じると単純にはいえないのである[10]．

(2) インハウスバンク拡大の歴史的背景

多国籍企業がキャッシュマネジメントを導入する動きは，早いところでは既に1970年代から始まっている[11]．ここでは，ネッティングやプーリングなどのキャッシュマネジメントが多国籍企業に採用されていった歴史的背景について考えてみる．

多国籍企業は一般的に，1950年代のアメリカ企業によるヨーロッパ進出

によって，その存在が認識されるようになり，その後も次々と海外での活動拠点を増やしていく．1980年代以降になると日欧企業のアメリカ向け直接投資が拡大し，先進国間における相互投資が主流となった．さらに1990年代にはクロスボーダーM&Aが活発になり，やはり欧米間での多国籍企業の相互投資が拡大した．貿易，投資の自由化が進展する中で多国籍企業はその生産活動拠点を世界中に広げていった．

そうした中で多国籍企業は子会社間，もしくは子会社－親会社間で貿易を拡大させていく．企業内貿易である．企業内貿易は1980年代頃から拡大しているが，2013年にはアメリカの輸出全体の28%，輸入全体の37%を占めるに至っている[12]．自動車，電機をはじめとする多国籍化が進んだ産業では生産工程がグローバル化している．1つの製品の生産工程においてさまざまな国の子会社や関連会社から部品を集め組み立てるといった国際分業体制が導入されてきた．そのことでグループ内国際決済が膨大な金額に達し，財務部門の大きな負担となっていた．

たとえば図表1-1にみられるようなグループ内国際決済にかかる為替手数料や送金手数料といったコストである．さらには子会社数の増加と同時にますます増えていく取引銀行，口座などを管理するための事務コストも見逃すことはできない[13]．生産，物流の方面ではサプライ・チェーン・マネージメントやジャストインタイムといった効率的な部材調達，各生産プロセスの連携が進んでいくにもかかわらず，それらの資金決済に関わる財務の面では非効率な状況が散見された．

こうした問題を解決する手段として設立されたのがインハウスバンクである．多国籍企業がグローバルな国際分業体制を進化させればさせるほど，同時に財務面における効率化が必要となったのである．

こうしたインハウスバンクのキャッシュマネジメントを実現していくうえで，不可欠であったのがIT技術の発展である．ネッティングやプーリングでは，各子会社の口座残高や予定されている決済に関するデータをインハウスバンクへ集中させることが最初のステップとなる．世界中に散らばった子

会社の決済情報（決済通貨ごとの受取・支払額，取引相手の銀行口座，決済日など），各子会社の口座残高などのデータを効率的に集めるには，紙，電話，ファックスといった従来の連絡媒体では到底追いつかない．インターネット網を用いた多国籍企業グループ内の情報システムの統一が必要不可欠となる．さらにこうした社内のシステムと銀行のエレクトロニック・バンキング・システムの連動性，SWIFT などの決済システムへの接続，電子 CP などの資金調達手段へのアクセスなどが付加されることでキャッシュマネジメントの質が向上していく[14]．いずれも IT 技術の発展なしにはあり得ない話である．

　さらに，グローバル・キャッシュマネジメントの導入を可能にしたのが各国の為替規制の撤廃と資本移動の自由化である．現在，世界でもっともクロスボーダーのキャッシュマネジメントが進んでいるのがヨーロッパであるが，これは EU による統一通貨ユーロの導入と，その実現に向けた資本移動の自由化措置が背景にある．イギリスやオランダなどは 1970 年代から為替規制の撤廃，資本移動の自由化を実施していたが，EC（現在の EU）としては 88 年の「資本移動の第 4 次自由化指令」によって域内の短期資本移動の原則自由化を定めている．ここでは 90 年までに域内の投機的な取引も含めた短期資本移動を自由化することが規定されている[15]．また 99 年の統一通貨ユーロの導入は，ユーロ圏内のクロスボーダーでのキャッシュマネジメントを一層加速させた．前述のプーリングは，通常，通貨ごとの単位で行われる．ヨーロッパでは統一通貨ユーロが誕生したことによって，国境を越えたクロスボーダーでの資金融通が難なく行われるようになった．

　日本では 1980 年の改正外為法による対外取引の原則自由化，98 年の新外為法による為銀主義の撤廃などにより，多国籍企業のグローバル・キャッシュマネジメント導入が可能になった[16]．もちろん現在でもマレーシアをはじめとするアジアでは依然として為替規制が強いため，キャッシュマネジメントの実施が困難な国が多数存在する．しかし，ヨーロッパをはじめとする先進国では国を越えたキャッシュマネジメントが一般的になりつつある．

第2節　IMF = OECD の国際収支改訂議論にみる直接投資の新潮流

　多国籍企業のグローバル・キャッシュマネジメントやインハウスバンクの活動は，従来の直接投資論に大きなインパクトを与えた．ここでは，その問題を IMF や OECD の国際収支改訂議論を通じて検討する．IMF や OECD はこれまで世界の直接投資統計を集計・公表してきたが，1990年代末から統計作成の基準となる直接投資の定義や計測方法について改訂作業を進めてきた．OECD は2008年に *OECD Benchmark Definition of Foreign Direct Investment, Forth Edition.*（以下，OECD ベンチマーク第4版）を，IMF は2009年に *Balance of Payments and International Investment Position Manual, Sixth Edition.*（以下，BPM6）をそれぞれ出版している．

　これらはいずれも直接投資統計を集計する際のマニュアルを定めたものである．IMF や OECD の統計作成担当者たちは，この中で多国籍企業内のさまざまなマネーフローを個別・具体的に取り上げながら，1つひとつ直接投資の定義に当てはまるのか否かを検証し，そのうえで直接投資とはそもそも何なのか，ポートフォリオ投資と何が異なるのか，といった本質にかかわる議論を展開している．

(1) インハウスバンクを介した多国籍企業内国際マネーフローと直接投資

　IMF = OECD はこれまで何回かにわたってマニュアルを改訂してきたが，とくに今回の改訂にあたって問題となったのがインハウスバンクの活動である[17]．たとえば多国籍企業は，インハウスバンクを通じて世界中の子会社に対して株式投資や貸付などを行っている．同時に，インハウスバンクはその他子会社から配当や利子を集め，それを親会社に再配当したりインハウスバンク自身にプールしたり，という所得マネーフローの中心にもなっている．以下では，多国籍企業グループ内における株式投資や貸付といった投資にか

かわるマネーフローを「多国籍企業内国際投資マネーフロー」，利子や配当といった所得にかかわるマネーフローを「多国籍企業内国際所得マネーフロー」とする．また両者を合わせたマネーフロー全体を「多国籍企業内国際マネーフロー」とする．

　まずここでは，多国籍企業内国際投資マネーフローを取り上げる．図表1-4は，アメリカ系多国籍企業をモデルケースとする多国籍企業内国際投資マネーフローを表している．図中のP_{US}はアメリカの親会社，IHBはオランダのインハウスバンク，A_{US1}はドイツの事業子会社，A_{US2}はフランスの事業子会社を表す．アメリカ親会社がオランダのインハウスバンクの株式を100％直接に保有し，オランダのインハウスバンクがドイツとフランスの事業子会社の株式を100％保有しているとする．アメリカの親会社にとって，オランダのインハウスバンクは直接の子会社であるが，ドイツとフランスの事業子会社は孫会社になる．またアメリカ親会社とドイツ・フランスの事業子会社は，いずれも金融業以外の産業に従事していると仮定する[18]．

　さて，図表1-4にみられるような株式投資，貸付などの投資マネーフローがグループ内外であったとしよう．これらマネーフローのうち直接投資に相当するものを考えてみる．OECDやIMFなどの統計作成機関では，従来，外国企業の議決権を10％以上保有していれば直接投資関係（direct investment relationship）があるとみなし，その間の投資は株式投資でも貸付でも直接投資としている．こうした定義に従えば，図表1-4のマネーフローのうち②〜⑧が直接投資となる．また，ドイツ子会社とフランス子会社のように，両者の間に株式保有関係が全く存在しなくても同じ親会社の支配下にある兄弟会社であれば，その間の貸付などは直接投資に含まれる．しかし，後にみるとおり事業子会社間の投資は実際上ほとんどないために，図表1-4でもあえて記載していない．これ以外では，たとえば①はドイツ国内のマネーフローであるため国際収支には計上されず，⑨，⑩は各社の証券市場からの資金調達のためポートフォリオ投資に含まれる．

　まず，アメリカ親会社からドイツ事業子会社への投資（②のマネーフロ

図表1-4　インハウスバンクと多国籍企業内国際投資マネーフロー

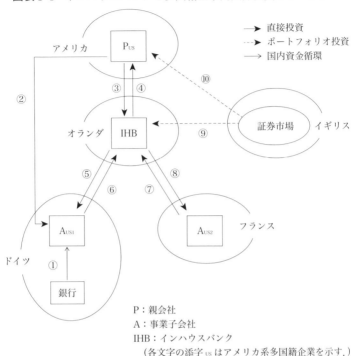

出典：筆者作成．

一）についてみる．これは親会社から子会社への支配を表す投資であり，従来から想定されてきた直接投資の形態である．よって今回の改訂作業でもとくに議論の対象となっていない．しかし③〜⑧のマネーフローについては，いくつか問題が指摘されている．順番に検討していこう．

最初に，アメリカ親会社からインハウスバンクへの投資（③）を取り上げる．この投資の問題は，オランダが最終の投資先ではなく，投資の経由地となっている点にある．アメリカ親会社がドイツ子会社に投資する際，オランダ・インハウスバンクを経由して資金を供給する場合があり，③はその一連の投資マネーフローの一部を構成している．図でみると，従来は②のマネーフローによって親会社から直接，ドイツ子会社に投資が行われてきたが，イ

ンハウスバンクの誕生によってそれが③と⑤のマネーフローへと代替されるようになった．

　こうした投資は節税対策として行われる[19]。第2章で詳しく検討するが，オランダはヨーロッパ内ではルクセンブルクやアイルランドと並んで金融税制上，多国籍企業がインハウスバンクを設置するのに適した国である．資本参加免税という制度を利用すれば，オランダのインハウスバンクは海外子会社から受け取る配当やキャピタル・ゲインを法人税課税対象からはずすことができる．また，利子・ロイヤリティの支払が源泉非課税にもなる．そのため多数の多国籍企業がオランダにインハウスバンクを設置し，そこを媒介にした多国籍企業内国際投資マネーフローを拡大させている．

　こうしたマネーフローは直接投資統計を作成するうえで2つの問題をもたらした．1つは直接投資の国別分類と産業別分類である．③のマネーフローが発生した場合，アメリカの対外直接投資を国別にみるとオランダ向け投資となるが，オランダにはインハウスバンクの財務機能が存在するのみで実質的な事業活動はそこで営まれていない．オランダは単なる中継点にすぎず，その投資資金は最終的にはドイツ子会社をはじめとする世界各地の事業子会社に対する投資に振り向けられるため，これをオランダに対する投資として計上することは統計利用者に誤解を与えかねない．実際，2014年末の直接投資受入残高をみるとオランダが世界第1位，ルクセンブルクは第3位となっているが，これがすべて実体を伴った投資であるとは考えにくい[20]．

　また，インハウスバンクが投資の中継点となることで，③のマネーフローを産業別に分類した場合，アメリカの直接投資統計では「非銀行企業の管理マネジメント（Management of nonbank companies and enterprises）」や「持株会社（holding companies）」への投資になってしまう．しかし，ドイツの事業子会社は自動車や製薬など他の事業を営んでいるケースが多く，③のマネーフローも最終的にこうした事業に投資されている可能性は高い．そのため直接投資統計が実際の産業分類を正確に反映していない，という問題が発生する．

新しく改訂されたBPM6やOECDベンチマーク第4版では，こうした問題に対して次のように対応することとなった．国別データの基本は，直近の投資関係（immediate host or investing economy）に基づいた地域分類で計上するが，それに併せて補助的なデータとして最終投資国，受入国（ultimate source and host economy）による分類も付加する，というものである[21]．図表1-4でみると③のマネーフローは，直近投資受入関係ではアメリカからオランダへの直接投資として分類されるが，実態は③と⑤が統合された②であるために最終投資受入国はドイツという2つのデータが出てくることになる．また，産業別のデータも国別分類と同じく，基本は直近の投資関係に基づいた産業分類で計上するが，補助的なデータとして最終投資受入国での子会社の産業分類を作成することが求められている[22]．

　2つ目は直接投資の過大評価の問題である．前述のとおり，③のマネーフローはインハウスバンクを経由して，最終的にはドイツやフランスの事業子会社への投資として利用される場合が多い．たとえばアメリカ親会社が同じ100万ドルをドイツ子会社に直接，投資するケース（②）とインハウスバンクを経由して投資するケース（③と⑤）で比較してみよう．ドイツ子会社に直接的に投資する場合はアメリカからドイツに対して100万ドルの直接投資が実行されるのに対して，オランダのインハウスバンクを経由した場合，アメリカからオランダへ，オランダからドイツへと100万ドルの直接投資が2回，全体として200万ドルの直接投資が行われることになる．よってインハウスバンクを経由する投資マネーフローが増加した場合，統計上，証券投資やその他貸付に対して直接投資が過大に計上される危険性がある．

　以上の問題が指摘されているが，親会社からインハウスバンクへの投資である③のようなマネーフローは，これを直接投資に分類すること自体に異論が出ているわけではない．インハウスバンク向けの投資は確かに現地において実体的な投資，生産活動に結びつくわけではないが，最終的な投資受入国であるドイツやフランスの子会社への投資につながるマネーフローである．そうした意味において，多国籍企業の外国における支配拡大という直接投資

の基本的概念には合致しているといえよう．

(2) IMF = OECD の国際収支改訂議論と直接投資の定義

次に，④のインハウスバンクからアメリカ親会社への投資について検討しよう．これは IMF や OECD の統計改訂作業でも，子会社から親会社への「逆投資（reverse investment）」の問題として盛んに議論されている．たとえば親会社が直接，外部の証券市場から資金を調達するのではなく，インハウスバンクが代わりに調達し，それを親会社に貸し付けるというマネーフローである[23]．

インハウスバンクが活用されるまでは，子会社から親会社へのマネーフローは，通常，親会社による直接投資資産の回収を意味していた．よって IMF の国際収支マニュアル旧版の BPM5 では逆投資が発生した場合，それを親会社の子会社に対する対外直接投資から相殺するという処理をしてきた．図表 1-4 でいえば④の逆投資が③の対外直接投資から差し引かれ，ネットの金額がアメリカからオランダへの直接投資として計上されてきた．しかし多国籍企業がインハウスバンクを設置し，そこを通じた資金調達を活発化させると逆投資が拡大し，対外直接投資統計に混乱が生じるようになる．すなわち④の逆投資が本来の子会社を支配するための投資を表す③のマネーフローの金額を超えてしまい，アメリカからオランダへの対外直接投資がマイナスになってしまうケースである．こうした問題はこれまで各国の統計作成機関を悩ませてきた．

実際，1960 年代末以降，アメリカで上記のような事態が発生した．60 年代末から，アメリカはドル防衛のためにさまざまな対外投資規制を設けた．規制はポートフォリオ投資だけでなく，直接投資にも及んだ．68 年のジョンソン大統領による対外投資規制により，フランスやドイツといった主要なヨーロッパ地域に対しては，新規の直接投資は全面禁止され，なおかつ現地での収益再投資も利潤の 35％ に限定された[24]．これによりヨーロッパ子会社はアメリカ親会社からの資金に頼ることができなくなった．

そこで現地での借入を拡大すると同時に，オランダ領アンティルなどにインハウスバンクを設立し，そこを資金調達の拠点にする，といった動きがみられた．対外投資規制は1971年の金＝ドル交換停止によって意味がなくなり，早々に撤廃されることになるが，その後も税制上の優遇措置などを利用する目的でのインハウスバンクの活動は継続した．とくにアメリカ多国籍企業は，オランダ領アンティルにインハウスバンクを設置しそこを通じた資金調達を拡大したため，アンティルに対する対外直接投資がマイナスになるという事態が発生している[25]．

また，逆投資はこうした統計作成上の問題だけでなく，直接投資とポートフォリオ投資の概念上の区分にもかかわる問題を提起している．すなわち，逆投資はインハウスバンクがアメリカ親会社の代わりに国際金融市場で資金調達を行った結果，生じている場合がある．もし親会社自身が直接，金融市場で資金を調達したならば（図表1-4の⑩），それはポートフォリオ投資となる．よって逆投資も直接投資ではなく，ポートフォリオ投資とすべきではないか，という議論がIMF＝OECD内でもみられた[26]．さらに逆投資は，そもそも親会社による子会社の支配，という支配の方向性とは「逆」の投資である．支配を目的とした投資が直接投資であるならば，そうした支配とは「逆」方向に向かう投資を，直接投資と考えていいのか，という問題も提起された[27]．

次に，⑤〜⑧の事業子会社とオランダのインハウスバンクの間の投資マネーフローを検討しよう．これらはいずれも③のマネーフローで指摘された問題点，すなわち，地域・産業分類に関する問題と直接投資の過大評価の両方の点が当てはまる．

たとえば⑤〜⑧のマネーフローはいずれもアメリカ系多国籍企業グループの投資活動であるにもかかわらず，統計上はアメリカが全く関与していないオランダとドイツ，もしくはオランダとフランスの間での直接投資として表れる．また両投資はグループ内での資金移動であるため，⑤や⑥のマネーフローが増加しても，アメリカの対外直接投資残高という点では全く影響を与

えない．ただ直接投資残高の地理的分布がオランダとドイツ，フランスの間で変化するだけである．しかし対外直接投資のフロー統計上は，やはりオランダとドイツ・フランスの間で直接投資が行われていることになるため，直接投資の過大評価の危険性が出てくる．

さらにこの⑤〜⑧のマネーフローは，逆投資と同様，直接投資の本質規定ともかかわる重大な問題を孕んでいる．それはインハウスバンクが行うキャッシュマネジメント・システムとプーリングにかかわっている．すなわち⑤や⑧のマネーフローは，一時的に流動性不足に陥ったドイツ子会社やフランス子会社がインハウスバンクから短期資金を調達したケース，そして⑥や⑦のマネーフローは逆に子会社が一時的に余剰資金を抱えた際，インハウスバンクに対して余資運用を行ったケースという性格を持っている場合がある．

第1節で述べたプーリングを利用することで，多国籍企業グループ内では資金余剰子会社から資金不足子会社に対して，インハウスバンクを介して日常的に資金が移動している．こうした資金は1週間や1日といった非常に短い期間で，ドイツ子会社とオランダ・インハウスバンクの間を頻繁に移動する．あくまでも短期資金調達，運用という性格が強い．こうした特徴は，従来から想定されてきた直接投資，すなわち子会社を支配するための長期的，永続的支配関係を実現するための投資とは全く異なる．よってIMF＝OECD内でもこうした投資を直接投資に含めるべきか，という問題が議論された[28]．

さて，次に多国籍企業内の所得マネーフローをみていく．所得マネーフローで問題となったのは，次の2点である．

まず1つ目は移転価格（transfer pricing）による利益操作である．多国籍企業は，世界全体での租税負担を減らすためにグループ内での貿易など取引における価格を調整することがある．こうした移転価格が税務当局に指摘されるケースも数多くみられる．2006年にはイギリスの製薬会社グラクソ・スミスクラインが，米内国歳入庁（IRS）から移転価格税制に抵触したグループ内取引を指摘され，31億ドルを支払っている[29]．IMF国際収支マニュ

アルの旧版（BPM5）では移転価格に対して次のようなスタンスが取られていた[30]．すなわち，価格評価が必ずしも市場価格と一致しなければならないことはないが，あまりにも差が大きい場合は市場価格での再評価が望ましいというものである．とはいえBPM5では多国籍企業内における収益の分配について明確な規定がなかった．

　これに対してBPM6では，移転価格の項目を新たに設け，次のように取り扱うよう指摘している[31]．すなわち，移転価格が明確になった場合，取引自体は市場価格で再評価しなければならない．親会社の利益が移転価格によって過剰に計上されている場合は，それは本来，子会社の利益であり，最終的に配当として親会社に支給されるものであったと考える．よって企業の移転価格と市場価格の差は，本来の姿，すなわち親会社への配当として計上する．逆に親会社の利益が移転価格によって過小に評価されている場合，それは本来，親会社の利益であり，最終的に子会社への投資に向かう資金であったと考える．そのため，移転価格と市場価格の差は子会社への株式投資として計上する，というものである．

　次に問題となったのは収益再投資（reinvested earnings）である[32]．収益再投資とは，子会社の内部留保（収益－配当）を指す．外国子会社の内部留保は，本来，親会社に帰属すると考えるため，実態としては資本が移動していないにもかかわらず，疑似的に親会社に一旦配当として支給された収益が再び子会社に再投資されたものと統計上は捉える．第3章でみるとおり，今ではアメリカの直接投資の半分以上がこの収益再投資によって構成されている（図表3-3）．国際収支マニュアルの改訂にあたって，収益再投資については次の3つの問題が指摘された．

　1つは，直接投資とポートフォリオ投資間の収益再投資の取り扱いをめぐる「ずれ」である．BPM5では収益再投資は直接投資のみに適用されるものであり，ポートフォリオ投資ではその投資先の内部留保を収益再投資として計上しない．直接投資にのみ収益再投資を含めるのは，直接投資が外国子会社の経営に対する支配権を保有しているため，子会社による内部留保は親会

社の子会社に対する投資の決定を意味するという説明がなされている．しかし株式へのポートフォリオ投資の場合，支配権の有無にかかわらず投資先の内部留保は投資家の収益を生むため，両者の取扱いの違いが正当なものかという問題が提起されている．

またこの他にも，収益再投資は親会社が外国企業，すなわち直接投資にのみ計上され，国内の株主に対しては国民経済計算において収益再投資として計上されていないために，外国株主と国内株主の間で取り扱いが異なる．

さらにマイナスの収益再投資という問題もある．BPM5 では，子会社に経常損失が発生した場合，収益再投資がマイナスになってしまう可能性がある．この場合，子会社によるマイナスの所得支払と親会社の投資の引き揚げとして統計上は表れることになる．国際収支上はマイナスの所得支払が投資の引き揚げと相殺されるが，これは子会社が親会社からお金を取り上げ，逆にそれを親会社に返還しているということになる．こうした取り扱いが適切か否かも問題となったが，BPM6 では第 5 版と同じようにマイナスの収益再投資を許容している[33]．

第3節　IMF = OECD 新マニュアルにおける直接投資の取り扱い

前節で取り上げたように，グローバル・キャッシュマネジメントによる新しい多国籍企業内国際マネーフローは，従来の直接投資の定義に必ずしも収まらなくなってきた．本節では，特に直接投資の定義にかかわる問題となった逆投資とインハウスバンクを介したプーリングにみられる子会社間の短期投資について，IMF = OECD が新しい統計マニュアルでどのように取り扱うようになったのか，について整理する．

前節で検討したとおり，インハウスバンクを介したマネーフローについてはさまざまな問題が指摘されたが，結局，BPM6 では図表 1-4 で示されている②～⑧のマネーフローすべてを直接投資に分類するという点では BPM5 と変更はない．ただ BPM6 では，これら直接投資をそれぞれの性格に応じ

て以下の3つの類型に分けるべきであると提案している[34]．

1つ目は親会社から子会社への投資である．子会社への投資というのは，直接的に支配する子会社だけでなく間接的に支配する子会社への投資も含む．図表1-4では②，③，⑤，⑧がこれに当たる．すなわち，親会社から子会社への投資といった場合，従来から一般的であった最終的な親会社，この場合はアメリカ親会社であるが，ここからドイツにある事業子会社への投資だけでなく，親会社からインハウスバンクへの投資，そしてインハウスバンクから事業子会社への投資も含むことになる．前述のとおり，ドイツ・フランスの事業子会社の株式はインハウスバンクが100％保有しており，⑤と⑧のマネーフローはインハウスバンクである親会社から事業子会社への投資ということになる．

実際，インハウスバンクを設立している多国籍企業の資本構造をみても，外国にある事業子会社の株式はアメリカ親会社が保有するのではなく，オランダなどに設立したインハウスバンクが保有しているケースが多い．第2章でみるとおり，親会社が事業子会社の株式を保有すると制度上，節税の恩恵を受けられないため，こうした資本構造になっている．

次は子会社から親会社への逆投資である．図表1-4では④，⑥，⑦が，それにあたる．

最後は子会社間（fellow enterprises）のマネーフローである．これは，お互いに直接の資本保有関係はないが，同じ多国籍企業グループに属する企業間の投資ということになる．図表1-4ではドイツ事業子会社とフランス事業子会社間の投資になる．しかし，これは前述のとおり実際はほとんど皆無に近い．BPM6に従って作成された新しい直接投資統計でも子会社間投資の項目はあるが，ほとんどの国で空白となっている[35]．

これら3つを区別する理由としてIMFは，直接投資本来の「支配」や「影響力の行使」を意味するのは親会社から子会社に対する投資のみであり，逆投資や子会社間投資はこれと異なる動機に基づいて行われるとしている．以下では，逆投資や子会社間投資が従来型の直接投資と異なる性格を持って

いるにもかかわらず，最終的には直接投資として分類されるに至った議論を検討する．そのうえで，本書第3章以降の分析の枠組みを提示する．

(1) 逆投資の取り扱い

まず逆投資についてである．インハウスバンクを介した逆投資が問題となるのは，前述のとおり，それが親会社自身の海外資本市場からの資金調達を代替しているケースがあり，直接投資というよりはむしろ証券投資的な性格が強いためである．とくにアメリカの国際収支統計を作成する商務省統計局（Bureau of Economic Analysis, 以下 BEA）は，逆投資を直接投資に含めることに理論的見地からも実務上見地からも問題があると指摘している．そして実際，アメリカの国際収支統計においては既に一部の逆投資が直接投資から省かれている[36]．以下でみるとおりアメリカの場合，多国籍企業が節税対策としてインハウスバンクを通じた資金調達を積極的に実行していたため，逆投資についても早い時期から問題が指摘されていた．

1984年までアメリカでは非居住者がアメリカ債券投資から利子所得を得た場合，それを源泉課税の対象としていた[37]．そのためアメリカ多国籍企業は非居住者から資金を調達する場合，親会社が債券の発行主体になるのではなく，オランダ領アンティルに設置したインハウスバンクを発行主体にするほうが税制上，有利であった．またこうしたインハウスバンクがヨーロッパなどで債券発行する場合，大半は親会社の保証付きであり，親会社の高い信用力を利用することで資金調達が可能になっていた．こうして調達された資金の一部は本国アメリカの親会社へ逆投資される．しかもアンティルのインハウスバンクを通じた資金調達は，必ずしも多国籍企業によってのみ利用されているわけではなかった．インハウスバンク以外には海外子会社をもたずアメリカ国内でのみ事業活動を展開している企業も，節税対策としてこうした資金調達を実行していたのである．

以上のような状況を考慮すると，逆投資は親会社の外国証券市場からの資金調達をインハウスバンクが代替しているのみであり，実態としてはアメリ

カ企業が外国の投資家から資金調達している対内証券投資と変わらない．また統計の実務的見地からも，逆投資を IMF 国際収支マニュアル旧版（BPM5）に従って処理すればアメリカのアンティルに対する対外直接投資は大幅なマイナスになる，という問題がある．以上の点からアメリカはアンティルに所在するインハウスバンクがアメリカ親会社に対して行う貸付を直接投資ではなくポートフォリオ投資として分類してきた[38]．

しかしすべての逆投資を直接投資から省くことにも問題がある．というのも，逆投資は親会社の資金調達をインハウスバンクが代わりに実行する，というマネーフローだけで構成されるわけではないからである．たとえば他の海外事業子会社の活動によって得られた利益がインハウスバンクに蓄積し，それが親会社への貸付などに回されるケースがあり，これも逆投資となる．この場合はポートフォリオ投資というよりもむしろ親会社の対外直接投資資産の回収と捉えたほうが実態に近い．よってこのケースでは，BPM5 が規定している方法，すなわち対外直接投資から差し引くという処理が適している．

以上の点を考慮すると，同じ逆投資でも親会社の外部資本市場からの資金調達を肩代わりする逆投資とそれ以外の逆投資を区別し，前者のみを直接投資から省くという方法が最善といえる．これは IMF 内に設置された委員会（DITEG: Direct Investment Technical Expert Group）でも指摘されている[39]．しかし，実際に統計作成者が両者を区分することは不可能である．というのもインハウスバンク自身が，親会社に対する逆投資の資金調達先が外部金融市場なのかグループ内の利益なのか，といった区別を明確にしているわけではないからである．資金の出所が外部金融市場であろうと他の事業子会社からの利益であろうと，それらはインハウスバンク内部で渾然一体となり，そこから親会社を含めた世界中のグループ企業へ投資されるのである．

では BPM6 では，逆投資をどのように取り扱おうとしているのだろうか．前述のとおり逆投資そのものは引き続き直接投資として計上されている．変更点は逆投資がネットからグロス計上になったことにある．BPM5 では逆投資が対外直接投資から差し引かれてネットで計上されていたが，BPM6 では

逆投資と対外直接投資がそれぞれグロス計上されるため逆投資の規模が明らかになる．

さて，これまでみてきたとおり逆投資は，さまざまな問題が指摘されながらも結局，BPM6 でも直接投資として分類されることになった．その理由はどこにあるのか．IMF は，逆投資も含めたインハウスバンクを中継点として移動する資金をパススルー資金（pass-through funds, funds in transit）と呼び，こうしたパススルー資金全般を引き続き直接投資として扱う理由について以下のように述べている[40]．

１つ目は，逆投資を含むパススルー資金の移動があくまでも直接投資関係（FDIR: Foreign Direct Investment Relationships），すなわち親会社を頂点とした多国籍企業グループ内で発生する統合的な金融取引の一部である点だ．直接投資関係にあるグループ内企業間の債権，債務は，資本関係のない外部企業や外部投資家との間のそれとは異なる，というのである[41]．IMF は両者が，貸付条件の厳格度やリスクの程度，流動性などの面で差異があると指摘している．そのうえで，両者の違いを明らかにするために BPM6 では直接投資関係にある企業に対する投下資本を，ポートフォリオ投資などと同様にさまざまな項目に分類して公表すべきとしている．すなわちグループ内企業に対する投下資本の形態別分類（株式投資，貸付など），償還期間別分類（短期，長期），通貨別分類，金利タイプ別分類（変動金利，固定金利）などである．

こうした指摘は直接投資の本質，とくにポートフォリオ投資やその他投資との違いを考える際，重大な意味を持っている．直接投資が支配を目的とした投資であるとされるのは，従来から親会社の子会社向け投資が株式中心であった，という点に根ざしている．しかし今日の直接投資は，インハウスバンクを介した多国籍企業内国際投資マネーフローという様相を呈しており，その中には株式投資だけではなく貸付などの債権，債務取引も多く含まれている．もちろん子会社を支配するための株式投資が大前提であるが，そのうえでさらに負債資金もインハウスバンクをはじめとする同じ企業グループ内

から調達する割合が高まっている．よって多国籍企業グループ内貸付が，外部に対するものといかなる点で異なるのかを検討することは，直接投資とその他ポートフォリオ投資の違いを分析するうえで極めて重要となってくる[42]．しかし，上記の問題を考察するのに十分な資料が整っているとはいい難い．IMFは，2009年から新マニュアルBPM6に沿った直接投資統計を公表しているが，それは直接投資を株式投資と債権・債務の2つに分類するだけで，債権・債務の細かい形態分類（償還期間，通貨別，金利タイプなど）は明らかになっていない．上記の問題を検討するためにも今後，より一層のデータの収集・公開が望まれる．

　さて本題に戻ろう．インハウスバンクを介したパススルー資金を直接投資として分類する2つ目の理由は，統計収集・作成上の問題にある．すなわち，パススルー資金を直接投資から排除したとき，直接投資が過小評価となってしまう，もしくは国家間相互の直接投資統計の対称性や整合性が損なわれる，という問題だ．前節では，パススルー資金が直接投資の過大評価につながる，という問題を検討したが，逆にこれを排除すると本来，直接投資に含めるべき部分も抜け落ちてしまうことが指摘されている．さらにパススルー資金とそれ以外の投資を区別する基準が国ごとによって異なるために，やはりこれを直接投資から除くことは，実態として難しい，という結論である[43]．

(2)　プーリングと直接投資

　逆投資と並んで問題となったのは，インハウスバンクによるプーリングを介した多国籍企業内国際投資マネーフローである．図表1-4では⑤〜⑧がこれにあたる．インハウスバンクは日々，多国籍企業グループ内子会社の資金の過不足を調整している．そのため，インハウスバンクとその他事業子会社との間では巨額の資金が短期的に移動している．こうしたプーリングの結果発生する多国籍企業内国際投資マネーフローは，直接投資としての性格を備えているのか．

　従来，直接投資は，多国籍企業の海外における事業活動の拡大を示してお

り，結果として投資受入国における生産設備の増強や技術の移転を伴う傾向が強かった．また短期間で投資が撤退するというのではなく，現地国企業への永続的利害関係（lasting interest）を伴う投資と考えられてきた．その点，各国の金利差や為替レートの変動に伴って短期的に変動するポートフォリオ投資などと区別されてきた．しかし，インハウスバンクを介したプーリングによる多国籍企業内国際投資マネーフローは，ポートフォリオ投資と同様に短期間で大幅な流出や流入を繰り返す投資である．

　オランダは従来からこうしたインハウスバンクを経由したマネーフローを国際収支統計から排除してきたため，今回の国際収支マニュアルの改訂に伴って上記のような短期の企業内マネーフローは直接投資から排除すべきであると論じている[44]．しかし IMF はこうしたオランダの提案を拒否した．その理由は前述の逆投資と同様である．すなわちキャッシュマネジメントなどによる資金移動であっても，それはやはり多国籍企業グループ内での投資であり，その意味でポートフォリオ投資とは異なるという考え方である．ただし，こうしたインハウスバンクを介した短期的なマネーフローはその他の長期的な傾向をもつ株式投資などと区別しなければならない．よって BPM6 では直接投資についても，償還期間や金利タイプなど細かい分類が必要であるが，前述のとおり公表されているデータは極めて不十分なものである．

　さらにこうした多国籍企業内国際投資マネーフローの中でも，とくにインハウスバンクから事業子会社へのマネーフロー（図表 1-4 の⑤，⑧）に限って直接投資に含めるべきである，という議論がある[45]．以下で詳しくみてみよう．

　図表 1-5 は，「古典的」な多国籍企業である．「古典的」というのは，すなわち親会社である P 社が子会社の A 社に対して経営の支配者であると同時に，資金の提供者でもある，という点にある．それに対して，現代の多国籍企業は図表 1-4 のようにグループ内にインハウスバンクを設立している．これによって，かつて親会社が兼ねていた 2 つの機能，すなわち経営の支配と資金の提供，が親会社とインハウスバンクの 2 者に分割されるようになった．

図表 1-5 「古典的」多国籍企業グループ

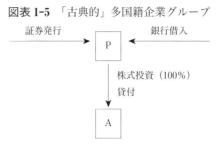

注：P, A はそれぞれ異なる国の企業である．
出典：Sola, P. (2006) FDI Statistics-Treatment of Inter-Company Transactions of Financial Intermediaries with Non-Financial Entities, (BOPCOM-06/24) Oct. 2006. p.2 を参考に筆者作成．

経営の支配については親会社に，資金の提供についてはインハウスバンクにそれぞれ委ねられるようになったのである．多国籍企業内における経営とファイナンスの機能分化ともいえる現象が起きている．

こうした状況にあることを踏まえたうえで，再び図表1-4をみてほしい．図表1-4のインハウスバンクによるドイツ事業子会社への投資（⑤）は，これまでは親会社から提供されていた投資がインハウスバンクからの投資に変わっただけであり，直接投資の基本的な性質は備えている．すなわちドイツが金融危機のような状況に置かれたとしてもインハウスバンクからの投資は，親会社からの投資と同じく安定的で長期的な性質がある，というのである．そうした点が為替レートの変動などで短期的に移動するポートフォリオ投資とは異なる，としている．ただインハウスバンクはあくまでも資金の提供のみであり，経営支配や技術移転などは親会社が担っている．そういった意味では，インハウスバンクからの投資は「真の直接投資」（"genuine" FDI）としての性質が1つ欠けている，としている．

第4節　まとめ

多国籍企業によるインハウスバンクの活用は，直接投資の統計処理だけで

なく概念規定そのものに対しても多くの問題を提起した．従来型の直接投資は，親会社から子会社に対する投資であり，それは子会社所在国における財，サービスの生産や雇用を拡大させる効果を伴うことが多かった．またポートフォリオ投資が利子や配当，キャピタル・ゲインを追及する短期的な資本移動であるのに対して，直接投資は企業の対外事業活動という長期的な支配を目的とした投資である，と捉えられてきた．しかしインハウスバンクの登場によって，そうした直接投資とポートフォリオ投資の垣根が曖昧になっている．

　直接投資と証券投資が異なる動機に基づいて実行されることを，いち早く指摘した S. ハイマーは，ポートフォリオ投資が各国の金利差などを利用した「鞘取り取引」であるのに対して，直接投資は支配を目的とした投資であると分析している[46]．しかし，本書でみた逆投資は，子会社から親会社への投資であり，従来から行われてきた支配を実現するための親会社から子会社への投資というマネーフローとは，全く逆の方向に行われる投資である．またプーリングのようなグループ内短期貸借も，従来からの長期永続的な株式投資という形態からかけ離れた投資である．

　こうした多国籍企業内の新たな投資形態は，直接投資の本質，すなわち「支配を目的とした投資」という概念に合致するものなのか，もしくは異なるものなのか．またこうした新たなマネーフローが，本来の直接投資の形態，すなわち親会社から子会社への株式投資に，どのような影響を与えるのか．多国籍企業の海外進出とグループ内における資本の流れは，どのように変わっていくのか．本書では，こうした問題を考察する．

注
1) 本章の作成にあたって，グローバル・キャッシュマネジメント・システムに実務の面で関わってこられた総合商社 A 社財務部と外資系銀行 B 行法人本部の方々にそれぞれヒアリングを実施した．日々のお忙しい業務の中，時間をとって対応していただいたことにこの場を借りて感謝申し上げる．なお本書における記述のいっさいの責任は，筆者に属する．

2) 一般的に，日本語の文献では「金融子会社」を用いるケースが多い（王忠毅［2002］）．本章第3節で検討するIMFやOECDはSPE（Special Purpose Entity）やconduits，持株会社（holding companies）という用語を用い，企業や銀行など実務側が発行する資料ではトレジャリーセンターの記述が多い（NIRAフォーラム［2006］）．またアメリカのファイナンス系の教科書では「インハウスバンク」が用いられている（Eitemen, David K., Stonehill, Arthur I. and Moffett, Michael H.［2013］）．
3) キャッシュマネジメント・システムの機能については，主に以下の文献を参照．社団法人企業研究会（2004），NIRAフォーラム（2006），中村正史（2008），西山茂（2013），Eitemen, David K., Stonehill, Arthur I. and Moffett, Michael H.（2013）．
4) たとえばGEは，以前はグループ会社全体で世界の約200行に約2万口座を持っており，各銀行から提供される異なったシステム（接続方法・画面・フォーマットなど）を利用していた．しかし，それらをSWIFTNetに統一することでグループ内決済を効率化した．犬飼重仁編（2008）42-43ページ．
5) アジアではマレーシア，ベトナム，タイなど現地通貨の外国持ち出しを原則禁止にしている国もあり，そうした国では現地通貨を対象にしたクロスボーダーのプーリングは導入できない（関根栄一・岩谷賢伸［2009］248-249ページ）．
6) イギリスはユーロ導入後，統一通貨に不参加ながらユーロの決済制度（TARGET）を利用していた．しかし2008年にTARGETがTARGET2に移行する際に，これへの参加を見送った．とはいえ他の決済手段（Euro1）などで，在英銀行はユーロ決済が可能となっている（奥田宏司［2012］第6章参照）．
7) HSBC東京支店（2003）85ページ．
8) 社団法人企業研究会（2004）118-119ページ．
9) グループ内の資金過不足を増減資によって調整するケースは一般的ではない．ただリース会社などのように資金需要が旺盛な子会社の場合，外部の銀行からの借入をスムーズに進めるために子会社の負債増加に合わせて増資をすることはある（外資系銀行B行法人本部担当者とのヒアリングより．2010年4月7日実施）．また総合商社A社へのヒアリングでは次のような回答があった．「事業子会社への資金供給は可能な限り貸付で対応するが，増資する場合もある．その判断は本社が行う」(2010年1月28日実施)．
10) 中條誠一（2008）「日本企業の国際財務活動と国際金融」（田中素香・岩田健治編［2008］所収）．
11) 携帯電話会社のモトローラでは，1976年にグループ内ネッティングシステムを導入した（Holland, C.P. et al. 1994）．
12) アメリカの輸出に占める米系多国籍企業の企業内貿易は15％，外国系多国籍企業の企業内貿易は13％となっている．また輸入では米系多国籍企業内貿易が13％，外国系多国籍企業内貿易が24％となっている．いずれも2013年のデータ

(U.S. MNE Activities: Preliminary 2013 Statistics, Table II.H1., FDIUS Preliminary 2013 Statistics, Table II.H1.).
13) Bedell, D. (2007).
14) SWIFT は，専用の国際的なコンピュータ・ネットワークを通じて，国際決済を行う金融機関に，標準化した金融メッセージ・サービスを提供している．電子 CP とは，電子化されたコマーシャルペーパー（短期債務）のことである．NIRA フォーラム（2006）．
15) 相沢幸悦（1990）第 2 章，岩田健治（1996）第 5 章．
16) 上川孝夫他編（2003）第 17 章．
17) 本書ではインハウスバンクという用語を使用しているが，IMF や OECD はネッティングやプーリングを行うインハウスバンクのような組織を特別目的会社（Special Purpose Entity；以下，SPE）と呼んでいる．改訂議論の中で SPE に関する国際的な統一定義の作成が模索されたが，国によってその特徴も異なるため，BPM6 や OECD ベンチマーク第 4 版では統一的定義を明記することができず，今後の継続課題となった．

ただ一般的な特徴として，以下のような点が挙げられている．すなわち，法人であり，外国の親会社に支配されている．現地において従業員や生産設備がほとんど存在しない．資産や負債のほとんどはその他外国への投資を表す．その主要な業務は，グループ金融（group financing）や株式保有である．これらを総合すると，本論におけるインハウスバンクと同様の存在であることが分かる（OECD ベンチマーク第 4 版，pp. 100-103.）．
18) 親会社，子会社ともに金融機関の場合，その間の貸付などは統計上，直接投資から省かれるケースが多い．そのため，図表 1-4 のアメリカ親会社・ドイツ事業子会社がともに金融業である場合，②から⑥までのすべてのマネーフローにおいて債権・債務形態のものは直接投資でなくなる．しかしアメリカ親会社・ドイツ事業子会社が金融業以外の産業であり，オランダのインハウスバンクのみ金融業に属す場合は，それらの間のマネーフローは債権・債務であっても直接投資となる．
19) オランダの税制については本庄資（2011）参照．
20) IMF, Coordinated Direct Investment Survey.
21) BPM6, para 4.156-4.157.
22) OECD ベンチマーク第 4 版，Chapter 7 Classification of FDI by Economy and Industry.
23) 逆投資は，子会社の親会社への株式投資が 10% 未満の場合を指す．子会社による親会社への株式投資が 10% 以上ある場合，統計上は親会社＝子会社の関係とは別に，子会社が親会社に新たな直接投資を行い，子会社所在国から親会社所在国に対して対外直接投資が実行されたと見なされる．両社ともに互いに相手の 10% 以上の持分を所有している場合は，相互的な直接投資関係（two mutual di-

rect investment relationship）が存在していると考え，逆投資とは区別されている（BPM6, para.6.40）．とはいえ，インハウスバンクの株式は100％親会社が保有しているが，反対にインハウスバンクは親会社の株式を保有しているケースはほとんどない．

24) 宮崎義一（1982）226-240ページ．
25) Kozlow, Ralph（2002）pp. 8-9.
26) Munoz, Carlos S.（2004）.
27) Sola, Pierre（2006）.
28) National Bank of Belgium（2004）.
29) 日本経済新聞2006年9月13日．
30) Udy, Martin, Button Richard（2004）p. 3.
31) BPM6, para.11.101-11.102.
32) International and Financial Accounts Branch, Australian Bureau of Statistics（2004）.
33) BPM6, para.8.15-8.16.
34) BPM6, para.6.37-6.45.
35) IMF, Coordinated Direct Investment Survey.
36) Kozlow, Ralph（2002）pp. 8-9.
37) 桜井満夫（1990）148ページ．
38) アメリカのこうした統計処理は過去何回か変更されている．1968-76年はアンティルのインハウスバンクからの逆投資をポートフォリオ投資に分類していたが，1977-93年は直接投資として処理し，そして1994年以降は再びポートフォリオ投資としている．
39) DITEG（2005）.
40) BPM6, para.6.33-6.34.
41) BPM6, para.6.26, 6.48.
42) 関下稔は，多国籍企業内の子会社間融資と親子間融資を合わせて「企業内融資」と呼び，それは「多国籍企業の極めて大事な指標であり，これを直接投資の中に含める根拠は十分すぎるほどある」と述べている．関下稔（2002b）203ページ．
43) 本書では「インハウスバンク」という呼び方で統一しているが，本章の注2で指摘したとおり，IMF＝OECDはこれをSPEとして取り扱っている．BPM6の作成過程においてSPEの統一的定義が試みられたが，国によってSPEをめぐる制度や税制が異なるため結局これを作ることができなかった（BPM6, para.4.50-4.52）．パススルー資金はSPEを経由する資金であるため，SPEの定義が各国で異なれば，当然パススルー資金も国によって異なる数値となる．
44) De Nederlandsche Bank（2004）.
45) Sola, Pierre（2006）.

46) Hymer, Stephen Herbert (1976) 邦訳 134-140 ページ.

第2章
オランダのインハウスバンクと多国籍企業内国際マネーフロー

　今日の多国籍企業が，グローバル・キャッシュマネジメント・システムを活用することで，企業内部においてさまざまな資本移動が発生するようになったことは，第1章でみたとおりである．本章では，そうした企業内のグローバルな資本移動を，2つのデータを用いて概観する．1つは，アメリカ商務省・経済分析局（BEA）が公表するアメリカ系多国籍企業のデータ（U.S. Direct Investment Abroad：以下，USDIA）である[1]．アメリカ系多国籍企業の親会社・子会社に関するさまざまな情報（総資産，売上，利益，雇用者数など）が集計されている．この中に，外国子会社の資金調達に関するデータも含まれている．

　もう1つは，オランダ中央銀行（De Nederlandsche Bank；以下，DNB）が発表するインハウスバンクに関するデータである．オランダは，ヨーロッパ内ではルクセンブルクやアイルランドと並んで金融税制上，多国籍企業がインハウスバンクを設置するのに適した国である．そのため，多数のインハウスバンクが設置され，そこを中継点として多額の資金が国境を越えて移動している．インハウスバンクを経由する資金は，前章で指摘したようなパススルー資金であり，一時的な経由地であるオランダ経済に実体的に影響を与えることはほとんどない．オランダは自国の国際収支がどれほどインハウスバンクの動きに影響されているのか，そしてこうしたパススルー資金を除いた実体的な資本移動はどれくらいの規模であるのかを明らかにするために，インハウスバンクに関する報告書を作成している．本章ではこうしたデータを

使いながら，多国籍企業のグループ内国際マネーフローを明らかにする．

第1節　USDIA統計にみるアメリカ系多国籍企業の企業内国際マネーフロー

本節では，アメリカ商務省のUSDIAを利用し，アメリカ系多国籍企業の企業内国際マネーフローを外国子会社の資金調達から概観する．具体的にデータをみる前に，取扱い上の注意点をいくつか述べておく．

USDIAは，2008年までアメリカ系多国籍企業の外国子会社を以下の5つのグループに区分していた．

(Ⅰ)　外国子会社全体（All Foreign Affiliates）

(Ⅱ)　非銀行業アメリカ親会社の非銀行業外国子会社（Nonbank Foreign Affiliates of Nonbank U.S. Parents）

(Ⅲ)　非銀行業アメリカ親会社の多数株所有非銀行業外国子会社（Majority-Owned Nonbank Foreign Affiliates of Nonbank U.S. Parents：以下，nonbank MOFA）

(Ⅳ)　銀行業アメリカ親会社の非銀行業外国子会社（Nonbank Affiliates of U.S. Parents in Banking）

(Ⅴ)　銀行業親会社・子会社（Banking Parents and Affiliates）

アメリカを含めた各国の統計では，一般的に株式の保有比率が10％を上回れば支配を目的とした投資（直接投資）とみなされる．この基準を上回れば統計上は，アメリカ多国籍企業の外国子会社（foreign affiliates）とされるが，支配の程度は株式所有比率が過半数を超えている場合が当然強くなる．そのため商務省も，過半数所有子会社のグループ「(Ⅲ)非銀行業アメリカ親会社の多数株所有非銀行業外国子会社（nonbank MOFA）」に関するデータを最も充実させている．また，直接投資は支配を目的とした投資であるため，外国子会社の大半は過半数所有子会社（MOFA）である．2013年の外国子会社全体の雇用者数のうち，MOFAは87％を占めている[2]．よって，以下で

アメリカ系多国籍企業の資金調達に関する統計を提示するが，2008年までのデータは nonbank MOFA のみを指している．

2009年以降，BEA は USDIA の nonbank の区分を廃止し，それまであった5分類を以下の2分類に整理した．すなわち，子会社全体（all foreign affiliates）と過半数所有子会社（majority-owned foreign affiliates）の2つの分類である．よって本書で取り扱うデータについても，2009年以降のデータは銀行を含むすべての MOFA を指している．

(1) アメリカ系多国籍企業ヨーロッパ子会社の資金調達

アメリカ系多国籍企業の最大の投資先はヨーロッパである．2013年時点での外国子会社総資産残高の60％以上がヨーロッパにある[3]．また，ヨーロッパでは統一通貨ユーロの誕生によって国境を越えたプーリングが容易になったため，世界でもっともグローバル・キャッシュマネジメントが普及している．そのため，ここではアメリカ系多国籍企業の外国子会社の中でもとくにヨーロッパ子会社に焦点をあてて，多国籍企業内国際マネーフローを概観する．

図表2-1は，ヨーロッパにある MOFA の負債・資本構成を表している．1990年から2013年の間に，負債・資本の合計，すなわち総資産額が7,000億ドルから14兆ドル弱へと約20倍の規模に拡大していることが分かる．08年だけはアメリカ，ヨーロッパを襲った金融危機の影響により減少しているが，それ以外の年はほぼ毎年10〜20％の拡大を実現している．90年代には資本と負債の構成比はほぼ安定して，負債が全体の70％弱，資本が30％強を占めていたが，00年以降は資本の比率が上昇し，13年には50％弱にまで拡大している．

USDIA では，2008年まで負債・資本のうち，とくに「流動負債・長期借入金（Current liabilities and long-term debt）」と「払込資本（Owners' equity, excluding retained earnings and translation adjustments）」について，外部からの資金調達（External Financing of Affiliates）として，それぞれどこから資金

図表 2-1 アメリカ系多国籍企業ヨーロッパ子会社（MOFA）の資本・負債構成

(単位：100万ドル)

	負債		資本		負債，資本合計
	流動負債・長期借入金	その他負債[1]	払込資本	利益剰余金，為替調整	
1990	430,616	61,685	101,484	146,066	739,851
91	452,006	73,655	116,286	149,969	791,917
92	507,329	70,091	143,439	142,214	863,073
93	639,801	70,328	168,140	148,004	1,026,273
94	736,472	87,547	212,535	158,200	1,194,754
95	886,599	131,129	239,076	201,471	1,458,276
96	979,460	132,188	275,869	225,638	1,613,154
97	1,080,182	137,639	315,426	249,004	1,782,251
98	1,232,687	153,367	376,978	275,829	2,038,860
99	1,452,984	174,958	541,215	256,603	2,425,760
2000	1,622,883	214,536	786,442	275,236	2,899,097
01	1,726,803	243,285	922,663	277,914	3,170,664
02	2,000,443	297,986	1,089,047	402,622	3,790,099
03	2,348,166	312,190	1,295,011	599,982	4,555,349
04	2,860,531	376,693	1,556,977	731,176	5,525,376
05	3,071,457	410,705	1,754,676	802,911	6,039,749
06	3,774,736	438,752	2,185,017	776,562	7,175,067
07	4,611,277	498,753	2,210,646	1,289,093	8,609,768
08	2,757,423	483,359	2,417,352	1,235,101	6,893,235
	負債		資本		負債，資本合計
	買掛金	その他負債			
2009[2]	1,434,862	5,062,689	4,573,982		11,071,533
10	1,527,128	4,960,734	4,837,338		11,395,857
11	1,494,404	5,355,688	5,417,723		12,267,815
12	1,428,544	5,537,249	6,105,173		13,070,966
13	1,732,839	5,603,582	6,624,716		13,961,137

注：(1)「その他負債」は，未払厚生費，繰延税金など．
　　(2) 2008年まではnonbank MOFAのデータであるが，2009年以降はMOFA全体を指す．また負債・資本の分類も図表のとおり変更された．
出典：USDIA, Table 3.B1-2., Table 3.C1., Table 2.B1-2.

を調達しているのかの内訳が公表されていた（USDIA, Table 3.C1. External Financing of Affiliates）．

以下では，主にこの統計を用いながらヨーロッパ子会社の資金調達を検討

する．しかし，残念ながらこの統計は2008年までしかない．USDIAは09年のベンチマークサーベイで，子会社の分類を含めたいくつかの変更を実施しているが，それに伴い削除されたデータもある[4]．本章で使用する子会社の資金調達先内訳に関するデータも削除対象となったため，08年までのデータしか提示できないが，これだけでも十分，グローバル・キャッシュマネジメントの導入とアメリカ多国籍企業子会社の資金調達の変化を考察することは可能である．また，後にみるとおり，本章で検討する子会社の資金調達構造の変化が，こうしたデータ改編につながった可能性もある．

以上のような点を踏まえたうえで，図表2-2，2-3をみる．図表2-2は，アメリカ系多国籍企業ヨーロッパMOFAの「流動負債・長期借入金」がどこに対する負債なのかを残高別に，そして図表2-3は同じものを構成比でみたものである．流動負債とは，1年以内もしくは1営業循環内に支払期限がくる債務でありCPや買掛債務などを含む．長期借入金は，1年もしくは1営業循環を越えて支払期限がくる銀行借入や社債発行を指す．USDIA統計では，これを次の4つの資金調達源に分けて公表している．すなわち，「アメリカ親会社（U.S. parents）」，「親会社以外のアメリカ（Other U.S. persons）」，「現地（Persons in affiliate's country of location）」，「その他外国（Other foreign persons）」の4つである．年によっては，「親会社以外のアメリカ」と「その他外国」が公表されていないこともあり，その場合は両者の合計が「未分類」として表れている．

図表2-2，2-3をみると，流動負債・長期借入金全体の金額が，1990年代から2007年にかけて急激に増加していることが分かる．これを資金調達先別にみると，子会社が所在する「現地」での資金調達が最大の割合を占めていることが分かる．90年代前半には現地での調達が，流動負債・長期借入金の60％を超えている．90年代から2008年まで「現地」での調達割合は低下傾向にあるが，それでも最大の資金調達先であることに変わりはない．

そして，次に大きな割合を占めるのが「その他外国」である．これは，親会社が所在するアメリカでもなく，子会社が所在する現地国でもない第三国

図表 2-2 ヨーロッパ MOFA の資金調達源（流動負債・長期借入金）

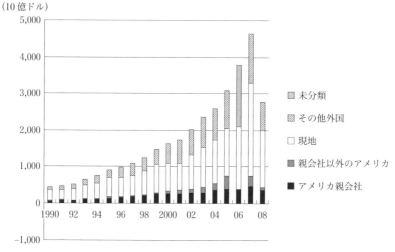

出典：USDIA, Table 3.C1.（本データは 2008 年まで）.

図表 2-3 ヨーロッパ MOFA の資金調達源（流動負債・長期借入金）構成比

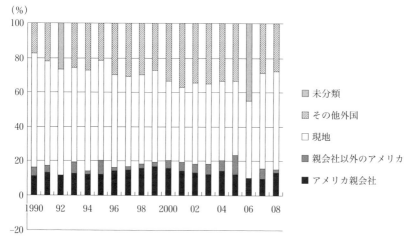

出典：USDIA, Table 3.C1.（本データは 2008 年まで）.

を指す．この「その他外国」に対する負債の増加は，ヨーロッパ MOFA が第三国所在銀行から借り入れる，第三国所在企業に対する買掛債務を増加させる，第三国でユーロ債，ユーロ CP などの証券発行を行う，また同じ多国籍企業グループ内の第三国にあるインハウスバンクから資金を調達するといったケースが考えられる．どういった形で第三国からの負債資金調達が増加しているのかについては，USDIA 統計では判明しないが，これが後にみるように重大な意味合いをもつことになる．「その他外国」からの負債資金調達は，1990 年代当初は 10% 程度にすぎなかったが，徐々に比率を上昇させ，2000 年以降は 30% 超を占めるようになっている．

残りは「アメリカ親会社」と「親会社以外のアメリカ」である．親会社からの負債資金調達は 10〜20% の間を推移しており，大きな変化はほとんどない．「親会社以外のアメリカ」は 5% 弱を占めるにすぎない．

次に，図表 2-4 と 2-5 で払込資本の資金調達源をみていこう．流動負債・長期借入金と同様に，「アメリカ親会社」，「親会社以外のアメリカ」，「現地」，「その他外国」に分類されている．まず指摘できることはアメリカ親会社からの調達がもっとも多く，1990 年代には全体の 60% を占めている，ということである．アメリカ親会社による外国子会社の株式所有とそれによる支配を表しているといえよう．残りは，現地が 20% 強，その他外国が 10% 強となっている．

しかし，2000 年以降になると親会社からの調達割合が急激に低下し，08 年には 40% 未満となっている．代わりに増加しているのが「その他外国」である．これらの統計は，前述のとおり親会社の過半数所有（Majority-Owned）を意味する MOFA を対象にしているために，単純に考えると払込資本に占める親会社の出資比率が 50% 以下に落ち込むことは統計上の不備のように思える．しかし，MOFA とは親会社が直接，間接に 50% 超の支配を維持している子会社のことを指している．

これに対して図表 2-4，2-5 の払込資本は，あくまでも親会社が直接的に保有している部分を指している．よって，MOFA の払込資本に占める親会

図表 2-4 ヨーロッパ MOFA の資金調達源（払込資本）

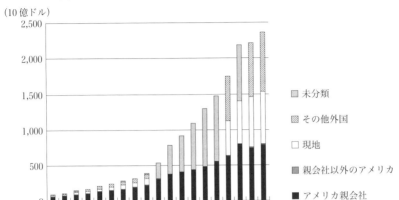

出典：USDIA, Table 3.C1.

図表 2-5 ヨーロッパ MOFA の資金調達源（払込資本）構成比

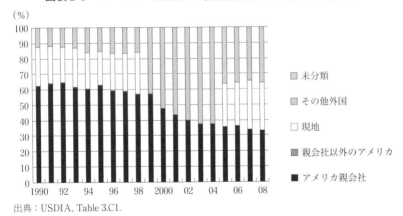

出典：USDIA, Table 3.C1.

社の比率が下がっているからといって，親会社の支配が弱まっているわけではなく，むしろ親会社がインハウスバンクをはじめとする他のグループ内子会社を通じて間接的にグループで支配していると考えられる[5]．

　この点については SCB にも，以下のような具体例が挙げられている．ちなみにアメリカ本国の親会社に代わって現地事業会社の株式を保有する子会

社は，SCB論文中では「持株会社（holding companies）」と表現されている．

> （1999年の）自動車製造業の買収は，世界的な自動車産業合併運動の一部であったが，その中のいくつかは金融・保険・不動産業に分類される持株会社を通して行われた[6]．
> （上記の自動車製造業での）持株会社を通した買収は，アメリカ親会社から持株会社への資本支出によってファイナンスされている[7]．（いずれも括弧内は引用者）

このケースで示されるような買収では，MOFAに対して直接，資本を払い込んだのはアメリカ親会社ではなく持株会社ということになる．この持株会社が，第1章で検討したオランダやルクセンブルクなどに所在するインハウスバンクである場合，図表2-5にあるように，ヨーロッパMOFAの払込資本調達先が「アメリカ親会社」から「その他外国」にシフトすることになる．

USDIAのデータを通じて，1990年代以降，ヨーロッパMOFAの傾向として，流動負債・長期借入金，払込資本ともに第三国からの調達が増加していたことが分かった．これを踏まえたうえで，以下では次の問題を考察する．

すなわち，第三国とは一体どこなのか，資金調達においてなぜ第三国が90年代以降，増加したのか，という問題である．

(2) 第三国からの資金調達

以下では第三国からの資金調達をより詳しく検討してみよう．

図表2-2，2-3でみたとおりヨーロッパMOFAは，負債資金（流動負債・長期借入金）の第三国からの調達を増加させていた．この流動負債・長期借入金をより細かく分類すると，買掛債務，銀行その他からの借入，（長短）証券発行に分けられる．第三国からの資金調達増加は，たとえば第三国所在企業に対する買掛金や銀行からの借入金の増加，第三国での証券発行，

第三国所在のインハウスバンクからの資金調達などが考えられる．

まず買掛金を考えてみる．買掛金は負債全体の 20～30％ を占めるが[8]，その国別内訳は明らかにならない．多国籍企業は世界中から部品など中間財を調達しているため，買掛金の地域分布もそれに対応したものになるであろう．

次に銀行からの借入である．ヨーロッパ MOFA の銀行借入を考える場合，本国アメリカと MOFA 所在国以外の第三国というと，それはやはり同じヨーロッパ地域内の銀行が大半を占めるのではないかと予想される．ヨーロッパ MOFA は，一般的にユーロを取引において使用しているであろうし，ユーロを調達する際にはやはりヨーロッパ所在の現地銀行やアメリカ系の多国籍銀行から借り入れると推察できる．たとえば BIS 報告銀行の対外債権全体に占めるヨーロッパ所在銀行の割合は 2015 年で 47％ となっている[9]．このように巨大な銀行市場が目の前にありながら，MOFA がヨーロッパ以外の日本や香港，ブラジルやメキシコなどから借り入れるといった状況は考えにくい．

また，銀行以外からの借入であるが，これは同じ多国籍企業グループのインハウスバンクからの調達が考えられる．SCB の論文では，こうしたインハウスバンクについての記述がみられる．ここでも SCB 論文中の「持株会社」が，本書で議論するインハウスバンクに相当する．

> （アメリカの対外直接投資残高の）ヨーロッパ向けの増加の一部は持株会社によって説明される．持株会社は金融・保険・不動産業に分類されるが，それらの子会社である事業会社はおそらく他の産業で，また事業子会社は持株会社とは別の国に存在しているであろう．それゆえ，持株会社の増加は，複数の産業や国における事業子会社からの高い収益やその再投資，また新規事業会社を獲得するためのファイナンスを目的として持株会社向けに資金流出したものを反映している[10]．（括弧内は引用者）

アメリカ系多国籍企業が，海外にあるインハウスバンクを通じて第三国の事業孫会社に投資した場合，アメリカの直接投資統計では，親会社が直接出資しているインハウスバンクに対する持分が計上される．1990年代後半以降，アメリカの対外直接投資残高に占める「持株会社（holding companies）」比率が急上昇している．1990年代前半の持株会社は，アメリカ対外直接投資残高（取得費用評価：historical cost valuation）全体の15％強であったが，2013年には46％まで上昇している[11]．このような直接投資の産業分類上の問題については，第1章でみたとおりである．

BEAは，アメリカ系多国籍企業のインハウスバンクを介した投資がこのような統計に表れていると分析し，インハウスバンクが所在する国としてとくにオランダを挙げている[12]．オランダには，利子・特許使用料に対する源泉徴収課税がない，支配子会社からの配当や子会社売却に伴う利益は非課税，また投資企業がオランダ税務当局と事前に協議・相談し納税額が事前に判明するアドバンス・タックス・ルーリング（Advance Tax Ruling）など，多国籍企業にとってさまざまな税制上，有利な制度がある[13]．アメリカ系多国籍企業もこうしたメリットを享受するためにオランダでインハウスバンクを設立している[14]．こうした点を考慮すると，オランダなどの税制優遇国におけるインハウスバンクの利用が，ヨーロッパMOFAの第三国からの借入を増加させていると推察できる．

最後に第三国における証券発行を検討する．ヨーロッパMOFAが第三国で証券発行する場合どこで行うだろうか．これもやはり銀行借入と同じくヨーロッパであると推測できる．BISのデータをみると，2015年第2四半期終了時で世界全体における発行済みの国際債残高が21兆ドルであり，そのうち12兆ドルがヨーロッパの証券市場で取引されている[15]．全体の6割近くがヨーロッパで発行されている．こうした大規模な取引所がヨーロッパにありながら，ヨーロッパMOFAの第三国における債券発行がヨーロッパ外のアジアやラテンアメリカ市場で行われる可能性は低いといえる．

ヨーロッパの中でもとくに債券発行額が多いのが，ユーロネクスト，ルク

センブルク証券取引所，ロンドン証券取引所である．こうした取引所で債券を発行している代表的なアメリカ企業として AT&T やアップル，P&G などが挙げられる[16]．金融危機が起こる 2008 年までは General Electric Capital Corp.(GECC), Morgan Stanley, Ford Motor Credit Company, General Motors Acceptance Corp.(GMAC) なども積極的に資金を調達していた[17]．また，ルクセンブルクやロンドン市場で実際に債券を発行しているのは，多国籍企業のアメリカ本社だけでなく，これらがオランダやイギリス，アイルランドなどに設立したインハウスバンクも多数含まれている[18]．

　ここから次のようなマネーフローが浮かび上がる．すなわち，オランダなどに設立されたインハウスバンクがロンドンやルクセンブルク市場で調達した資金，またアメリカ親会社自身がヨーロッパで調達した資金がインハウスバンクを通じて，ドイツやその他ヨーロッパ地域の孫会社たる事業会社へと投資されているという構図である．以上の分析から，ヨーロッパ MOFA の買掛金を除いた流動負債・長期借入金に占める第三国からの資金調達は同じヨーロッパ地域内における外国である可能性が極めて高いといえる．

　図表 2-2 から 2-5 にかけてみてきたとおり，ヨーロッパ MOFA は 1990 年代以降，ヨーロッパ地域内の第三国からの資金調達を増加させてきた．それは，なぜなのか．筆者はそれを，99 年に導入された統一通貨ユーロとそこに至るヨーロッパ内の資本移動の自由化，そしてそれらによって促進されたグローバル・キャッシュマネジメントの普及にあると考える．

　ヨーロッパは，1970 年の『ウェルナー報告』以来，統一通貨ユーロをめぐって試行錯誤の歴史を歩んできた[19]．79 年に創設された EMS（欧州通貨制度）の下，加盟国は金融政策の協調を軸に通貨統合を進めてきた．92 年にはデンマークが欧州連合（EU）条約（通称マーストリヒト条約）の批准を拒否したことをきっかけに通貨危機が発生し，イギリスとイタリアが ERM（為替相場メカニズム：加盟国の為替レート変動幅を平価の上下 2.25％ 以内に収める）から脱退するという結果になったが，翌年 11 月に同条約が発効した後は，急速に通貨統合の実現が本格化した．同条約発効に先

立って市場統合が実現したが，その一環として金融サービス市場の統合も進められた．とくに93年施行の第2次銀行指令と95年施行の投資サービス指令によって銀行・証券業が域内単一免許制の下，EU各国で自由に営業ができるようになった点は重要である．これによりユーロ域内の銀行支店数は95年の16万2,074店から2003年の16万7,644店に増え[20]，国境を越える域内貸付も拡大した[21]．99年にユーロが導入されてからは為替リスクもなくなったため，域内の銀行がより有利な貸付をめぐって国内だけでなくユーロ圏全体で活動している．単一銀行市場の形成へ向けた動きである．

　債券市場においても統合が進展している．1990年代前半から証券やデリバティブ取引における法的枠組み，会計基準・税制などの調和を目指してきたが，それに伴ってEU域内の国境を越えた債券発行が増加している．

　図表2-6は，国際債の発行額を発行体の居住国別に分類したデータである．これをみても，ヨーロッパ居住企業の国際債発行が急激に拡大していることが分かる．とくに統一通貨ユーロが登場した1999年以降，金融危機が発生する2008年まで世界全体の国際債の大半がヨーロッパ居住企業によって発行されている．逆にアメリカでは90年代後半から01年の間は，好景気を反映して発行額を増加させているが，02年以降は低迷している．

　以上のデータから，通貨統合が実現するプロセスでのヨーロッパにおける金融市場統合の動きは，EU域内における国境を越えた資金調達を拡大させたことが分かる．ヨーロッパに所在する企業は，アメリカ多国籍企業のヨーロッパMOFAも含めて，こうしたクロスボーダーでの資金調達を活発化させた．

　図表2-2から2-5でみたヨーロッパMOFAの第三国からの資金調達は1990年代前半から進行していたが，その背景となるヨーロッパの金融市場統合と域内の国境を越えた資本移動も通貨統合が実現する99年以前からスタートしており，そうした中で上記のようなアメリカ多国籍企業の資金調達の変化があったといえよう[22]．

図表 2-6　国際債発行額（発行体居住国別）

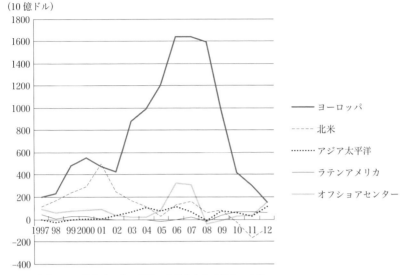

注：国際債とは，外貨建て債・外債・非居住者向け債券の合計．
出典：BIS, *Quaterlay Review*, Mar. 2013, Table 11A.

第2節　オランダのインハウスバンクにみる多国籍企業内国際マネーフロー

　前節では，アメリカ商務省の統計からアメリカ多国籍企業の資金調達とインハウスバンクの関わりをみてきた．本節では，インハウスバンクが多数設立されているオランダの中央銀行（DNB）が公表するデータ[23]から，多国籍企業の国際マネーフローを検討する．なお DNB の資料では，「インハウスバンク」ではなく特別金融機関（Special Financial Institutions：以下，SFIs）という名称が用いられている．名称は異なるが，SFIs の定義[24]から考えると，本章で指摘するインハウスバンクとほぼ同義であると理解できる．

　2000 年 3 月に発表された報告書によると，1999 年末の時点で SFIs を最終親会社の国籍別で分類したものでは，アメリカ系が 19% を占め単独国と

してはもっとも多くなっている[25]．90年末の時点では，イギリス系がもっとも多く22%を占め，アメリカ系は14%であった．この間，SFIsの全体数も4,000社から1万社超に増加しているため，アメリカ系多国籍企業が多数のSFIsをオランダに新たに設置したことが分かる．しかも，この期間中には94年に米蘭租税条約の改正が行われ，アメリカ多国籍企業にとってオランダでの税務上の優遇措置を受けるには複雑な手続きが必要となったにもかかわらず，アメリカ系のSFIsが増加している[26]．とはいえ，99年末の時点でも，イギリス系17%，フランス系7%と続いており，EU全体で57%を占めているため，SFIsの大半はヨーロッパ系企業であることが分かる．

　以下では，SFIsの国際収支からそのマネーフローを分析する．DNBは，SFIsが主にグループ金融，すなわち外国から資金を調達し，またその大半をオランダ以外のグループ内外国子会社に対して貸し付けるという金融仲介を行っているため，その大規模な取引金額ほどオランダ国内経済に影響を与えないとして，オランダの国際収支の各項目のうちSFIs経由の資金を別途，公表している[27]．図表2-7はSFIsの国際収支である．第1章でみたとおり国際収支統計がBPM6の新方式に移行したことで，項目の変更や対外投資の符号変更などがあるため，BPM5方式に基づく2003年までとBPM6方式に基づく04年以降を分けて掲載している．

　SFIsは，グループ内資金仲介がその主な活動であるが，それは貸借や出資といったファイナンス分野（投資マネーフロー）だけでなく，利子・配当所得やライセンス料の受払といった所得形態のマネーフロー（所得マネーフロー）も含む．よって以下では，投資マネーフローと所得マネーフローを項目別に詳しく検討することで，SFIsの活動実態に迫ってみたい．

(1) 投資マネーフロー

　図表2-7はSFIsの国際収支を，図表2-8はそのうち1999年以降の「金融収支（financial account）」を取り出してグラフにしたものである．国際収支がBPM6方式に変更されることで，金融収支の符号表示がこれまでの

図表 2-7　SFIs の

	1983	84	85	86	87	88	89	90	91	92
経常収支										
サービス収支	n.a.	n.a.	n.a.	n.a.	n.a.	n.a.	n.a.	n.a.	n.a.	n.a.
輸出	n.a.	n.a.	n.a.	n.a.	n.a.	n.a.	n.a.	n.a.	n.a.	n.a.
輸入	n.a.	n.a.	n.a.	n.a.	n.a.	n.a.	n.a.	n.a.	n.a.	n.a.
所得収支	0.0	0.1	0.0	-0.1	-0.2	-0.1	-0.4	-0.2	-0.3	-0.3
受取	4.5	4.8	6.1	4.8	5.2	6.5	11.2	12.9	14.6	16.6
支払	4.5	4.7	6.1	4.9	5.4	6.6	11.6	13.1	14.9	16.9
経常収支合計	0.0	0.0	0.0	0.0	0.0	0.0	0.0	0.0	0.0	0.0
金融収支										
対外直接投資	-3.5	-5.3	-4.5	-6.5	-12.3	-18.6	-25.1	-18.5	-15.7	-19.4
対内直接投資	1.8	-0.6	0.2	2.5	6.5	8.4	14.1	14.7	7.7	12.7
外国証券	0.4	0.2	-0.1	0.3	-0.8	-0.9	-1.9	-5.7	-1.4	-1.2
オランダ証券*	2.3	8.0	4.7	5.9	7.4	12.1	13.2	11.5	8.1	7.7
金融デリバティブ（資産）	n.a.	n.a.	n.a.	n.a.	n.a.	n.a.	n.a.	n.a.	n.a.	n.a.
金融デリバティブ（負債）	n.a.	n.a.	n.a.	n.a.	n.a.	n.a.	n.a.	n.a.	n.a.	n.a.
その他資産	-1.3	-3.7	0.0	-2.4	-1.4	-0.7	-4.7	-0.9	-2.7	-2.2
その他負債	0.8	1.0	0.1	-0.7	0.9	-0.2	4.3	0.6	3.4	3.0
金融収支合計	0.5	-0.3	0.6	-1.0	0.3	0.0	0.0	1.7	-0.7	0.7

2004 年以降は，BPM6 形式になっているため，対外投資の符号が変わっている．すなわち，対外投資

	2004	05	06	07	08	09	10	11	12	13
経常収支										
サービス収支	0.5	1.2	0.6	1.2	0.9	1.0	1.1	1.4	1.1	1.0
輸出	8.7	10.1	9.7	12.5	15.3	14.8	18.5	20.7	20.3	22.6
輸入	8.2	8.9	9.2	11.3	14.4	13.9	17.4	19.2	19.2	21.6
所得収支	0.0	0.0	0.0	0.0	0.0	0.0	0.0	0.0	0.0	0.0
受取	0.0	0.0	0.0	0.0	0.0	0.0	0.0	0.0	0.0	0.0
支払	0.0	0.0	0.0	0.0	0.0	0.0	0.0	0.0	0.0	0.0
経常収支合計	0.5	1.2	0.6	1.2	0.9	1.0	1.1	1.4	1.1	1.0
金融収支										
対外直接投資	89.1	126.8	354.2	393.9	130.7	86.8	96.2	243.2	186.6	219.7
対内直接投資	99.9	133.5	282.3	441.4	117.6	44.1	96.8	223.1	177.0	207.0
外国証券	5.8	8.7	-1.7	10.3	2.6	5.0	4.0	4.7	2.5	4.8
オランダ証券*	-0.4	-5.5	45.5	10.9	21.7	39.0	-3.8	-18.3	12.8	26.3
金融デリバティブ（ネット）	-0.1	0.6	0.4	20.0	-10.6	-8.4	-2.5	-0.4	0.7	8.3
その他資産	8.4	-1.0	12.4	40.4	15.4	14.2	3.3	-22.9	-11.8	-0.7
その他負債	-1.2	3.9	41.4	12.5	3.0	18.9	7.2	14.6	-7.7	8.3
金融収支合計	4.8	3.2	-3.9	-0.1	-4.1	-4.4	0.8	5.2	-4.1	-9.4

注：オランダ証券とは，SFIs が発行した証券のうち同じ多国籍企業グループ以外の非居住者が購入した
出典：1998 年までは DNB, "Special Financial Institutions in the Netherlands," Statistical Bulletin,
　　　(excluding SFIs), tab 12.13 Balance of Payments including SFIs から作成．04 年以降は Table

国際収支

(単位:10億ユーロ)

93	94	95	96	97	98	99	2000	01	02	03
n.a.	n.a.	n.a.	n.a.	n.a.	n.a.	-1.5	-0.1	0.6	0.0	0.6
n.a.	n.a.	n.a.	n.a.	n.a.	n.a.	4.8	4.6	5.5	5.0	7.5
n.a.	n.a.	n.a.	n.a.	n.a.	n.a.	6.3	4.7	4.9	5.0	6.9
-0.4	-0.2	-0.2	-0.3	-0.3	-0.6	1.6	0.1	-0.6	0.0	0.4
16.9	18.3	17.7	18.9	26.1	24.3	27.3	61.4	53.4	42.4	40.4
17.3	18.5	17.9	19.1	26.4	25.0	25.7	61.2	54.1	42.3	39.9
0.0	0.0	0.0	0.0	0.0	0.0	0.0	0.0	0.0	0.0	1.0
-19.1	-13.9	-16.3	-16.3	-22.6	-34.9	-50.8	-102.0	-132.7	-94.6	-69.7
8.9	8.2	7.4	6.5	19.1	18.1	9.9	70.2	107.6	47.6	63.0
0.1	0.9	-2.0	-0.3	0.7	0.3	-1.2	-4.4	-5.6	0.0	0.2
12.1	4.1	10.6	11.8	11.1	19.0	57.1	36.6	32.3	20.2	28.3
n.a.	n.a.	n.a.	n.a.	n.a.	n.a.	0.0	0.0	0.0	0.0	3.1
n.a.	n.a.	n.a.	n.a.	n.a.	n.a.	0.0	0.0	0.0	0.0	-2.9
0.4	0.7	1.0	-1.0	-1.1	-1.3	-13.4	-3.6	-14.8	18.4	-15.8
-2.6	0.7	0.5	-1.3	-5.0	1.3	-2.1	5.5	18.7	13.1	0.9
-0.2	0.8	1.0	-0.8	2.2	2.6	-0.5	2.3	5.5	4.8	7.2

も対内投資も増加すればプラス,減少すればマイナスで表示している.

14
0.2
27.8
27.7
0.0
0.0
0.0
0.2
-20.2
-1.1
3.0
2.8
1.9
1.3
-7.1
-8.6

もの.

Mar. 2000, pp. 28-29., 99-03 年は DNB, Balance of Payments tab 12.1 Balance of Payments 12.1 Balance of Payments より.

図表 2-8 SFIs の投資マネーフロー

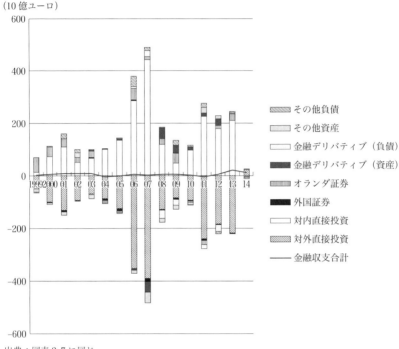

出典：図表 2-7 に同じ．

BPM5から変化したが[28]，図表 2-8 では SFIs の資金仲介機能をより分かりやすく表示するために，これまでの BPM5 と同じように資本流出はマイナスで，資本流入はプラスで表している．以下では図表 2-8 をみながら SFIs の投資マネーフローを検討する．

まず全体をみると，グロスとネットの金額に大きな開きがあることが分かる．棒グラフの積み重ねで表される，投資マネーフロー各項目の流出入の合計（グロス）は 100 億ユーロから 300 億ユーロ以上となっているが，それらをネットアウトした金融収支合計は数十万ユーロの水準に止まっている．DNB が指摘するように，SFIs が外国から調達した資金が再び外国に流出している現象を表している．

第 2 章　オランダのインハウスバンクと多国籍企業内国際マネーフロー　　　63

図表 2-9　SFIs の活動と EU 向け対内直接投資

(10 億ドル，10 億ユーロ)

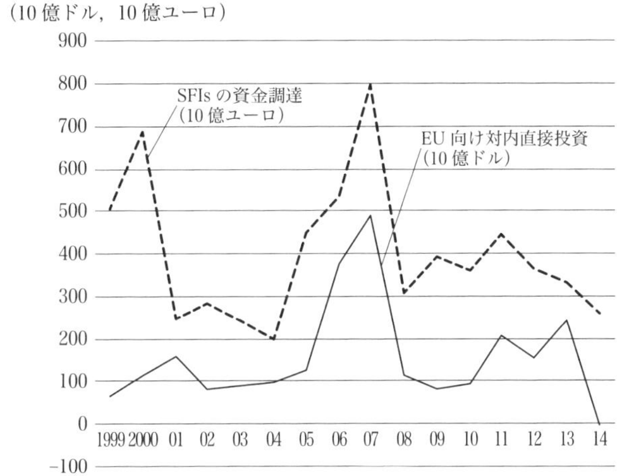

出典：EU 向け対内直接投資は，UNCTADstat, Inward and outward foreign direct investment flows, annual より．SFIs は図表 2-7 に同じ．

　次に年毎の変化を検討する．SFIs の資金仲介は，1999-2001 年と 2005-07 年，2011-13 年に拡大している．こうした年毎の全体的な投資マネーフローの動きは，ヨーロッパ向け対内直接投資と密接に関係している．図表 2-9 は，EU 向け対内直接投資（域内投資も含む）と SFIs の資金調達を示している．

　2 つのデータの通貨単位が異なるため単純な比較は難しいが，それぞれの前年に対する増減という意味でみると，両者は，ほぼ同様のアップダウンを繰り返していることが分かる．SFIs は，多国籍企業のグループ内資金仲介がその主な業務であるが，その資金仲介の範囲は，アメリカ系多国籍企業の支配下にあるものも含めて，大半がヨーロッパ内に設立されたグループ会社である[29]．

　すなわち，アメリカ系多国籍企業の支配下にあるオランダの SFIs は，グループ内のヨーロッパ子会社向けに資金仲介を行っているのであり，アジアや南米などの子会社は対象外ということである．そのため 2001-03 年や 2008-09 年のようにヨーロッパの景気が後退し直接投資の流入が減少すれば，

それだけ SFIs の資金仲介も縮小する．逆にヨーロッパ向け直接投資が活発になり，グループ会社の資金需要が旺盛になれば，SFIs の資金仲介も拡大することになる．ただ，2008-09 年のように SFIs の投資マネーフローの縮小を所得マネーフローの増加が一定程度相殺する，という動きもみられる．これについては所得マネーフローの箇所で述べる．

次に，資金調達・投資の内訳をみていこう．図表 2-8 は，前述のとおり BPM5 形式に基づいて SFIs の資金調達はプラスで，投資はマイナスで表している．まず資金調達をみると，その大部分はオランダ向け対内直接投資であることが分かる．これは，親会社をはじめとするグループ内企業からの SFIs に対する出資・貸付を表している．DNB によると，1980 年代のグループ企業からの資金調達は，親会社が SFIs に他の外国子会社を売却し，その売却資金を親会社からの借入で賄ったというケースもあるという[30]．SFIs 設立以前に既に多国籍企業が支配していた外国子会社を，SFIs 経由での間接支配に切り替える際にこうした手法が利用されたと考えられる．2000 年以降は，対内直接投資がより一層，資金調達の主要な部分を占めるようになっている．

グループ企業からの対内直接投資は，親会社からの出資や貸付もあるし，また第 1 章で検討したグローバル・キャッシュマネジメントによるグループ内子会社の余剰資金の吸い上げ（スウィーピング）も含まれる．どれくらいの部分がキャッシュマネジメントによるものなのかは判明しないが，近年 BPM6 形式でのより詳しい内訳が公表されている．

図表 2-10 は，SFIs の対内直接投資を株式・収益再投資とその他投資に分けて示している．

ただ，実際のデータを検討する前に，BPM6 統計と図表 2-10 について注意点を説明しておく．BPM6 では，逆投資を親会社から子会社向けの投資と区別して公表すると決定したことは，前述のとおりであるが，直接投資の資産・負債項目にも以下のような変更を加えた[31]．すなわち BPM5 以前の直接投資統計では，自国親会社と外国子会社との間の投資を対外直接投資，自

図表 2-10 SFIs の対内直接投資

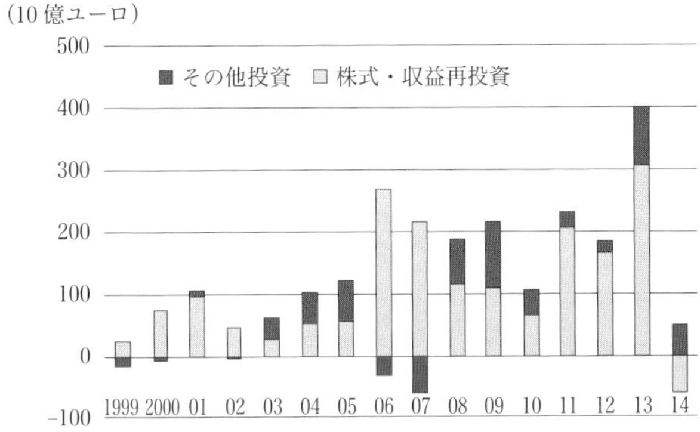

(10億ユーロ)

■ その他投資　□ 株式・収益再投資

出典：図表 2-7 と同じ．

国子会社と外国親会社の間の投資を対内直接投資として取り扱ってきた．しかし BPM6 では，資産・負債表示（Asset/Liability Presentation）として，自国親会社や外国子会社などといった親会社・子会社の国籍にかかわらず，自国の対外資産になるものを対外直接投資の資産項目として計上している．すなわち，対外直接投資の資産項目に含まれるのは，自国親会社の外国子会社に対する投資と自国子会社の外国親会社に対する逆投資，そして自国親会社・外国親会社にかかわらず兄弟会社への投資となる．

図表 2-11 は，この関係を整理したものである．ただ，ここでは議論を簡単にするために兄弟会社間の投資は省いている．多国籍企業グループ 1（P_1, A_1）は，親会社（P_1）が X 国に，子会社（A_1）が Y 国にある．逆に多国籍企業グループ 2（P_2, A_2）は，親会社（P_2）が Y 国に，子会社（A_2）が X 国にある．前述のとおり，資産・負債表示では対外直接投資を多国籍企業グループの親会社の国籍にかかわらず，自国の対外資産を対外直接投資の資産としているので，X 国における対外直接投資（資産）は，多国籍企業グループ 1 の子会社向け投資 1 と多国籍企業グループ 2 の逆投資 2 の合計になる．逆に，X 国の対内直接投資（負債）は，多国籍企業グループ 2 の子会社向け投資 2 と多国籍企業グループ 1 の逆投資 1 の合計になる．BPM6 ではこうした

図表 2-11　BPM6 における対外直接投資の資産・負債表示と方向性原則表示

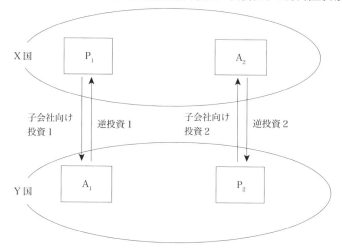

対外直接投資：資産・負債表示（Asset/Liability presentation）
　X 国の対外直接投資（資産）＝子会社向け投資 1 ＋逆投資 2
　X 国の対内直接投資（負債）＝子会社向け投資 2 ＋逆投資 1

対外直接投資：方向性原則表示（Directional principal presentation）
　X 国の対外直接投資＝子会社向け投資 1 －逆投資 1
　X 国の対内直接投資＝子会社向け投資 2 －逆投資 2
　出典：BPM6, Box 6.4.（p. 109.）を基に筆者作成．

資産・負債表示を基本としたが，ただこれまでどおりの方法（方向性原則表示：Directional principal presentation）も補助的なデータとして認めている．

　オランダ中央銀行（DNB）も，BPM6 に従って資産・負債表示で直接投資データを公表しているが，本書ではアメリカ多国籍企業とオランダのインハウスバンク，そしてその支配下にあるヨーロッパ子会社を分析の対象としている．そのため，図表 2-10 や後掲の図表 2-12 は，従来の多国籍企業の国籍に基準を置いた方向性原則表示に組みなおしている[32]．第 2 章における以降のデータについても，とくに断りがない限り，この方向性原則表示に基づくデータを表示している．

　さて図表 2-10 を再度，みてみよう．これは SFIs の対内直接投資を，株

式・収益再投資とその他投資に分けている．この場合，「その他投資」は同じ多国籍企業グループ親会社からの貸付が中心であると考えられる．これをみると，対内直接投資は株式・収益再投資などの親会社からの出資が主要な部分を占めているが，貸付を表す「その他投資」も一定の割合を占めている．

対内直接投資に次ぐ資金調達手段は，図表2-7，2-8によると「オランダ証券」であることが分かる．「オランダ証券」とは，SFIs が発行した証券のうち同じ多国籍企業グループ以外の非居住者が購入した部分を指している．すなわち SFIs の証券発行による外国投資家からの資金調達を意味する．1990 年代まではオランダ証券と対内直接投資がそれぞれ資金調達の 40% 前後を占めていたが，2000 年以降は SFIs の証券発行による資金調達が伸び悩んでいる．99 年の 571 億ユーロが「オランダ証券」の発行による資金調達のピークで，その後は 200〜300 億ユーロ前後で推移している．逆に対内直接投資は増加傾向が続いたために，00 年以降の SFIs の主要な資金調達源となっており，全体の 8〜9 割を占めるようになっている．

また SFIs の証券発行による資金調達については，次の点も指摘できる．1999 年の統一通貨ユーロ導入に伴って証券発行の通貨構成が大きく変化している．ユーロ導入以前の SFIs による証券発行は，今日ユーロを採用している国以外の通貨（ドルとポンド）が 50% 以上を占めていたが，99 年にはユーロ建てが全体の 60% 弱を占めた[33]．こうした SFIs による証券発行は，大半がイギリスとルクセンブルクで発行されている．2006-11 年にかけて SFIs が発行した 4,800 億ユーロの証券のうち，1,300 億ユーロがイギリス，2,200 億ユーロがルクセンブルクでの発行となっている[34]．

SFIs の資金調達は，上記のとおり対内直接投資とオランダ証券が主要な部分を占めるが，2006-07 年にかけては「その他負債」が増加している．これは当時，SFIs を証券化の道具として用いていた金融機関の行動による．オランダ SFIs の 90% 以上は多国籍企業グループ内の金融仲介を目的としているが[35]，SFIs は証券化のツールとして利用される場合もある．

すなわち，住宅抵当貸付（モーゲージ・ローン）などの雑多な貸付債権を

証券化する際に特別目的体（special purpose vehicles）を設立し，そこに債権をプールするが，その特別目的体（SPVS）がオランダではSFIsのしくみを利用されるケースがあった[36]．証券化業務で用いられるSPVSも，外国親会社の支配下にある，従業員がゼロなど実体的活動がない，外国での資金調達と運用というパススルー資金の拠点となる，などの特徴がありSFIsと重なる．アメリカやイギリスなどの投資銀行が，オランダにSPVSを設立し，2006-07年にかけて証券化業務を展開したために，SPVSが借入などで外部から調達した資金が図表2-8では「その他負債」に，逆に住宅抵当貸付債権を取得した部分は「その他資産」に，それぞれ計上されたのである．08年以降は，こうした証券化業務が縮小・撤退していったことが，図表2-8でも分かる．

　さて前述のとおり，オランダSFIsの主要な資金調達は対内直接投資であり，その調達額も1990年代以降，とくに増加傾向にあった．こうして調達した資金は，どういった投資に向けられたのだろうか．図表2-8のマイナス項目がSFIsの外国投資を示している．全体的な投資金額は，前述のとおり1990年代末と2005-07年，2011-13年に増加している．このうちほぼ毎年80％程度を占めるのは対外直接投資である．対外直接投資は，グループ内企業への出資・貸付を表す．2000年のDNBのレポートでは，このうち貸付のほうが大きな割合を占め，株式に対する出資はそれより少ない規模であると指摘されている[37]．しかし，近年公開されたBPM6形式に基づく新しい国際収支統計でSFIsの対外直接投資の内訳をみると，2000年以降はむしろ株式や収益再投資が中心となっていることが分かる．ただ2008年以降は，貸付などを指す「その他投資」が株式などを上回っている年も増加している．

　図表2-12にみられるような対外直接投資における株式以外への投資マネーフローは，SFIsが多国籍企業グループの支配下にある事業子会社に出資形態での長期的な投資だけでなく，前章で検討したグローバル・キャッシュマネジメントのような短期的な貸付資金の拠点にもなっていることを示唆している．同じグループ内で資金が余っている子会社から不足している子会社

図表 2-12 SFIs の対外直接投資

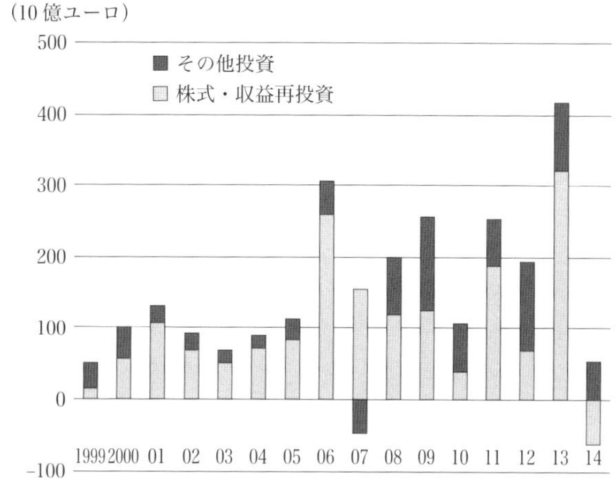

(10億ユーロ)
- その他投資
- 株式・収益再投資

出典：図表 2-7 と同じ．

へと，定期的（毎日もしくは毎週）に資金を仲介し，グループ内での効率的なキャッシュマネジメントを実現する拠点として，オランダ SFIs が利用されている，という状況である．また図表 2-8 からは，出資・貸付いずれにせよ SFIs の資金の大半がグループ金融に向けられているという点，すなわち SFIs の設立目的が多国籍企業グループのための資金仲介であることは明確に指摘できる．

また直接投資以外では，外国証券投資やグループ外企業への貸付などがある．規模は小さいが，両者とも 1989-90 年，2006-07 年に増加している．80 年代末の増加は日系多国籍企業の活動による．日系多国籍企業の SFIs は，90 年には調達した資金の 60％ をグループ外貸付に回した[38]．従来，SFIs はグループ内金融目的のために設立されており，そうした業務に従事するが故に，外国為替管理の規制を免れていた．財テク活動として行われた日系 SFIs のグループ外貸付は，DNB が新たな SFIs の規定を設けることで決着し，90 年代以降は再びグループ金融に専念することになる．2006-07 年の動きは，前述のとおり金融機関の証券化業務に関わるものである．

以上の点から，各年によって変動はあるものの，基本的に SFIs は，グループ企業からの出資・借入と SFIs 自身の証券発行によって調達した資金を，主にグループ企業に対してファイナンスするという金融仲介的な活動をしていることが分かる．

(2) 所得マネーフロー

SFIs は，出資・貸付といった投資マネーフロー以外でも，利子や配当，ライセンス料などの授受を通じて多国籍企業グループ内の資金配分に携わっている．図表 2-13 は，こうした SFIs の所得マネーフローを表したものである．ただ DNB のデータで，SFIs の所得収支の細かい内訳が判明するのは 2012 年までで，それ以降はデータの発表形式が変更されて，不明となっている．

所得受取・支払の合計額は，それぞれ 500〜1,000 億ユーロの規模であり，図表 2-8 の投資マネーフローの規模（1,000〜3,000 億ユーロ）の約半分程度となっている．SFIs のマネーフローは，投資マネーフローを中心としながらも，所得マネーフローもかなりの金額となっている．図表 2-13 のプラス項目は所得受取を，マイナス項目は所得支払を意味する．これをみれば，SFIs の所得受取や支払が 1990 年代から 2012 年にかけて安定的に拡大していることが分かる．所得マネーフローの安定的な拡大は，対 EU 向け直接投資の増減によって大きく変動する投資マネーフローと比較すると対照的である．01 年や 08 年の不況時に，投資マネーフローは大きく縮小したのに対して，所得マネーフローは減少額が小幅に留まっている．

SFIs の所得マネーフローは，直接投資所得，ポートフォリオ投資所得，ロイヤリティ・ライセンス料，雇用者報酬その他投資所得の 4 つに分けられる[39]．それぞれの項目で受取と支払が発生しているが，ここではまず所得受取の内訳を検討しよう．

所得の受取については，8 割以上が直接投資所得，すなわちグループ会社からの利子や配当である．直接投資所得だけで 500〜1,000 億ユーロ以上の

第2章 オランダのインハウスバンクと多国籍企業内国際マネーフロー　　71

図表 2-13　SFIs の所得マネーフロー

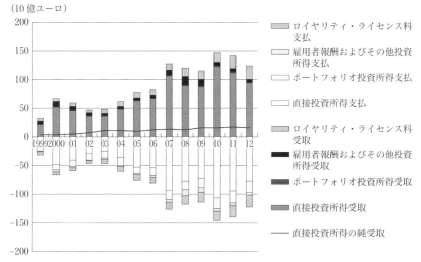

注：2013年以降は，所得収支でSFIsの内訳が非公表に．
出典：DNB, Balance of Payments tab 12.1 Balance of Payments (excluding SFIs), tab 12.13 Balance of Payments including SFIs から作成．

受取が発生している．投資マネーフローでみたとおり，SFIs の対外投資の8割は対外直接投資となっているため，所得受取でも対外直接投資関係のフローが大半を占めることになる．直接投資所得はさらに利子と配当に分かれるが，両者の細かい内訳は明らかにならない．ただ，DNBは，1980年代を通して平均的に所得受取全体の50％程度が利子所得であったと述べている[40]．これは直接投資所得以外の証券投資所得も含めての数値であるが，所得受取全体の8割が直接投資関係であることを考慮すると，直接投資所得の中でも利子所得が最低でも4割近い水準にあったと考えられる[41]．前項でも指摘しているが，SFIs の対外直接投資はグループ会社への出資だけでなく貸付も一定程度（出資の2分の1から3分の1）を占めていたため，直接投資所得受取でも利子がそれなりの割合を占めていることになるであろう．利子が一定割合を占めているということは，SFIs のグループ内金融仲介が，出資だけでなく，グローバル・キャッシュマネジメントによる短期的な資金

移動も相当程度，含んでいることを示唆している．

　また，図表2-13の所得マネーフローには含まれないが，直接投資による所得には子会社の売却に伴うキャピタルゲインもある．しかしこのような利益は現段階では統計上，明らかにならない．子会社の売却は，国際収支上では対外直接投資の引き揚げとして計上されるだけで，買ったときとの差額は判明しない．こうした利益も多国籍企業にとっては大きいと予想されるが，統計上は，他の対外直接投資と相殺されたものしか入手できないので，正確な数値は分からない．

　直接投資所得の次にはロイヤリティ・ライセンス料（以下，ロイヤリティ）受取がくる．1990年代から安定的に増加しており，2012年には200億ユーロ強となっている．ロイヤリティ等の受取・支払は，国際収支では所得収支でなく，サービス収支の項目に入るため，その受取先・支払先が同じ多国籍企業グループなのか否かについては判明しないが，後述する租税制度（ダブル・アイリッシュ＆ダッチ・サンドイッチ）を考慮すると，ロイヤリティ等についてもやはり同じグループ内での受取・支払が中心であると予想できる．最後に，ポートフォリオ投資所得であるが，これは全体の所得受取の中では小さな割合しか占めない．SFIsがグループ向け金融仲介（対外直接投資）を主要な業務としているため，所得受取でもそれが反映されている．

　これに対して所得支払では，直接投資関係のものが支払総額の6割程度にとどまっている．そして，所得受取ではほとんどみられなかったポートフォリオ投資に伴う支払が，20％強を占める．所得支払でポートフォリオ投資関係が比較的大きな割合を占めるのは，SFIsの資金調達がグループ会社からの対内直接投資だけでなく，自身が証券発行していたことによる．また，ロイヤリティ支払は徐々に増加しており，2012年には200億ユーロまで拡大している．

　また，図表2-13をみてもわかるように，直接投資所得の受取額から支払額を引いた純受取額は常にプラスとなっている．これは多国籍企業が，子会社の獲得した利益の一定割合をSFIsに蓄積していることを表している．

以上をまとめると次のようになるであろう．SFIs は投資マネーフローだけでなく，所得マネーフローにおいてもグループ内の仲介的な役割を果たしている．同じ多国籍企業グループ内の子会社から受け取った配当や利子，ロイヤリティなどのうち，一部を SFIs 内部に蓄積すると同時に，また他の部分を同じグループ内に分配している．

(3) グループ内金融仲介拠点としてのオランダ

これまでオランダ SFIs のマネーフローを検討してきたが，最後にこのような多国籍企業のグループ内金融仲介拠点としてオランダが注目されるにいたった背景について触れておきたい．前章でも指摘したが，多国籍企業がインハウスバンクを設立する国は，主にヨーロッパではアイルランドやルクセンブルク，そしてオランダである．その理由は，主に税制上のメリットや為替規制の有無にある．オランダの場合，資本参加免税や利子・ロイヤリティの源泉非課税，アドバンス・タックス・ルーリングなどといった税制上の利点がある[43]．

資本参加免税（Participation Exemption）とは，オランダ居住法人が子会社などから受け取った配当，子会社の株式売却による損益が非課税となる制度である．親会社の持株比率が5％を上回るなどの条件が満たされる場合，この制度が適用される．図表2-14ではアメリカ親会社がオランダに100％支配のインハウスバンクをもち，さらにオランダ・インハウスバンクがフランスの子会社の株式を保有している企業を事例に挙げている．フランス子会社の利益は，フランスの法人税の課税対象となるが，そこからオランダ・インハウスバンクに配当を支払っても，オランダでは課税されない．オランダのインハウスバンクからアメリカ親会社にさらに配当が行われれば，それはアメリカの課税対象となるため，多国籍企業はインハウスバンクに利益を蓄積することになる．

さらにオランダには，企業がSFIsなどのインハウスバンクを通じて実行する税務上の措置について，事前に税務当局と相談できる制度（アドバン

図表 2-14　オランダの資本参加免税

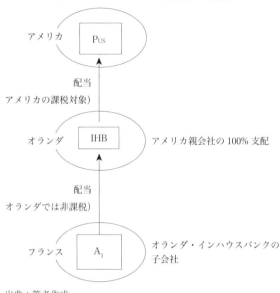

出典：筆者作成．

ス・タックス・ルーリング）がある．こうしたさまざまな税制上の優遇措置が多国籍企業のインハウスバンクを，オランダに引きつける．またオランダでは，オランダ居住法人が支払う利子やロイヤリティは源泉非課税である．同時に，外国から受け取る利子やロイヤリティも，各国との租税条約によって免税される．

　オランダが世界各国と結ぶ広範囲な租税条約は，近年グーグルなど IT 企業を中心に批判されている「ダブル・アイリッシュ＆ダッチ・サンドイッチ」という租税回避スキームも産んでいる[44]．これはオランダと並んで，ヨーロッパにおいて多国籍企業への優遇税制を採用しているアイルランドが関係している．とくに知的財産権から発生するロイヤリティの受取に関するものであるため，グーグルやアップルなどの IT 企業が数多く利用している．アイルランドはアメリカと異なり，「管理支配基準で居住・非居住が判定」[45]されており，かつオランダと租税条約を結んでいるため，オランダへ

図表 2-15　ダブル・アイリッシュ＆ダッチ・サンドイッチ

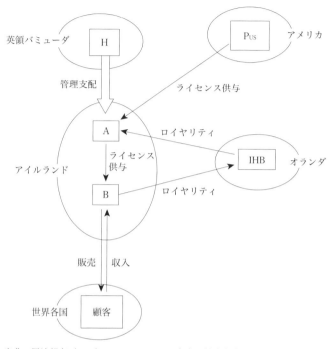

出典：居波邦泰（2014）209-211 ページを参考に筆者作成．

のロイヤリティ支払に源泉課税しない．多国籍企業は，こうした制度を利用している．

　図表 2-15 を使って説明していこう．まずアメリカの親会社は，アイルランドの子会社 A に海外事業に関する権利のライセンスを供与する．子会社 A はアイルランドに所在しているが，本店機能を英領バミューダに移し，そこから管理支配されていることになっているため，アイルランドの「管理支配基準」ではバミューダの居住者とみなされ，アイルランドの法人税がかからない．子会社 A は，親会社から供与されたライセンスを，同じくアイルランドに設立された子会社 B にさらに再供与する．子会社 B はアメリカ以外の国における顧客から収入を受け取るが，これを直接 A に支払うので

はなく，オランダのインハウスバンクを経由させる．

なぜなら，上述のとおりアイルランドとオランダは租税条約を結んでおり，アイルランドからオランダへのロイヤリティ支払には源泉税がかからない．またオランダ・インハウスバンクが支払うロイヤリティにも源泉税がかからない．アップルやグーグルといったIT系多国籍企業は，こうした仕組みを利用することで，世界から入ってくる事業収入に対する課税を回避しているのである．

上述したような制度以外にも，DNB自身が自国内にインハウスバンク（SFIs）が増加した背景に，次のような変化があったと指摘している．それは，オランダをはじめとするヨーロッパ全体の資本移動の自由化，ユーロカレンシー証券（外貨建て証券）の発行機会の増大，外国での税制の変化である[46]．オランダは1970年代から，SFIsの外国からの資金調達と投資といった資金仲介的な取引がオランダのマネーサプライには中立的であるとして，こうした取引に対しては外国為替管理を一部自由化していた．SFIsに対する規制緩和の動きは，80年代に入るとEU全体の資本移動自由化の動きとも連動しながら，更に加速した．70年代には既にSFIsが行う外国為替取引については1件ごとの許認可は不要であったが，83年にはこうした許認可自体も廃止され，SFIsの外貨での資金調達・運用の自由化が実現した[47]．

また，1980年代はユーロ債市場の規模が大幅に拡大した時期でもある[48]．図表2-16をみると，1983-88年までの5年間で発行規模が3倍以上に拡大していることが分かる．このようにユーロ債市場が拡大する中で，前述の外国為替取引の自由化が実現し，SFIsの証券発行による資金調達が拡大したと考えられる．このことは図表2-7，2-8のオランダ証券の項目に表れている．これが80年代後半には100億ユーロを超える規模まで拡大しており，90年代まではSFIsの資金調達の40%を占めていた．ユーロ債市場全体の規模が拡大する中で，SFIsも証券発行による資金調達を拡大したと推察できる．

さらに各国の外国投資受入に関する税制の変化も，オランダSFIsの資金

図表 2-16 ユーロ債発行額

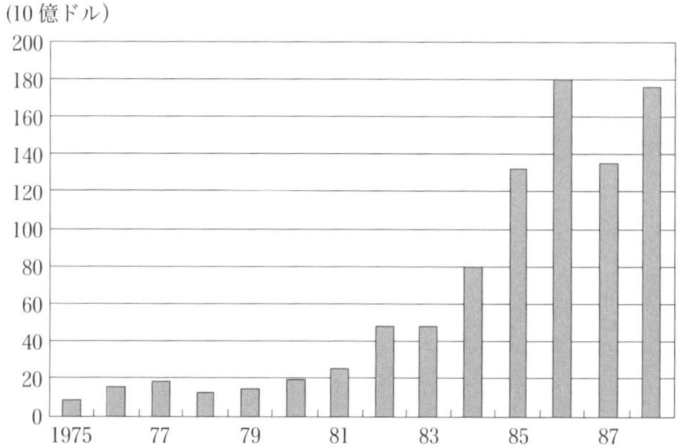

(10億ドル)

出典：Euromoney, A special 20th Anniversary supplement, Jun. 1989, The Euromarkets in figures 1963-89.

仲介活動をより有利なものにした．それまで欧米諸国は，非居住者による国内債投資に支払われる利子に対して源泉課税を徴収していたが，アメリカが84年にこれを撤廃し，ドイツとフランスもこれに続いた[49]．非居住者の債券投資に対する利子課税の撤廃は，当初から源泉課税がないユーロ債に対抗して各国が国内の債券市場を拡大しようとした措置であるが，SFIsにとっては，フランスやドイツの子会社に対する債券投資が源泉税の免除によってより有利なものとなった．以上のような変化を背景にしながら，多国籍企業はSFIsによる資金仲介を拡大した．

第3節　まとめと課題の整理：直接投資の新潮流とハイマー理論

本章では，多国籍企業の企業内国際マネーフローを，アメリカ商務省（BEA）とオランダ中央銀行（DNB）のデータから検討した．まとめると，次のようなことが言えるだろう．すなわち，アメリカ系多国籍企業は，1980年代以降，オランダなどの税制上の特典がある国に多数のインハウスバンクを設立した．そして，このインハウスバンクを拠点に以下のような多国籍企

業内国際マネーフローを展開した．

　1つは，親会社から資金を調達し，それをヨーロッパの事業子会社に投資するマネーフローである．これは，インハウスバンクが，従来からある親会社から子会社への支配を実現するための投資を仲介するケースである．

　2つ目は，インハウスバンク自身が証券市場などで外部資金を調達し，それをアメリカ親会社やヨーロッパの事業子会社に投資するマネーフローである．

　そして，3つ目は，インハウスバンクが事業子会社間の所得・投資を仲介するマネーフローである．ある子会社で資金が余っている場合は，そこから資金を吸い上げる，もしくは配当という形で利益を吸い上げる．逆に資金が不足している場合は，インハウスバンクが貸し付ける．こうした子会社間マネーフローの中には，第1章で考察したプーリングによる短期的な貸借も含まれる．

　上述のとおり，インハウスバンクを中心に多国籍企業グループ内でさまざまなマネーフローが発生したが，このことは従来からの直接投資論，多国籍企業論にどのような影響を与えただろうか．最後に，ハイマーの直接投資論との関係を再度，振り返りながら，第3章以降の分析枠組みを提示しておきたい．

　今日の多国籍企業論の基礎を築いたS.ハイマーは，対外直接投資を企業の対外事業活動に伴う資金調達の問題と捉えた[50]．序章でも触れたが，外国子会社が現地の金融機関から借り入れた資金は対外直接投資ではなく，単なる国内の貸借にすぎない．対外直接投資は，外国子会社が親会社などグループ企業から資金を調達する際の資本移動を指し，グループ外の現地銀行や証券市場での資金調達は当てはまらない．そのため，ハイマーは対外直接投資の研究にあたって，まずアメリカ系多国籍企業の外国子会社の資金調達を考察している．そして，1950年代当時の子会社が負債資金の多くを親会社からではなく，所在する現地国で調達していることを明らかにした．ハイマーは，このことを次のように説明した．

すなわち，子会社にとって現地国での借入がもっとも低コストになる．たとえ親会社本国のほうが現地国よりも利子率が低かったとしても，国家間の資本移動には，為替リスクや規制，情報の不足といった障壁がありコストが高くつく．そのため，子会社にとっては現地国での資金調達が最もコストが低いとしたのである．しかし，現地国で全ての資金を調達すれば，現地金融市場の狭隘性，子会社の債務弁済の不確実性が問題となるため，一定の調達額を超えると現地での資金調達コストが急激に上昇し，対外事業活動の本来の目的であった支配による超過利潤の獲得が危うくなる．よって，支配を意味する資本は親会社から，支配を意味しない負債は現地国で調達する，という構造が形成される，と考えた[51]．

しかし，今日のヨーロッパでは統一通貨ユーロが導入され，ユーロ圏では為替リスクがなくなった．また，グローバル・キャッシュマネジメント・システムのようなITインフラが普及することで，同じ多国籍企業グループ内における資本移動障壁は低くなっている．こうした時代において，果たしてハイマーの指摘がどこまで妥当性をもつだろうか．

本章でみたとおり，現在の多国籍企業外国子会社は，株式投資だけでなく，負債資金もインハウスバンクをはじめとするグループ企業から調達している．これは，ハイマーが観察した1950年代当時の外国子会社の資金調達，すなわち支配を実現する出資は親会社からであるのに対して，負債は現地国の外部市場から調達する，という現象と明らかに異なっている．

現代の多国籍企業は，グローバル・キャッシュマネジメント・システムを通じて，グループ企業間で短期的な負債資金の貸借を頻繁に行っている．このような新たな形態の直接投資をどのように捉えるべきなのか．従来型の親会社から子会社への支配を実現するための株式投資のみが，直接投資なのか．インハウスバンクが外部資本市場で調達した資本を，親会社へ貸し付ける「逆投資」や，キャッシュマネジメント・システムを通じて短期的にグループ企業間を移動するマネーフローは，「支配」を意味する直接投資に当てはまらないのか．このような新たな現象は，直接投資の本質，すなわち支配を

実現するための投資，という見方に修正を迫るのか．第 3 章以降では，こうした問題を探っていきたい．

注
1) http://www.bea.gov/international/di1usdop.htm.
2) *Survey of Current Business*（以下，SCB）Aug. 2015, p. 3.
3) USDIA, Preliminary 2013 Data, Selected Data for Majority-Owned Foreign Affiliates in All Countries in Which Investment Was Reported, 2013.
4) SCB, Nov. 2011, p. 36.
5) Thomas Anderson（BEA の International Investment Division スタッフ）の回答より（2004.9.24）．
6) SCB, Jul. 2000, p. 60. 持株会社は，以前は「金融・保険・不動産業」に分類されているが，現在は「その他産業（Other industries）」の中の「非銀行企業の管理（Management of nonbank companies and enterprises）」に分類されている．
7) *Ibid*.
8) USDIA, 2004, Table 3.B2., 2009-13, Table 2.B2.
9) BIS, Locational Banking Statistics, A 3 Cross-border positions, by residence and sector of counterparty, Jan. 2016.
10) SCB, Jul. 2000, p. 61.
11) SCB, Sep. 2014, US Direct Investment Abroad Tables, p. 3.
12) アメリカの製造業企業がオランダの持株会社に 1 億ドル出資し，それがドイツの孫会社の設備投資資金として利用されている例を説明している（SCB, Jul. 2001, pp. 23-25）．
13) Netherlands Foreign Investment Agency（2013）．藤巻一男（2002）379-392 ページ．
14) 1999 年時点のデータになるが，オランダ国内に設立された SFIs を親会社の国籍別にみると単独の国としてはアメリカがもっとも多く全体の 19% を占める．次いでイギリスが 17%，日本・フランスがそれぞれ 7% となっている（De Nederlandsche Bank［2000］p. 21）．
15) BIS, Table C1 Summary of debt securities outstanding, 6 December 2015.
16) Financial Times, "US corporate borrowers flock to Europe", Feb. 25, 2015.
17) Luxembourg Stock Exchange, *FactBook II: Statistics*, London Stock Exchange, All bonds search.（http://www.londonstockexchange.com/exchange/prices-and-markets/retail-bonds/retail-bonds-search.html）．
18) Morgan Stanley グループのジャージー島にある Morgan Stanley（Jersey），GECC のイギリスにあるインハウスバンク GE Capital UK Funding, GMAC の

オランダにあるインハウスバンク GMAC International Finance BV 他．
19) 以下のユーロ導入に向けたプロセスについては，上川孝夫他編（2003）第 16 章に依拠する．
20) European Central Bank（以下 ECB），Monthly Bulletin, May 2005, p. 80.
21) ユーロ域内銀行の国内貸付伸び率は 7.5％（1997-98 年），7.9％（1998-99 年）であるのに対して，ユーロ域内の外国に対する貸付伸び率は 17.1％（1997-98 年），13.3％（1998-99 年）となっている（ECB, Monthly Bulletin, Apr. 2000, p. 54）．
22) 2016 年 6 月にイギリスが国民投票によって EU の離脱を決定した．これまでの EU 域内における資本移動の自由化によって，インハウスバンクの資金調達市場としてロンドンが大きな役割を果たしていたが，今後のイギリスと EU の交渉によってはこうした資金調達構造に変化があるかもしれない．
23) DNB は 2010 年までは *Statistical Bulletin* に，それ以降は *Statistical News Release* に不定期ではあるが，SFIs（本書でのインハウスバンク）のデータを公表している．近年では，定期的に公表される国際収支統計に SFIs の取引が他と区分して公表されており，DNB のホームページよりダウンロードできる．
24) SFIs は，外国多国籍企業の支配下にあり，オランダには事務所や従業員などの実体的な活動がほとんどない．その唯一の機能はグループ内の企業に資金を供給したり仲介したりすることである．パススルー資金の拠点として利用されている（DNB, *Statistical Bulletin*, Dec. 2005, p. 11, Dec. 2010, p. 25）．
25) この分類は，SFIs の設立数でみた比率．よって資産総額などで国籍分類した場合は異なる結果となる可能性が高い．実際，DNB も，1990 年代後半の 5-6 年間で平均して総取引額の 80％ が 100 から 125 の SFIs に集中していたと指摘している．90 年代後半で SFIs の総数は 8000 社から 1 万社に増加しているので，数でみれば全体の 1％ 程度の SFIs が取引の 80％ を占めていたことになる（DNB, *Statistical Bulletin*, Mar. 2000, pp. 20-21）．
26) 米蘭租税条約の改正点については，以下の資料参照．また，米蘭租税条約はその後 2004 年に改訂（村井正・岩田一政［2000］『EU 通貨統合と税制・資本市場への影響』日本租税研究協会，70-93 ページ．International Lawyers Network, *The Bulletin*, vol. 3, Issue 3, Aug. 16. 2004）．
27) DNB, *Statistical Bulletin*, Mar. 2000, p. 19．SFIs の対外直接投資は 2004 年で 139 億ユーロであるのに対し，これを除いたオランダ全体の対外直接投資は同年で同じく 139 億ユーロとなっている．もし国際収支に SFIs を加えれば，それだけでオランダの対外直接投資が倍になり，その影響は大きい（DNB, *Statistical Bulletin*, Dec. 2005, Table 5.1, 5.14）．
28) BPM5 では対外投資でも対内投資でも資本が流出すればマイナス，資本が流入すればプラスで表示していたが，BPM6 では対外投資でも対内投資でも増加すればプラス，減少すればマイナスという表示に変更されている（BPM6, para

3.31)．

29) SFIs の取引相手を居住国別にみた場合，90 年代以降は EU が取引総額全体の 80％以上を占める．（DNB, *Statistical Bulletin*, Mar. 2000, pp. 25-27.）この傾向は 2010 年でも同様である（DNB, *Statistical News Release*, 16 Jan. 2012, "Higher investments by SFIs in 2010 despite further decline in transactions."）．
30) DNB, *Statistical Bulletin*, Mar. 2000. p. 23.
31) BPM6, Box 6.4.（p. 109）．
32) 図表 2-8 の対内直接投資と対外直接投資は，DNB の公表どおり資産・負債表示のデータであるため，図表 2-10，2-12（後掲）と数字が合わない．
33) DNB, *Statistical Bulletin*, Mar. 2000, p. 24.
34) DNB, *Statistical News Release*, 30 Jan. 2013, "Development of Dutch SFIs in 2011."
35) DNB "Stagnation at bank SFIs, growth in activities of other SFIs," *Statistical Bulletin*, Sep. 2009, p. 15.
36) DNB "Stagnation at bank SFIs, growth in activities of other SFIs," *Statistical Bulletin*, Sep. 2009, p. 16. 証券化のしくみについては，小西宏美（2016）「リーマンショック以降の米経済と FRB」（奥田宏司・代田純・櫻井公人編［2016］）を参照．
37) DNB, *Statistical Bulletin*, Mar. 2000, p. 24.
38) *Ibid.*, pp. 24-25.
39) 直接投資所得，ポートフォリオ投資所得，雇用者報酬その他投資所得は，国際収支上，所得収支に入るが，ロイヤリティ等はサービス収支に計上される．
40) DNB, *Statistical Bulletin*, Mar. 2000, p. 25.
41) 所得受取全体の 5 割は利子所得であり，また同じ所得受取の 8 割が直接投資関連，2 割が証券投資関連である．証券投資関連の所得（2 割）が全て利子であったとしても，所得受取全体に占める残り 3 割に相当する利子所得が直接投資関連ということになる．これは直接投資所得の 37.5％（3/8）に相当する．Eurostat, European Central Bank, *Foreign Direct Investment Task Force Report*, Mar. 2004., pp. 46-47. U.S. Department of Commerce, Bureau of Economic Analysis, *Survey of Current Business*, Jul. 2001, pp. 23-25.
42) DNB, *Statistical Bulletin*, Mar. 2000, p. 25.
43) オランダの税制については以下を参照．Netherlands Foreign Investment Agency（2013），本庄資（2011），藤巻一男（2002）．
44) グーグルやアップル，オラクルといった企業が利用していると報道され，国際的な批判が高まっている（Jasse Druker, "The Tax Haven That's Saving Google Billions", Bloomberg Business week, October 21, 2010）．アイルランド政府は，これまで認めてきた非課税措置を 2020 年末に取りやめる方針を示した（2014 年 10 月 15 日日本経済新聞）．

45) 居波邦泰（2014）210 ページ．
46) DNB, *Statistical Bulletin*, Mar. 2000, pp. 22-23.
47) DNB, *Statistical Bulletin*, Mar. 2000, p. 19.
48) ここでのユーロ債市場とは，統一通貨「ユーロ」ではなく外貨建て債券のことを指す．
49) アメリカの非居住者に対する債券利子の源泉課税撤廃は，逆にインハウスバンクの役割を減退させる効果もある．84 年以前の米国企業はユーロ市場で資金調達する際，オランダ領アンティルなどにあるインハウスバンクを発行体としてきた．しかし，源泉税撤廃後はインハウスバンク経由ではなくアメリカ親会社自身が直接起債することが可能になった（桜井満夫 [1990]）84-86, 148-149 ページ）．

現在では，いずれの国も非居住者の利子所得に対する源泉徴収課税を復活（ドイツは事業活動関連のみ非課税）．但し，二国間の租税条約で利子所得が源泉非課税になる場合もある．（村井正・岩田一政，前掲書，189 ページ．ジェトロ・ホームページ，世界のビジネス情報より（http://www.jetro.go.jp/biz/））．
50) Hymer, Stephen Herbert (1976).
51) Hymer, Stephen Herbert (1976) 邦訳 10-14 ページ．

第3章
直接投資の3形態

　多国籍企業がグローバル・キャッシュマネジメント・システムを導入することで，今日の直接投資がこれまでとは異なる新たな性格を帯びてきていることは，前章まででみたとおりである．第3章では，こうした新たな直接投資を考察するため，直接投資を以下で説明する3つに分類し，第4章以降の分析の枠組みを示す．そして，その分類に従ってアメリカの直接投資を概観する．

第1節　直接投資の3形態

(1)　直接投資の3形態の概要

　第1章，2章で考察した多国籍企業におけるグローバル・キャッシュマネジメントの普及とそれによる企業内国際マネーフローの増加を捉えるために，本書では直接投資を以下の3つの形態に分類する．

　まず，第1の形態が，従来型の親会社から子会社への投資である．本書ではこれを「支配実現型直接投資」と呼ぶ．第2の形態は，子会社から親会社への「逆投資」である．これまでの章で検討したようなオランダにあるインハウスバンクから親会社への貸付が，その典型例である．そして最後が，子会社の収益再投資である．本章で全体像を概観した後に，第4章以降ではこの3形態それぞれを分析する．そして，最終的に直接投資の本質とその現代的特徴を明らかにしていく．

1つ目の支配実現型直接投資から検討しよう．これは，親会社が子会社に対して行う出資，貸付であり，従来から行われていた直接投資の典型例である．筆者はこれを「支配実現型直接投資」と名づける．序章や第2章のまとめで述べたとおり，S.ハイマーをはじめとする既存の研究は，直接投資を，外国企業を「支配」するための投資であると位置づけてきた．親会社が子会社の株式を購入することで支配を実現する．支配することにより超過利潤を獲得する．支配とそれによる超過利潤の獲得こそが直接投資の本質であり，それこそが利子やキャピタルゲインを目的としたポートフォリオ投資と決定的に異なる，という議論である．

　結論を先取りすると，筆者もまたハイマーと同じく，直接投資の本質は支配と支配による超過利潤の獲得にあると考える．もちろん，このような見方に一見，相反するような新たな直接投資もこれまでみてきたとおり多数，表れているのは確かである．とくにこの支配実現型直接投資についていえば，これまでは親会社から子会社に対する投資は株式投資が想定されていたが，第2章でみたとおり現在では株式だけでなく貸付なども増加している．また，序章でも指摘したが，今日ではアウトソーシングのように株式への投資を伴わないにもかかわらず，相手企業の経営に一定の「支配力」をもつ非出資型国際生産も増加している．

　こうした変化を踏まえたうえで，支配実現型直接投資が直接投資全体の中でどういった意味をもつようになったのか，について考察しなければならない．

　本書では，まさにこのような直接投資の新たな潮流について議論するのだが，それでも筆者は直接投資の根幹を規定するのはやはり親会社による外国子会社の支配，という点にあると考える．詳しくは第4章以降の分析に譲るが，21世紀の今日においても親会社から子会社への投資は，直接投資の変わらぬ本質，すなわち「支配」を意味しているといえるだろう．

　そして2つ目が，子会社から親会社への逆投資である．これは，支配実現型直接投資とは全く逆の方向に資金が流れる投資であり，「支配」のための

投資という直接投資の定義を揺るがしている．第6章で詳述するが，これはオランダに設立されたインハウスバンクがロンドンなどの国際金融市場で調達した資金や事業子会社から集めた資金を親会社に貸し付ける，といった事例が典型である．もしアメリカの親会社が直接，ロンドン市場で資金を調達した場合は，国際収支上はイギリスからアメリカへのポートフォリオ投資が発生するだけであるが，これをインハウスバンク経由で行った場合，イギリスからオランダへのポートフォリオ投資と，オランダからアメリカへの直接投資が発生することになる．ロンドン市場での資金調達の主体がアメリカ親会社かオランダ・インハウスバンクかによって，直接投資か否かが決まるのである．

　資金調達の主体がどちらになるのかは，多国籍企業内部における財務上の問題であり，基本的にオランダやアメリカ，イギリスの税制や為替制度によって規定される．第2章でみたとおり，オランダにはさまざまな税制上の優遇措置があるために，インハウスバンクが資金調達の主体となり，親会社へ資金を貸し付けることもある．このように逆投資は，支配実現型直接投資とは全く異なる性格の投資である．

　本書ではこの逆投資を，直接投資の第2形態と位置づける．逆投資の問題は第6章で詳しく取り上げるが，そこでの問題は以下の点である．すなわち，逆投資は「支配」を意味する直接投資に当てはまるのか，また，第1の形態である支配実現型直接投資とどのような関係にあるのか，である．

　最後に子会社の収益再投資について考える．対外直接投資統計における収益再投資とは，子会社が稼いだ利益のうち親会社に帰属する部分から，親会社への配当を除いたものである[1]．子会社が利益のすべてを親会社に送金せず，それを再投資に使った場合でも，その未配当収益は株主たる親会社に帰属するものであり，その再投資は親会社の判断に委ねられているという考え方である．よって国際収支上は，収益再投資は，まず所得収支で子会社から親会社に疑似的に所得が移転され，さらに同額が疑似的に親会社から子会社に再投資された，という形で表れる．

従来，子会社の収益再投資といえば，利益をあげた子会社自身が自社内部で再投資する「子会社内収益再投資」が中心であった．しかし，グローバル・キャッシュマネジメントが普及した今日の多国籍企業では，これとは異なる形態の収益再投資も増えている．すなわち，子会社は自社内に残している余剰資金を，プーリングを通じて他の子会社に貸付を行う，というケースである．

　またそれ以外にも，子会社からインハウスバンクに利子や配当として支払われた資金が，再び別の子会社への投資に向かう場合もある．自社内部で投資を行う「子会社内収益再投資」に対して，他の子会社に投資されるマネーフローを，本章では「グループ内収益再投資」と呼ぶ．

　本章では，子会社内収益再投資とグループ内収益再投資を概念上，区分するが，統計的に両者を分けることは困難である．図表3-1をみながら，この問題について説明しよう．

　図表3-1は，アメリカに親会社，オランダにインハウスバンク，フランスとドイツに事業子会社がある，という多国籍企業を想定している．オランダのインハウスバンクはアメリカ親会社が株式を100％所有しており，フランスとドイツの事業子会社の株式は，オランダ・インハウスバンクが100％所有している．また，各社は表のとおり，それぞれの事業において利益を獲得しているが，親会社に全く配当を支払っていないという仮定で考えている．

　このケースではフランスの事業子会社が30の利益をあげており，それが直接的な親会社であるオランダ・インハウスバンクの収益再投資（所得受取と直接投資）になっている．そしてインハウスバンクがフランス事業子会社から受け取った収益再投資とインハウスバンク自身の未配当利益の合計が，アメリカ親会社の収益再投資になっている．フランスの子会社が，利益の30を自社内部で投資した場合，国際収支上は図表3-1のとおり，アメリカからオランダ，オランダからフランスへの収益再投資がそれぞれ計上される．

　しかし，フランス子会社がこの利益をインハウスバンクに貸し付け，それがドイツ子会社への投資に用いられた場合，国際収支ではどのように表れる

第3章 直接投資の3形態

図表 3-1 プーリングと多国籍企業内国際投資マネーフロー

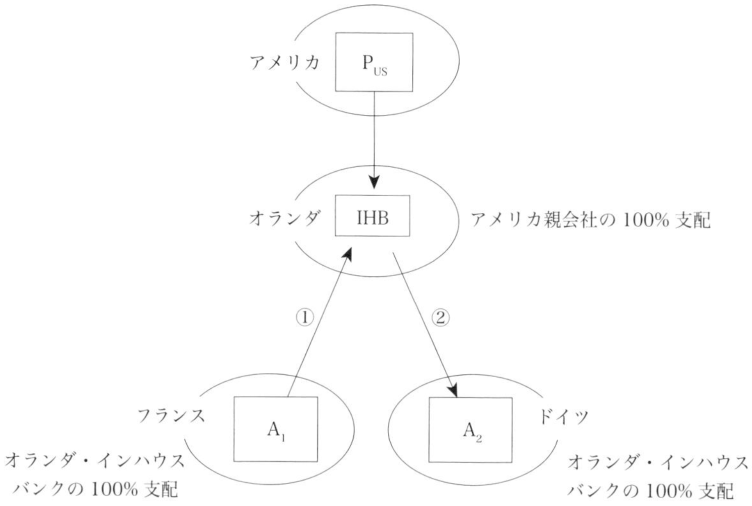

```
アメリカ  (P_US)
            │
            ▼
オランダ  [IHB]  アメリカ親会社の 100% 支配
           ↑ ↓
         ①   ②
           │   │
フランス [A_1]    [A_2] ドイツ
オランダ・インハウス        オランダ・インハウス
バンクの 100% 支配         バンクの 100% 支配
```

	各社自身の事業から発生する利益	収益再投資	
		支払	受取
アメリカ親会社 (P)	100	0	35
オランダ・インハウスバンク (IHB)	5	35	30
フランス事業子会社 (A$_1$)	30	30	0
ドイツ事業子会社 (A$_2$)	0	0	0

各社は，それぞれの親会社に配当を全く支払わない前提．
出典：BPM6, Box 11.1. Reinvested Earnings with Chain of Ownership を参考に，引用者作成．

だろう．プーリングを通じたフランス子会社からインハウスバンクへの貸付は，子会社から直接的な親会社たるオランダ・インハウスバンクへの逆投資になる．これはオランダの直接投資統計で判明するが，オランダが受け入れるその他の逆投資全てと合計された金額となる．また，インハウスバンクからドイツ子会社への貸付は，他の新規投資と区別されず，親会社から子会社への貸付資金合計として表示される．すなわち，フランス子会社の未配当利益がプーリングを通じてドイツ子会社への投資に向かった場合，本書ではそれを「グループ内収益再投資」と捉えるが，国際収支上は逆投資と子会社向

け直接投資となるため,グループ内収益再投資の金額を明らかにすることはできない.

(2) BPM6における3分類との違い

最後に,本書における直接投資の3分類とBPM6における分類の関係について整理しておく.BPM6では第1章で詳述したように,インハウスバンクを介したパススルー資金も直接投資に含める,とされた.その上で,今後は直接投資を以下のように分類することになった[2].

図表3-2にあるように,直接投資をまず株式資本(Equity and investment fund shares)と負債性資本(Debt instruments)に分け,株式資本をさらに収益再投資とそれ以外に区分する.ここまではBPM5と同じであるが,BPM6では収益再投資以外の株式資本と負債資本について以下の3つに分けた点が新しくなっている.それは,子会社向け投資と親会社向け投資(逆投資),そして子会社間投資である.子会社向け投資は,従来からあった親会社から子会社への投資を表している.これは直接的な子会社だけでなく,インハウスバンクなどを介して間接的に支配している子会社への投資も含める.2つ目は,子会社から親会社への逆投資である.これも直接的子会社だけでなく

図表3-2 BPM6における直接投資統計

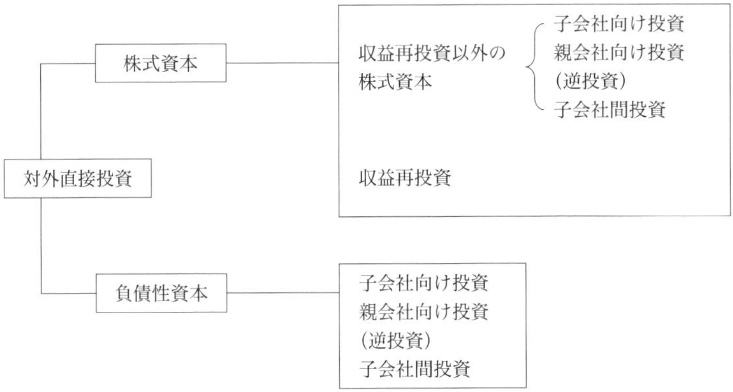

```
                    ┌─ 収益再投資以外の  ┌ 子会社向け投資
         ┌ 株式資本 ┤   株式資本         │ 親会社向け投資
         │          │                    │ (逆投資)
対外直接投資┤          └─ 収益再投資        └ 子会社間投資
         │
         │          ┌ 子会社向け投資
         └ 負債性資本┤ 親会社向け投資
                    │ (逆投資)
                    └ 子会社間投資
```

出典:BPM6, pp. 304-305より,筆者作成.

間接的子会社からの投資も含める．

　3つ目の子会社間投資とは，同じ多国籍企業グループの支配下にありながら，並列的な関係にある2社間での投資である．並列的な関係とは，片方がもう片方を支配しておらず影響も与えていないという2社（fellow enterprises）である[3]．近年，BPM6に沿った直接投資がCDIS（Coordinated Direct Investment Survey）として公表されるようになり，ここでは図表3-2の分類に従って統計が作成されているが，3つ目の子会社間投資は実態的にはゼロであるか未公表であることが多い[4]．なぜなら実際の多国籍企業内国際投資マネーフローは，親会社とインハウスバンク，インハウスバンクと事業子会社といった支配・被支配の関係にある企業間での投資が大半であるためである．図表3-1でみた場合，BPM6が設定する子会社間投資というのは，フランスにある事業子会社（A_1）とドイツにある事業子会社（A_2）の間の投資ということになるが，実際は両社の間に直接的な投資関係はほとんどない．多国籍企業内の投資は，アメリカ親会社とオランダ・インハウスバンク，オランダ・インハウスバンクとフランス事業子会社，オランダ・インハウスバンクとドイツ事業子会社の間で行われている．これらはいずれも親会社・子会社の関係にある2社間の投資であり，BPM6が想定した子会社間投資はほとんど行われていない．そのため公表された統計でもゼロか白紙になっている場合が大半である．

　BPM6と本書における分類で，大きく異なるのはグループ内収益再投資の取り扱いである．本書では直接投資の3番目の形態として収益再投資をあげている．前述のとおり本書における収益再投資は，子会社内収益再投資だけでなく，グループ内収益再投資も含めている．それに対してBPM6の収益再投資は，子会社の未配当収益を指し，個々の子会社内部において再投資された部分のみを意味する．しかし，本書で取り上げているグローバル・キャッシュマネジメントが普及すれば，グループ内収益再投資の重要性が増す．これについては，第7章で詳しく検討する．

　最後に改めて，本書で議論する直接投資の3形態について述べておこう．

まず1つ目の支配実現型投資である．これは親会社から子会社に対して行われる投資であり，今日でも直接投資のもっとも基本的な形態と位置付けられる．次は逆投資である．これは子会社から親会社に対して行われる投資である．そして最後の収益再投資である．本書での収益再投資は，子会社内収益再投資だけでなくグループ内収益再投資も含む．収益再投資は，前述の直接投資の2つの形態，すなわち支配実現型直接投資と逆投資の統合形態である．図表3-1では，フランス事業子会社の余剰資金がドイツ事業子会社に貸し付けられるというグループ内収益再投資が描かれているが，これはフランス事業子会社からインハウスバンクへの逆投資と，インハウスバンクからドイツ事業子会社への支配実現型直接投資の2つによって構成されていることが分かる．また，子会社内収益再投資であっても，統計では子会社から親会社にいったん配当が行われ，それがまた子会社に投資される，という考え方に沿って作成されている．すなわち本稿における直接投資の3つ目の形態である収益再投資は，支配実現型直接投資と逆投資の統合形態として位置づけることができる．

第2節　アメリカの対外直接投資にみる3形態

(1)　アメリカ対外直接投資の概観

　第2節では，アメリカの対外直接投資において，上記3つの形態がおのおのどの程度の規模であるのか，を概観する．かねてより商務省は，アメリカの対外直接投資を，株式直接投資（Equity Outflows），収益再投資（Reinvestment of Earnings），企業間貸付（Intercompany Debt Outflows）の3つに分けて公表してきた．図表3-3はこれを表している．このうち，株式直接投資と企業間貸付は，親会社から子会社への投資と子会社から親会社への投資（逆投資）を相殺した金額である．これがプラスであれば，その年，アメリカ親会社は外国子会社に対してネットで投資しており，逆にマイナスであれば親会社が子会社からネットで投資を受け入れている，ということになる．

図表 3-3　アメリカの対外直接投資（BEA 分類）

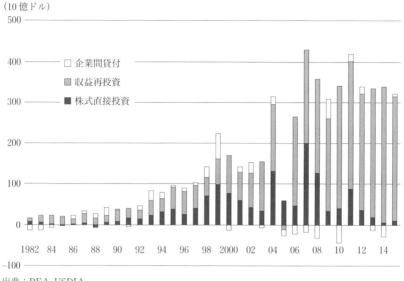

出典：BEA, USDIA.

　第1章で検討したとおり，IMF 国際収支マニュアルの旧版（BPM5）では，このように逆投資が子会社向け投資と相殺されて出てくるが，BPM6 からは逆投資を相殺せずに個別に金額を明示することが求められている．よってアメリカ商務省も BPM6 形式での新しい国際収支を近年，公開するようになった[5]．以下ではこれを用いて，直接投資の 3 形態を考察する．

　本章では直接投資を，親会社から子会社への支配実現型直接投資，子会社から親会社への逆投資，収益再投資の 3 つに分けて考察している．これを商務省が公表するデータに照らし合わせて分類すると，株式直接投資と外国子会社向け貸付（U.S. parents' claims）の合計が，親会社から子会社への支配実現型直接投資となる．次の逆投資であるが，図表 3-4 の数値は子会社から親会社への貸付しか含まれていない．BPM6 では，逆投資が子会社から親会社への投資すべて，すなわち貸付だけでなく株式直接投資も含むものとされている[6]．しかしアメリカ商務省は，貸付による逆投資のみ公表し，株式での

図表 3-4　アメリカ対外直接投資の 3 形態

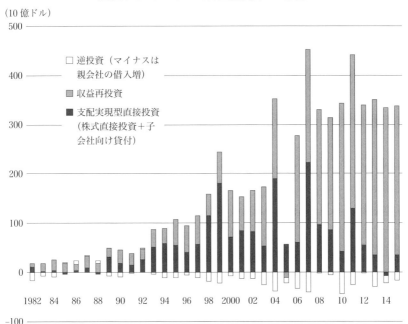

出典：BEA, Table 6.1 U.S. International Financial Transactions for Direct Investment.

逆投資は公表していない．その理由として，2009 年のベンチマークサーベイで株式形態での逆投資も調査したが，金額が非常に少なかったことを挙げている[7]．アメリカ親会社はインハウスバンクの株式を 100% 保有している場合がほとんどであるが，逆にインハウスバンクが親会社の株式を保有することは極めて稀であることを示している．

次に問題となるのが収益再投資である．前節の最後に指摘したとおり，本書における収益再投資は，子会社内収益再投資とグループ内収益再投資の 2 つを指す．しかし，BPM6 でもアメリカ商務省でも，収益再投資は子会社の未配当収益であり，子会社内収益再投資のみを表わす．この点については，第 7 章で詳しく再検討する．

さて，上記のような注意点を考慮したうえで，再び図表 3-4 を検討してみ

よう．これをみると支配実現型直接投資と収益再投資がアメリカ対外直接投資の2大項目となっていることが分かる．1990年代から2000年代前半にかけては，両者がほぼ半々か，もしくは支配実現型直接投資が若干多い，という傾向が続いていたが，08年以降は支配実現型直接投資が急速に減少し，収益再投資が直接投資の7割程度を占めるほどに拡大している．また逆投資は，図表3-4では，符号がマイナスであれば親会社が子会社から借入を増加させていることを，プラスであれば親会社が子会社に借入の返済を行っていることを表している．逆投資は90年代以降徐々に増加しているが，その規模は他の2つに比べるとまだまだ圧倒的に少ない．

(2) 形態別にみるアメリカ対外直接投資

以下では，3つの投資形態，それぞれについて詳しく考察していこう．

まず支配実現型直接投資についてみると，その特徴として挙げられることは，金額が年によって大きく変動している点である．リーマンショック前の2007年には2,000億ドルを超える投資が行われているのに対して，08年には半分以下の1,000億ドルを割り込んでいる．11年には1,300億ドルまで回復しているが，その後は急激に減少している．支配実現型直接投資は，外国企業のM&Aや新規に子会社を設立するグリーンフィールド投資によって構成される．そのため，その投資額はアメリカやその投資先の景気や株価によって大きく増減する傾向がある．

たとえば先ほど指摘した2007年から08年にかけての増減以外にも，図表3-4をみれば1990年代末の増加と00年代初頭の減少が指摘できるが，これらはいずれも景気変動と密接に関連している．たとえば90年代のアメリカはクリントン大統領の下，IT革命の進展とよばれた，いわゆる「ニューエコノミー」景気に沸いていた[8]．

1991年4月からはじまった景気拡大は2001年3月まで10年間続き，アメリカの歴史上，最長の好景気を記録した[9]．とくにIT・金融・自動車などの分野で大型M&Aが発生し，欧米間のクロスボーダーM&Aが増加し

た時期であった[10]．98年にはドイツのダイムラー社とアメリカのクライスラー社が合併し[11]，00年には投資ファンドのリップルウッドが日本長期信用銀行を買収した[12]．しかし00年末から01年3月にかけてIT関連企業が上場するNASDAQ市場の株価が急落すると，その後，景気も後退局面に入り，アメリカのクロスボーダーM&Aは急激に減少した．

　また2007年には一気に2,000億ドルを超える支配実現型直接投資が行われているが，これもリーマンショック直前の不動産バブルとそれに沸く金融機関・投資会社によるM&Aが急増したためである．翌年の08年にはベア・スターンズやリーマン・ブラザーズといったアメリカ大手投資銀行の経営危機から景気が悪化し，M&Aも急速に減少している．こうしたM&Aの激しいアップダウンは，アメリカの支配実現型直接投資の急激な増減と，密接に連動している．

　次に逆投資をみてみよう．逆投資は，1990年代後半から徐々に増加している．リーマンショックがあった2008-09年に一時的に減少したものの，それ以外は毎年ほぼ300〜400億ドルの規模で行われている．しかし，支配実現型直接投資が毎年，600〜2,000億ドル前後の規模であることと比較すると，まだ逆投資の規模は小さいことが分かる．

　最後に収益再投資を考察する．今日では，この収益再投資がアメリカ対外直接投資の過半を占めている．かねてよりアメリカ多国籍企業子会社は，アメリカからの投資フローに依存することなく，現地での収益再投資で規模を拡大してきたと言われているが，現在でも同じような傾向が確認できる[13]．収益再投資は，支配実現型直接投資と異なり，比較的安定的に増大する傾向にある．しかし，05年だけはそれまで増加基調であった収益再投資が，一転マイナス項目になっている．

　この原因は，アメリカの本国投資法（Homeland Investment Act）にある．本国投資法とは，アメリカ系多国籍企業の海外利益を本国送金した場合にかかる税負担を，2005年の1年間のみ軽減する時限立法である[14]．この法律により，アメリカ多国籍企業は，それまで外国に積み上げていた利益を一気

に本国アメリカに送った．その配当金額が05年の外国子会社の利益を超えたために，収益再投資がマイナスになったのである．これによりアメリカの対外直接投資全体も前年の20分の1まで激減した．収益再投資の影響がいかに大きいかを示している．ただ本国投資法は1年だけの措置であったため，翌06年には再び収益再投資が2,000億ドル近くまで増加している．

　以上をまとめると，次のようにいえるであろう．アメリカの対外直接投資は支配実現型直接投資と収益再投資が中心になっている．その中で，逆投資が規模は小さいながらも徐々に増加しており，1990年代以降，年によって変動はあるものの，その規模は支配実現型直接投資の20%前後を占めるほどになっている．

　次にアメリカ対外直接投資をストック（残高）でみてみよう．図表3-5は，IMFがBPM6形式に従って2009年から公表しているデータである．これによれば，アメリカの対外直接投資残高はリーマンショック後も順調に拡大し，4兆ドルから5兆ドルに迫る規模となっている．対外直接投資全体の大半を占めるのは，株式への投資残高である．株式投資が全体の90%以上を占めており，債権・債務残高（ネット）は5%程度にすぎない．ストックで見た場合，フローでの収益再投資と株式直接投資がどちらも株式投資残高に合計されるため，対外直接投資残高の大半が株式になる．これは図表3-3や3-4のフロー統計とも整合的である．

　債権・債務残高（ネット）は対外直接投資全体の5%程度しか占めないが，BPM6より明らかになった逆投資をグロスでみてみると，少し異なる状況が見えてくる．図表3-5をみると，逆投資は3,000億ドルから4,000億ドルに増加しており，子会社向け投資残高の10%前後を占めていることが分かる．

　また図表3-5では，アメリカの対外直接投資のうち，オランダとアイルランドに向けて行われた投資の内訳も入れておいた．アイルランドは近年，オランダと並んで多国籍企業に有利な税制措置を採用している国として注目されている[15]．これをみると，むしろオランダ向け投資では逆投資残高は小さく，子会社向け投資残高に対する割合が低くなっている．そして株式投資残

図表 3-5　アメリカの対外直接投資残高

(単位：100万ドル)

	2009	2010	2011	2012	2013	2014
対外直接投資残高合計（①+④）	3,565,020	3,741,911	4,050,026	4,410,015	4,693,348	4,920,653
株式（ネット）（①）	3,340,077	3,553,174	3,855,751	4,171,036	4,454,077	4,687,335
債権・債務（ネット）（②−③=④）	224,943	188,737	194,275	238,979	239.27	233,318
親会社の債権（②）	572,022	586,867	619,084	659,438	687,536	691,549
親会社の債務（逆投資）（③）	347,079	398,130	424,809	420,459	448,265	458,231
子会社向け投資残高（①+②）	3,912,099	4,140,041	4,474,835	4,830,474	5,141,613	5,378,884
*対オランダ						
対外直接投資残高合計（①+④）	497,470	514,689	595,658	647,366	717,035	753,224
株式（ネット）（①）	452,005	481,855	553,846	610,517	676,460	700,398
債権・債務（ネット）（②−③=④）	45,465	32,834	41,812	36,849	40,575	52,826
親会社の債権（②）	64,300	48,424	55,761	53,155	60,873	71,455
親会社の債務（逆投資）（③）	18,835	15,590	13,949	16,306	20,298	18,629
子会社向け投資残高（①+②）	516,305	530,279	609,607	663,672	737,333	771,853
*対アイルランド						
対外直接投資残高合計（①+④）	129,829	158,851	184,804	212,410	247,755	310,598
株式（ネット）（①）	119,025	141,900	168,901	201,970	237,802	276,348
債権・債務（ネット）（②−③=④）	10,804	16,951	15,903	10,440	9,953	34,250
親会社の債権（②）	34,580	40,815	50,192	51,433	48,460	67,416
親会社の債務（逆投資）（③）	23,776	23,864	34,289	40,993	38,507	33,166
子会社向け投資残高（①+②）	153,605	182,715	219,093	253,403	286,262	343,764

出典：IMF, Coordinated Direct Investment Survey（http://cdis.imf.org/）

高が，直接投資全体の90%以上を超えている．

　これだけでは，詳しいことはいえないが，アメリカ多国籍企業にとってオランダ・インハウスバンクはそこに利益を蓄積するという役割が重要であって，そこから親会社に貸し付けを行うといった逆投資の拠点としての位置づけは小さくなっている可能性も指摘できるであろう．他方，アイルランド向け投資では逆投資残高が200億ドルから400億ドルであり，子会社向け投資残高が1,500億ドルから3,000億ドル前後で推移している．ここから計算すると，逆投資残高がだいたい子会社向け投資残高の15%程度を占めることになる．近年では，むしろアイルランドのインハウスバンクが逆投資の拠点となっているかもしれない．

　ここまで直接投資のフロー統計とストック統計から，支配実現型直接投資・逆投資・収益再投資を検討してきたが，まとめると次のようになるであ

ろう．すなわち，アメリカの対外直接投資は支配実現型直接投資と収益再投資が大半を占めている．しかし逆投資も 1990 年代以降，徐々に増加しており，フローでみた場合，支配実現型直接投資の 20％ 程度を占める程度になっている．ストックでみた場合でも，2009 年以降，支配実現型直接投資と収益再投資の合計である子会社向け投資残高のほぼ 10％ 前後に相当する規模にまで拡大している．

注
1) BEA（2008）*U.S. Direct Investment Abroad, Final 2004 Benchmark Data*, Methodology M-23.
2) BPM6, para.6.37-6.38.
3) BPM6, para.6.17.
4) IMF, Coordinated Direct Investment Survey（http://data.imf.org/?sk=D732FC6E-D8C3-44D1-BFEB-F70BA9E13211）．
5) 2014 年 6 月 18 日から商務省ホームページで BPM6 に基づく国際収支を公表している．直接投資統計は 1982 年まで遡って公表している（http://www.bea.gov/iTable/iTable.cfm?ReqID=62&step=1#reqid=62&step=2&isuri=1&6210=1）2014 年 8 月 19 日．
6) BPM6, para.6.39-6.40.
7) Howell, K.L. "Modernizing and Enhancing BEA's International Economic Accounts: A Progress Report," Survey of Current Business, May 2012, p. 40.
8) 萩原伸次郎・中本悟編（2005）29-36 ページ．
9) NBER, US Business Cycle Expansions and Contractions.
10) UNCTAD, WIR 2000.
11) 2007 年にダイムラー社とクライスラー社は合併を解消した．
12) 日本長期信用銀行は 2004 年に新生銀行として東京証券取引所に再上場した．
13) 関下稔（2012）175-179 ページ．
14) Dharmapala, Dhammika, Foley, C. Fritz and Forbes, Kristin J.（2011）．
15) "Google, Apple draw transatlantic ire over 'double Irish' tax haven", *Christian Science Monitor*, 5/21/2013.

第4章
親会社から子会社への支配実現型直接投資

　今日の科学技術の発展と技術の変化，それによる企業の栄枯盛衰には目を見張るばかりである．グーグルは1998年に創業したかと思えば，わずか2年後には世界最大の検索エンジンとなり，2004年には株式公開，16年には時価総額世界第1位となっている．それに対して100年以上の歴史をもつフィルム・メーカーのコダックは，デジタルカメラへの転換が遅れ，12年には連邦破産法11条を申請するに至っている．こうした急速な技術の変化に対応するために，企業は常に新しい産業分野，新しい市場を模索しチャレンジしている．多国籍企業も，外国企業の買収や子会社の設立を通じて，日々の変化に対応し，自社の支配網を拡大している．

　本章では，直接投資のもっとも純粋な形態である親会社から子会社への支配実現型直接投資を考察する．第3章でみたとおり，今日のアメリカ直接投資の過半は収益再投資であり，支配実現型直接投資は年によっては対外直接投資全体の20%程度しか占めていないこともある．しかし，このことは必ずしも支配実現型直接投資の重要性の低下を意味しているわけではない．なぜなら支配実現型直接投資は，多国籍企業が世界に拠点をつくる最初の第一歩であり，それがなければその後の逆投資や収益再投資もないからである．外国企業を買収する，新規に子会社を設立する，などを通じて常に多国籍企業は新たな収益を獲得し，その支配網を拡大している．とくに技術変化が激しい今日において，成長率が高い市場への支配実現型直接投資を通じた参入は多国籍企業にとって死活問題である．

本章では，とくに外国投資を積極的に展開している産業を取り上げながら，多国籍企業が支配実現型直接投資を通じて，世界に拠点を拡大していく様子を明らかにしていく．

第1節　支配実現型直接投資の概観

第1節ではアメリカ多国籍企業の支配実現型直接投資を産業別，投資先別に概観する．アメリカ多国籍企業は，どのような分野に投資を行っているのか，また，世界の中のどの市場に参入していこうとしているのだろうか．

(1) 産業別にみる支配実現型直接投資

一般的にアメリカ多国籍企業の活動は，1950年代後半の製造業企業によるヨーロッパへの進出が出発点であったとされている[1]．1970年代くらいまでは自動車や電機といった製造業，石油産業が直接投資の中心的役割を果たしていた[2]．しかし，近年はこうした産業だけでなく，金融や情報・通信などのサービス産業による直接投資が増加している．

図表4-1は，アメリカの対外直接投資全体を産業別に表したものである．これをみると，今日においてもとくに製造業は毎年400〜600億ドル程度の直接投資を行っており，全体の2割程度を占めていることが分かる．また金融・保険業も，年による変動が大きいものの，製造業に次ぐ規模の直接投資を行っている．今日のアメリカの対外直接投資はこの2つの産業が中心になっているが，それ以外では鉱業や卸売業が100〜200億ドルの投資規模で続いている．

またこの統計では，2003年以降，非銀行持株会社（holding companies [nonbank]）が新たに産業分類に加わっており，年々比重を増している．これまで本書で議論してきたインハウスバンクはまさにこの持株会社に相当する．節税などを目的に，外国子会社の株式を保有することが主要な業務であり，その他の実体的な活動がない企業が持株会社に分類される．親会社が事

第4章　親会社から子会社への支配実現型直接投資　　103

図表 4-1　アメリカ対外直接投資（産業別）

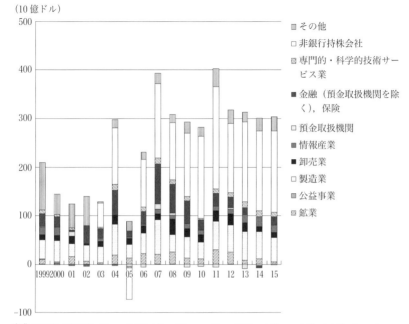

出典：BEA, USDIA, Financial Outflow Transactions Without Current-Cost Adjustment.

業子会社の株式を直接，保有せずにオランダやルクセンブルクに設置した持株会社経由で保有する間接支配が増大している．親会社が持株会社経由で外国企業を買収した場合は，図表 4-1 にあるように持株会社への直接投資になる．第1章で指摘したとおり，これは IMF = OECD の国際収支マニュアル改訂の際に議論された問題である．

　産業分類については，新方式の BPM6 で以下のように取り扱うことと決まった．すなわち，主となるデータは直接的投資関係にある子会社（immediate host economy）の産業に基づいて分類するが，補助データとして最終的に実態のある事業子会社（ultimate host economy）の産業分類が追加されることになった．BEA は，アメリカへの対内直接投資については最終投資家（ultimate beneficial owner）に基づく国別・産業別分類のデータを収集・公表

しているが，対外直接投資についてはそうしたものがない[3]．SCB の分析でも，外国子会社の雇用者数や固定資産などからみた産業分類を検討することで，外国子会社の実態を推察するにとどまっている．これについては，後ほど詳しく検討する．

次に図表 4-2 をみてみよう．これは親会社から子会社への支配実現型直接投資を産業別に示したものである．支配実現型直接投資は，株式直接投資（Equity outflows）と子会社向け貸付（Increases in U.S. parents' receivables）の合計である．第 3 章で検討したとおり，今日の直接投資では収益再投資が大きな割合を占めているので，図表 4-2 の支配実現型直接投資は，図表 4-1 の対外直接投資全体の規模と比較すると，その約半分程度となっている．とくに支配実現型直接投資の過半を占める株式直接投資は，具体的には外国企業の買収（クロスボーダー M&A）や新規子会社の設立のための出資（グリーンフィールド投資）である[4]．

図表 4-2 には，支配実現型直接投資の産業分類と並んでアメリカのクロスボーダー M&A を載せている．クロスボーダー M&A は，その資金源を問わず買収金額がすべて含まれているために，直接投資統計と必ずしも一致しない[5]．たとえばオランダにインハウスバンクがあるアメリカ系多国籍企業で，インハウスバンクが自ら調達した資金で外国企業を買収した場合もアメリカのクロスボーダー M&A として計上される．逆に子会社向け貸付やグリーンフィールド型の直接投資は，クロスボーダー M&A には含まれない．これらが図表 4-2 の両者の乖離となっている．こうしたズレがあるものの，支配実現型直接投資の全体額とクロスボーダー M&A の動きは，ほぼ連動して同じ水準で動いている．よって両者はかなりの部分で重なっていると考えていいであろう．

とくにクロスボーダー M&A は，アメリカや投資先の株価や景気動向に大きく左右される性格を持っている．1990 年代後半や 2007 年や 11 年といった年には後に見るように，クロスボーダー M&A が増加し，支配実現型直接投資も拡大しているが，12 年以降は急激に減少している．12 年以降の

図表 4-2　支配実現型直接投資（産業別）

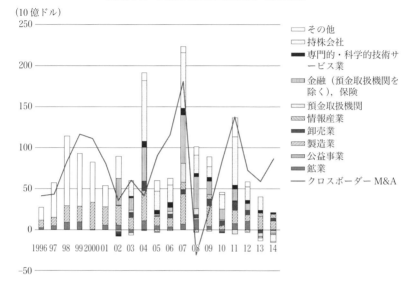

出典：SCB, various issues, U.S. Direct Invesmemnt Abroad. UNCTAD, WIR, Cross-border M&A.

落ち込みは，ヨーロッパやアジアにおける景気後退を反映していると考えられる．

　産業別の動向をみていこう．対外直接投資全体の産業分類と同じく，支配実現型直接投資だけを取り出してみても，やはり製造業，金融・保険，持株会社が主要な産業となっている．製造業は毎年100〜200億ドル前後で安定的に推移しているのに対して，金融・保険は2005-06年にかけて10〜50億ドル程度であったものが，2007年には593億ドルと急激に増加するなど，変動が非常に大きい．また持株会社の投資も大きく，全体の30%程度を占めている．ただこれは，実態としては他の産業に属する企業による投資である．これについては次項で詳しく検討する．

　支配実現型直接投資は，前述のとおり親会社から子会社に対する投資を表す．株式直接投資と子会社向け貸付の合計であるが，図表4-3をみれば前者が毎年，過半を占めていることが分かる．子会社向け貸付は変動があるもの

図表 4-3　支配実現型直接投資（項目別）

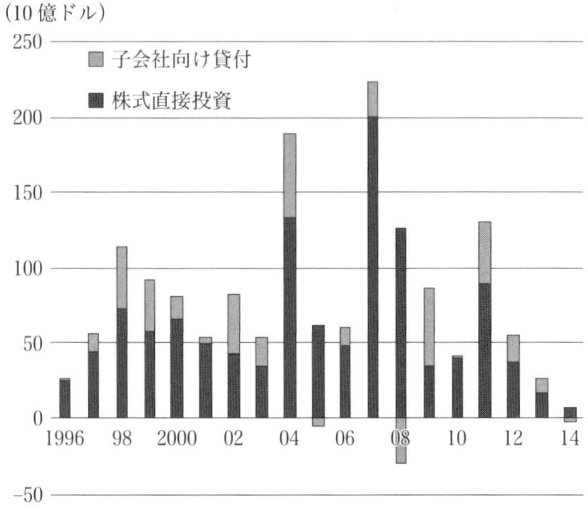

(10億ドル)

凡例：子会社向け貸付、株式直接投資

出典：SCB, various issues, U.S. Direct Invesmemnt Abroad.

の，だいたい全体の3割程度となっている．親会社と子会社間での投資形態については，第2章でオランダのインハウスバンク側から考察したが，そこでの分析とほぼ合致する結果である（図表2-10, 2-12）．

(2) 投資先別にみる支配実現型直接投資

次は，支配実現型直接投資を投資先別にみてみる．図表4-4は支配実現型直接投資を投資先別にみたものである．これによると，ヨーロッパが最大の投資先になっていることが分かる．ラテンアメリカやアジア・太平洋への投資は，200～300億ドル前後で推移しているが，年による変動幅が大きい．カナダへの投資規模は100億ドル前後であり，他の地域に比べると少ないが，ほぼ毎年安定的に投資が行われている．2000年以降，各地域への投資の増減は連動する傾向にあり，地域間のバランスにあまり変化はない．ヨーロッパが全体の40～60％，ラテンアメリカやアジア・太平洋がそれぞれ15％前後，カナダが10％前後という比率で投資が行われている．

2010年以降は，ラテンアメリカやアジア・太平洋，そしてヨーロッパで

図表 4-4　支配実現型直接投資（投資先別）

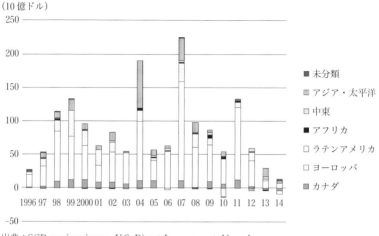

出典：SCB, various issues, U.S. Direct Invesmemnt Abroad.

も支配実現型直接投資がマイナスになる年が出ている．10年のラテンアメリカは110億ドルものマイナスを記録しているが，この大半は金融・保険部門での株式直接投資の減少，すなわち多国籍企業の撤退によるものである[6]．また14年はヨーロッパもわずかではあるが，マイナスに転じている．この年に持株会社の株式投資が大幅に縮小したためである[7]．リーマン・ショック後の金融危機・経済危機によって，アメリカ多国籍企業が保有株式を売却するなど世界中から資本を引き揚げる動きを反映している[8]．

このように支配実現型直接投資は2012年以降，急激に減少しているが，第3章で考察したとおり収益再投資が増加したため，対外直接投資全体としては12年以降も3,000億ドル強の水準を維持している．

1950-60年代といった初期の時代におけるアメリカ多国籍企業の主要な投資先はヨーロッパ，カナダ，ラテンアメリカであった[9]．1980-90年代になると，とくにアジアの新興国の経済発展を受けてアジア・太平洋地域への投資が比重を伸ばしている．以下ではとくにアメリカの主要な投資先であるヨーロッパ，アジア・太平洋，ラテンアメリカの3地域について詳しく検討す

る.

まずヨーロッパからみていく．ヨーロッパ向け直接投資を産業別にみると，やはり製造業，金融・保険，持株会社が大半を占めている（図表4-5）．中でも金融・保険と持株会社がその中心である．前述のとおり持株会社は，他の産業（製造業や金融・保険業）のインハウスバンクによる投資を表しているので，以下では子会社の産業分類をより実態的に明らかにするために，ヨーロッパ子会社の付加価値生産額をみてみよう．図表4-6はヨーロッパ子会社の付加価値生産額を産業別にみたものである．製造業が圧倒的に大きな割合を占めていることが分かる．直接投資の投資額では，金融・保険業が製造業を圧倒するほど拡大しているが，付加価値生産額では金融・保険業は全体の10%にも達していない．多国籍企業の実際の活動という観点からみれば，製造業の重要性が依然として大きいと言える．製造業の次には卸売業や鉱業が上位にきている．専門的・科学的技術サービス産業や情報産業も，全体か

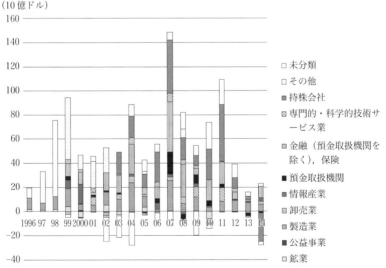

図表4-5　ヨーロッパ向け支配実現型直接投資

出典：SCB, various issues, U.S. Direct Invesmemnt Abroad.

第4章　親会社から子会社への支配実現型直接投資　　109

図表 4-6　ヨーロッパ子会社の付加価値生産額

(10億ドル)

[グラフ：1999年から2013年までのヨーロッパ子会社の付加価値生産額を産業別に示した積み上げ棒グラフ。凡例：その他、専門的・科学的技術サービス業、金融・保険、情報産業、小売業、卸売業、製造業、公益事業、鉱業]

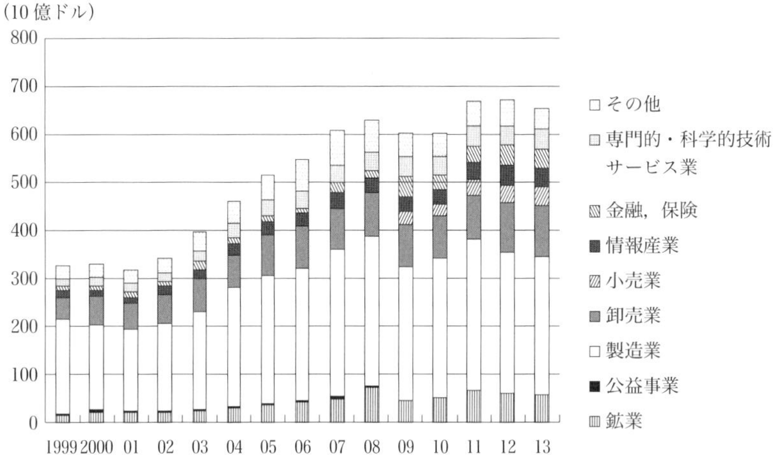

注：金融・保険は2009年より預金取扱機関を含む．
出典：BEA, USDIA, value added (gross product) of majority-owned Nonbank foreign affiliates.

らみればまだわずかであるが，徐々に増加傾向にある．

次にアジアをみてみよう．図表4-7はアジア・太平洋向け支配実現型直接投資を産業別にみたものである．年によって金額が大きく異なるだけでなく，ディスクロージャー面での問題により「未分類」となっている部分も多い．とくに2004年と08年以降は未分類の金額が大きく詳細をつかむことが困難であるが，その中でも明らかになっている箇所だけをみれば，製造業や持株会社，卸売業が中心となっていることが分かる．支配実現型直接投資だけでは，多国籍企業の産業分類が不明な部分も多いので，アジアでも子会社の活動実態を付加価値生産額からみていこう．図表4-8によると最も付加価値を生産しているのは製造業であることが分かる．全体の約半分を占めている．次に多いのが鉱業，卸売業である．また，金額的にはまだ小さいが，情報産業や専門的・科学的技術サービス産業も増加傾向にある．インドや中国におけるサービス業務の受託拡大などがこうした背景にあると考えられる[10]．

最後にラテンアメリカである．図表4-9はラテンアメリカ向け支配実現型

図表 4-7　アジア・太平洋向け支配実現型直接投資

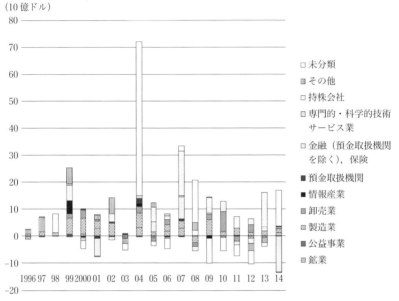

出典：SCB, various issues, U.S. Direct Invesmemnt Abroad.

図表 4-8　アジア・太平洋子会社の付加価値生産額

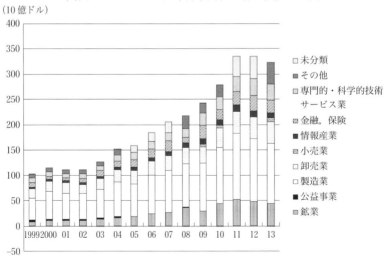

出典：図表 4-6 と同じ．

直接投資を表している．これをみると2002年以降は，とくに金融・保険がもっとも多く，その次に製造業，鉱業と続いている．とくに2007-09年にかけて金融・保険の投資額が拡大しているが，10年は逆にマイナスとなり撤退していることが分かる．しかしラテンアメリカでも子会社の付加価値生産額でみると，異なる状況がみえてくる．図表4-10によると，もっとも付加価値生産額が大きい産業はラテンアメリカでも製造業であり，50%前後を占めている．次に鉱業，卸売業と続いている．支配実現型直接投資では金融・保険が最大の投資産業であったが，付加価値生産額では少ない割合しか占めていない．

ここまで概要的にではあるが，アメリカの支配実現型直接投資の地理的分布と各地域内の産業分類をみてきた．まとめると次のことがいえる．すなわ

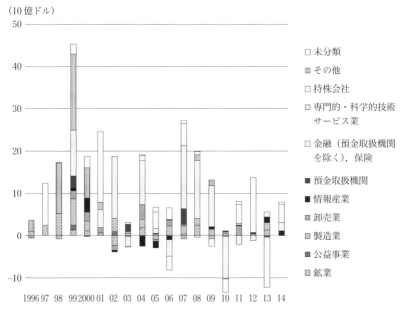

図表4-9 ラテンアメリカ向け支配実現型直接投資

出典：SCB, various issues, U.S. Direct Invesmemnt Abroad.

図表 4-10 ラテンアメリカ子会社の付加価値生産額

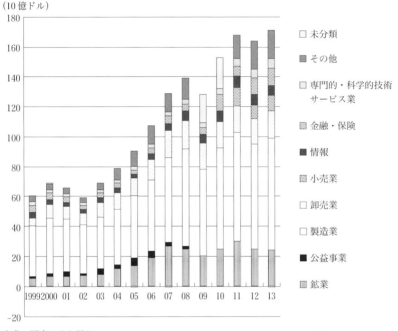

出典:図表 4-6 と同じ.

ちアメリカの支配実現型直接投資はヨーロッパ向けが全体の半分を占め、もっとも重要な投資先である．それに次いで、ラテンアメリカやアジア・太平洋にもそれぞれ投資が行われている．いずれの地域においても、投資額でみれば製造業と金融・保険が投資の中心であった．とくにラテンアメリカでは金融・保険の割合が高かった．しかし、金融・保険は付加価値生産額でみた場合、どの地域においてもわずかな部分を占めるにすぎず、子会社の実態的活動という点からみれば製造業の割合がどの地域でも最大となっていた．またラテンアメリカやアジア・太平洋では鉱業も製造業に次いで、多くの付加価値を生産していた．

次節以降、多国籍企業が支配実現型直接投資を通じて新たな分野、新たなマーケットに進出していく様子を明らかにするが、その際、とくにアメリカ

の支配実現型直接投資の主要産業である製造業と鉱業，金融・保険分野を取り上げることとする．

第 2 節　製薬多国籍企業の支配実現型直接投資

　本節では，製造業，中でも製薬多国籍企業の支配実現型直接投資について考察する．第 3 章で考察したとおり，現在のアメリカの対外直接投資においてもっとも大きな割合を占めるのは収益再投資である．支配実現型直接投資は対外直接投資全体の半分以下となっている．しかし，前述のとおり，支配実現型直接投資は直接投資の中でもっとも基本的な形態の投資であり，逆投資も収益再投資も，支配実現型直接投資がなければ存在し得ない．

　アメリカ多国籍企業による直接投資の歴史は 1950 年代から続くが，今日のように技術の変化や市場の変化が激しい中では，支配実現型直接投資による新たな支配網の拡大が重要な意味を持っている．製薬業においては，後にみるとおり 1990 年代以降，ジェネリック薬品（後発薬）の台頭や各国の医療制度変更といった環境の変化があった．そうした状況に対応するために，製薬多国籍企業は新たな成長分野であるバイオ企業や新興国企業を活発に買収してきた．本章で議論する支配実現型直接投資の性格を非常によく反映している産業である．

　また，製薬業はアメリカ製造業多国籍企業の直接投資の中で常に一定の割合を占めてきた．図表 4-11 と 4-12 は製造業の対外直接投資を産業分野別に示している．1999 年に対外直接投資データの産業分類が変更になったため，その前後でグラフを分けている．これをみると製造業では，食品，化学，コンピューター・電気製品，輸送機械が主な業種であることが分かる．製薬業はこのグラフでは「化学」の中の一部を構成している．図表 4-11, 4-12 は化学の中でもとくに製薬業のみを取り上げて，製造業全体に占める比率を示している．これをみると年によって変動があるものの，平均するとほぼ製造業全体の 10% を占めている．また製薬多国籍企業の歴史は古く，多国籍企

図表 4-11　製造業の対外直接投資（1999-2014 年）

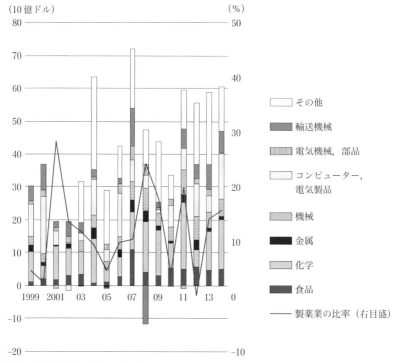

出典：BEA, USDIA, Financial Outflows Without Current-Cost Adjustment.

業誕生当時から常に分析の対象となってきた[11]．

さらに製薬業は後にみるように，近年注目を集めている非出資型国際生産（Non-Equity Modes of International Production：以下，NEM）を積極的に活用している．すなわち資本の移動を伴う直接投資と資本の移動を伴わない非出資型国際生産を同時に行っているのである．本章と第 5 章でそれぞれ製薬業の支配実現型直接投資と非出資型国際生産を取り上げる．同じ産業においてこの 2 つの外国事業がどのように位置づけられているのかを考察することで，両者の関係について一定の知見が得られると考える．

よって以下では製薬多国籍企業を取り上げて，その支配実現型直接投資に

図表 4-12 製造業の対外直接投資（1982-98 年）

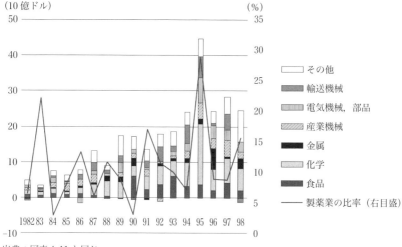

出典：図表 4-11 と同じ．

よる新分野と新たなマーケットへの参入の様子を明らかにすることとする．

(1) 製薬業界を取り巻く環境

今日，メガファーマと呼ばれる巨大製薬多国籍企業は欧米を中心に数社が挙げられるが，その誕生は19世紀にまで遡る[12]．2014年の世界の製薬業における売上高でみた上位20社は，日本の武田薬品と大塚製薬の2社を除くと18社すべてが欧米の企業で占められている[13]．1位はスイスのノバルティス，2位はアメリカのファイザー，3位がフランスのサノフィ，4位がスイスのロッシュ，5位がアメリカのメルクである．

本章では，アメリカの製薬多国籍企業としてファイザーとメルクを主に取り上げる．ファイザーとメルクはアメリカ製薬企業の中でも売上高が1，2位であり，また世界市場でも2位と5位に位置している．そして両社ともに早い段階から積極的に海外展開している．

ファイザーは，1849年に設立，回虫駆除剤やホウ酸などのファインケミカルビジネスからスタートした．第二次世界大戦直後には，最初の新薬とし

て抗生物質を発売し，売上を急激に伸ばしていった．1960年代には医薬品以外にも，農薬や動物薬，栄養補助食品など事業を多角化した．1970-90年代には，「ブロックバスター」と呼ばれる莫大な売上をもたらす大型薬品を次々に誕生させ，市場の拡大と収益の増大がもたらされた．ブロックバスターとは，スミスクライン（現在のグラクソ・スミスクライン）の「タガメット（潰瘍薬）」やファイザーの「リピトール（高脂血症薬）」など売上が5億～10億ドルを超えるような大型医薬品を指す[14]．高血圧や胃潰瘍などに大きな効果をもち，爆発的な売上を記録した．

またメルクは，ドイツ・メルクの子会社として1891年に設立されたが，第一次大戦中に敵国企業としてアメリカ政府に接収された後は独立企業として運営されており，現在でも両社に関係はない．ファイザー同様，1960年代以降，抗生物質や農薬，そして90年代以降はブロックバスターと呼ばれる降圧剤などの生活習慣病治療薬で成長した．その結果，90年代には世界市場売上1位となったが，現在ではその地位はやや低下している．

1980-90年代は，アメリカの製薬企業にとって黄金期であった．ファイザーでは鎮痛剤「フェルデン」や高コレステロール治療薬「リピトール」，メルクもぜんそく薬「シングレア」，高血圧薬の「コザール」など次々と大型のブロックバスターが誕生し，売上が急激に増加した．図表4-13は，アメリカにおける処方薬市場の成長率を表している．60-70年代でも年平均8％で成長していたが，80年代に入ると一層成長率が上昇し，80-90年代の20年間は12％前後の高い伸びを実現した．とくにリピトールやコザールなどは高コレステロールや高血圧などの生活習慣病を対象にしていたが，こうした医薬品は継続的に服用し続けなければならず，それが製薬企業の売上を急激に拡大させた．

しかしこうした黄金期も2000年代以降になると転換点を迎える．90年代まで年平均12％で成長していた市場の拡大に抑制がかかるようになった．図表4-13をみても，2000年代には成長率が急速に低下に転じ，2010年以降は2％以下に下落していることが分かる．このように処方薬市場の拡大が鈍

図表 4-13 アメリカにおける処方薬市場の成長率（年）

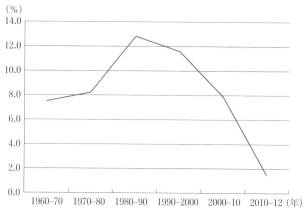

出典：National Health Expenditure Accounts, table 2.

化した背景には，以下のような事情がある．すなわちブロックバスターと呼ばれる主力ブランド薬品[15]の特許切れとジェネリック薬品の台頭，先進国における医療費の削減，研究開発費の増大と新薬開発の遅れなどである．

　一般的に新たに開発されたブランド薬は20〜25年の間，特許によって保護される．そのため1980年代から90年代にかけて製薬会社に利益をもたらしたブロックバスターが2010年頃から数年の間に相次いで特許切れを迎えた[16]．特許が切れた医薬品は，それと成分・効用が同じジェネリック薬品が発売される．

　ジェネリック薬は，ブランド薬のように膨大な研究開発費がかからないために，効用や成分が同じでありながら価格はブランド薬より大幅に低い．アメリカ保健福祉省の調査によれば，特許が切れてジェネリック薬品が参入してきた場合，ブランド薬の価格もそれにつられて下落することが明らかになっている．07-09年の調査で，ジェネリック薬との競争がある薬の場合，10〜20%程度，価格が下落している[17]．たとえばファイザーの歴史的なブロックバスター「リピトール」は，08-09年には年間137億ドルの売上を記録したが，11年に特許が切れてジェネリックが参入したことで，12年の売

上は51億ドルに急減している[18]．ファイザーの08-09年の売上全体が500億ドル前後であり，「リピトール」1つの特許が切れたことで売上全体の20%近くを失うこととなった．

　ジェネリック台頭の背景には，先進各国における医療費の削減という課題がある．日本やヨーロッパでは，少子高齢化が進んだため医療費が増大し，それが各国の財政基盤を弱体化させてきた．こうした状況に対して各国は医療費の削減をテーマにさまざまな政策を実施してきた[19]．また，アメリカは世界でもっとも薬価が高い国であるが，そのことが無保険者問題と併せて毎年の『大統領経済報告』で取り上げられる主要な課題であった[20]．特許が切れる前のファイザーのリピトールは，カナダでは33ドルで販売されていたのに対してアメリカでは125ドルの価格がついており，約4倍の開きがあった[21]．こうした問題はアメリカでも指摘されており，外国から安い医薬品を並行輸入する動きや医療機関による高額薬剤の使用打ち切りなどが行われてきた．そのため医薬品価格を低下させるジェネリックに対する需要は強く，アメリカは世界で最もジェネリックの普及率が高くなっている[22]．こうした結果，近年では図表4-13にあるように処方薬市場の拡大が相当程度抑制されている．

　こうした状況の中で，ファイザーやメルクなどの製薬会社は主力薬の特許切れに対応し，新たな収益源となるブロックバスターを生み出そうと研究開発費を増大させた．図表4-14は2社の研究開発費とその売上に対する割合を示す．1990年代後半から研究開発費そのものが急激に増加しているだけでなく，売上に対する比率も10%前後から20%近くにまで上昇している．しかし逆に2000年代には新薬の承認される数は減っており，メガファーマの研究開発効率が落ち込んでいることが指摘されている[23]．

(2)　M&Aによる成長分野への支配実現型直接投資

　成長率が鈍化することに対して製薬会社はどのように対応してきたのだろうか．研究開発の拡大による新薬開発や，従業員削減によるコストカットな

第4章　親会社から子会社への支配実現型直接投資　　119

図表 4-14　製薬会社の研究開発費

出典：各社損益計算書（Mergent online）．

どさまざまな対応が取られてきたが，M&A もその1つであった．

　ファイザーもメルクも，国内で大型 M&A を展開している．ファイザーは 2000 年にワーナー・ランバート，03 年にファルマシア，10 年にワイスを，メルクは 09 年にシェリング・プラウを買収している．買収金額はいずれも 400 億ドルから 900 億ドルとなっており，製薬業界の中でも大型の買収として位置づけられている．こうした大型買収は，アメリカだけで起こった現象ではない．00 年に実行されたイギリスのグラクソ・ウェルカムとスミスクライン・ビーチャムの合併によるグラクソ・スミスクラインの誕生や，04 年のフランスにおけるサノフィによるアベンティスの買収・合併などがあり，世界的な製薬業界における再編の流れとして理解できる．いずれも，規模の拡大による売上の増加や，他社のブロックバスター製品の獲得などを目的に行われた[24]．

　こうした国内大型 M&A が行われる一方で，製薬企業は外国にも投資を行っている．図表 4-15 と 4-16 はファイザーとメルクの外国投資をそれぞれ表している．ファイザーの外国進出の歴史は 1950 年代にスタートするが，

図表 4-15　ファイザーの外国投資

年	投資案件	投資金額
1951	ベルギー，ブラジル，カナダ，キューバ，イギリス，メキシコ，パナマ，プエルトリコで事業活動	
1955	イギリスに工場建設	
1958	メキシコ，イタリア，トルコで工場生産開始	
	海外従業員 7,000 名超に	
1971	Mack Illertissen（ドイツ）を買収	
	→2014 年に R-Pharm（ロシア）に売却	
1972	日本に微生物研究所設立	
1993	Charwell Pharmaceuticals（イギリス）を買収	4,150 万ドル
1995	スミスクライン・ビーチャム（イギリス）の子会社（動物健康事業）を買収	15 億ドル
	→2013 年に売却・分離	
	中国に工場建設	
1996	Formenti グループ（イタリア）から子会社買収	
	Leibinger（ドイツ）を買収	
2004	Meridica（イギリス）を買収	1 億 2,500 万ドル
2009	GSK（イギリス）と合弁事業（ViiV Healthcare Limited 設立：HIV 薬に特化したバイオ企業）	
	Pfizer India に追加出資	1 億 7,210 万ドル
	（29.52％ を追加出資し，持ち分は 70.75％ に上昇）	
2010	Laboratorio Teuto Brasileiro S.A. (Teuto)（ブラジルのジェネリック医薬品メーカー）に 40％ 出資	4 億レアル
	オーストラリア，中国，EU，スイス，メキシコの動物健康事業を売却	（2 億 4,000 万ドル）
2011	Ferrosan Holdings A/S（デンマーク）を買収	
	（北欧，東欧の消費者向けヘルスケア製品）	
2012	中国で現地企業と合弁企業（Hisun Pfizer Pharmaceuticals Company Limited：ジェネリック）を設立	2.5 億ドル

出典：ファイザー HP，Mergent online より．

　当初は新規の工場建設などのグリーンフィールド投資が一般的であった．しかし 90 年代以降の外国投資は M&A が中心となっている．メルクの場合は，60 年代と比較的早い段階から M&A を実行してきたが，その動きは 90 年代にストップし，2000 年代以降に再び買収を行うようになった．前述のとおり 90 年代はアメリカ市場が急成長した時期であり，中でもメルクは業界第 1 位として売上を伸ばした．この時期には，外国企業の買収よりもむしろア

図表 4-16　メルクの外国投資

年	投資案件	投資金額
1962	インドに工場設立	
1965	Charles E. Frosst & Co.（カナダ）を買収（医療用医薬品メーカー）	1,600万ドル以上
1969	Chibret Laboratories（フランス）を買収（眼科医薬品メーカー）	
1979	Alginate Industries Ltd.（イギリスのアルギン酸メーカー）を買収	
1982	鳥居薬品（日本）の30％を取得 83年に出資比率50％まで増加 →88年にアサヒビールに売却	
1983	万有製薬（日本）の50％を取得	1億1,700万ドル
1988	南アフリカ子会社，鳥居薬品の売却	
1989	レバノン子会社の売却	
1997	仏ローヌ・プーランと動物医薬事業で合弁	
2004	万有製薬（日本）を完全子会社に	
2012	Fulford（インドのジェネリック医薬品メーカー）を完全子会社に	1,480万ドル
2014	OncoEthix（スイスのバイオ医薬品）を買収	1億5,300万ドル
2015	cCAM（イスラエルのバイオ医薬品）を買収	2億100万ドル
2016	IOmet（イギリスの医薬品開発会社）を買収	4億ドル

出典：メルクHP，Mergent onlineより．

メリカ市場での拡大に資金を費やしていたといえる．

　アメリカの処方薬市場がピークを迎え，伸び率が低下する転換点となった2000年代以降の外国企業を対象にしたM&Aを詳しくみていくと，その買収先には次のような共通点がある．それは，中国やインドなどのアジアの新興国向け投資とジェネリックやバイオといった成長分野への投資である．両社はアメリカ国内で巨大M&Aを行って，主力薬の特許切れとそれによる売上急減を補いながら，同時に外国ではとくに成長著しい地域や分野に投資していた．それぞれどういった状況で投資が行われていたのか，を検討しよう．

　まず新興国への投資である．図表4-15をみると，ファイザーは2009年にインド子会社への追加出資，10年にブラジルのジェネリック・メーカーに出資，12年に中国でジェネリックの合弁事業を始めている．00年代前半までの外国投資は，ヨーロッパが中心であったが，00年代後半以降は急速に新興国への投資を増加させている．メルクも12年にインドのジェネリッ

ク・メーカーを買収している．

　アメリカ，ヨーロッパを中心とする先進国では前述のとおり医療費の削減が重要な課題となっている．それに対して，アジアや中南米，アフリカなどは衛生・栄養分野などのコンシューマー・ヘルスも含めた医薬品業界全体が注目する成長市場である．2007年には世界の医薬品市場7,260億ドルのうち新興国（日本を除くアジア，アフリカ，オセアニア，中南米）は18％であったが，11年には24％を占めるほどに拡大している[25]．医薬品に関する世界的業界紙のIMS Healthによれば，2007-11年の成長率は欧米や日本が5％未満の成長率であるのに対して，アジア・アフリカ・オセアニアやラテンアメリカなどの新興国は10％以上になっている．今後の成長率予想についても新興国のそれは先進諸国を圧倒している（図表4-17）．

　新興国への投資は，ファイザーもメルクもジェネリック分野が中心となっている．医療費削減が喫緊の課題である先進国，とくにアメリカではジェネリック薬品に対する需要が高い．ジェネリックの拡大は，ファイザーやメルクにとっては従来のブランド医薬品事業の利益を侵食するものであるが，それでも市場のニーズに合わせて投資をしていかなければ，企業としての成長が期待できない．2004年には，世界全体のジェネリック薬品の市場規模は720億ドルであったのに対して，14年には2,040億ドルまで拡大している[26]．10年間で約3倍に増加している．特許切れ問題で，市場が伸び悩むブランド薬の成長率を上回っている．

　次に，バイオ企業への投資をみてみよう．アメリカにおいては，バイオ事業の草分けとして1976年に糖尿病治療薬インスリンで成功したジェネンテック社が誕生しており，バイオ事業自体は80年代から注目されていた．ファイザーなどの大手製薬企業が，本格的に買収に乗り出すのは90年代末から2000年以降にかけてである．

　こうした背景には，従来からブロックバスターの中心をなしていた「低分子薬」における開発の限界と，新たな「バイオ医薬」への転換という問題があった[27]．これまでの製薬会社の高収益を支えていたのは，ファイザーの

図表 4-17　地域別の医薬品市場規模

	2011 年市場規模 (10 億ドル)	2007-11 年の成長率 (％)	2012-16 年の成長率 (％)（予測）
北米	347.1	3.5	1-4
ヨーロッパ	265.4	4.9	0-3
アジア・アフリカ・オーストラリア	165.2	15.5	10-13
日本	111.2	3.9	1-4
ラテンアメリカ	66.7	12.3	10-13

出典：IMS Health, Total unaudited and audited global pharmaceutical market by region 2012.

「リピトール（高脂血症薬）」などに代表されるように，主に生活習慣病を対象にした低分子薬であった．低分子薬とは，構造が単純な低分子化合物を化学的に合成してできる医薬品であるのに対して，バイオ医薬品はもともと体内にあるたんぱく質を活用する医薬品であり，がん・アルツハイマーなどいまだ有効な治療方法が確立されていない領域に強いとされる．

さらにバイオ医薬品の中でもとくに注目されているのが「抗体医薬」である．抗体医薬とは，特定の細胞や組織に対してだけ効果がある抗体を利用した医薬品であり，がん細胞などをピンポイントで狙い撃ちすることが可能になるため，治療効果が高いだけでなく副作用が少ない．このことは製薬会社にとっても訴訟のリスクが少ないことを意味する．さらに抗体医薬は開発効率が低分子薬に比べて高く，臨床試験から製品化にたどりつく確率が高い．臨床試験のそれぞれの段階（第Ⅰ期・Ⅱ期・Ⅲ期）において低分子薬の商品化成功確率が 65％，40〜45％，65〜70％ であるのに対して，抗体医薬は 77％，66％，81％ となっている[28]．

また，バイオ医薬品はバイオシミラー（biosimilar）というブランド薬の特許切れ後のジェネリック薬品があるものの，低分子薬に比べるとこのジェネリック薬品の参入が困難なために，たとえ特許が切れた後でも収益を確保できる見込みがある．なぜなら低分子薬の物質特許には構造式が明記されているが，バイオ医薬品は複雑な立体構造をもつために構造式がなく，同じ物質を作ることが困難なためである．こうしたことを背景に，抗体医薬をはじめ

とするバイオ医薬品は，今後の製薬業界にとって有望な成長分野となっている．

実際，2002 年には医薬品の世界売上トップ 15 位以内に 1 つしかなかった抗体医薬が，08 年には 6 つに増加している[29]．また世界の大型医薬品 50 品目でみた場合も，バイオ医薬品市場は 05 年には 245 億ドルであったが，11 年には 783 億ドルに増加しており，年平均 22% の成長率である．これに対して同じ時期の低分子薬は，1,322 億ドルから 1,520 億ドルへの拡大となっている．市場規模そのものは低分子薬が未だバイオ医薬品の 2 倍程度と大きいが，年平均の成長率は 2.4% となっており，バイオ医薬品の成長率を大幅に下回っていることが分かる[30]．

こうしたなかでファイザーは，国内ではバイオ分野に強いワイスやその他さまざまなバイオ・ベンチャーを買収した[31]．外国投資でも 2009 年にはグラクソ・スミスクラインと合弁で，イギリスにエイズ治療薬に特化したバイオ企業を設立している[32]．また，メルクも 14 年にスイスのバイオ・ベンチャーである OncoEthix，15 年にイスラエルの cCAM を買収している．OncoEthix は 09 年に設立されたがん治療薬に特化したバイオ・ベンチャーである[33]．cCAM は 10 年に設立されており，やはりがん治療のための抗体医薬を開発する会社である[34]．

このような成長分野に対する M&A によって大手製薬企業は，ブロックバスターの特許切れをはじめとする困難な状況を乗り越えようとしている．低分子薬という従来型の主力商品の限界に対して，バイオ医薬品や新興国などの成長分野により素早く進出するため，メガファーマ各社は国内外企業の買収という手法を取った．ライバル企業に負けまいと，先を争うように有望な企業を次々と買収していったのである．支配実現型直接投資を通じて，縮小する先進国市場・低分子薬市場から，成長著しい新興国市場・ジェネリック医薬品・バイオ医薬品への事業転換を果たす，もしくは果たそうと奮闘している．変化のスピードが急速に速まっている今日だからこそ，より素早い対応を可能にする M&A による支配実現型直接投資が，とくに重要な意味

を持ってくるのである．

第3節　石油多国籍企業の支配実現型直接投資

　本節では，製造業に続いて古くより直接投資の主要産業であった石油業の支配実現型直接投資を分析する[35]．石油産業の支配実現型直接投資は，クロスボーダーM&Aよりむしろグリーンフィールド型が比較的多いことが指摘されてきた[36]．本節では，アメリカのスーパー・メジャーズであるエクソンモービルとシェブロンのオイルショック以降の海外投資を取り上げる．それによってグリーンフィールド型であってもM&A型であっても，多国籍企業は支配実現型直接投資を通して支配網の拡大と超過利潤の獲得を目指している様子を明らかにする．

(1)　オイルショックとメジャーズ

　石油業界では，周知のとおり1970年代のオイルショックが起こるまでは，メジャーズもしくはセブン・シスターズと呼ばれる7社（エクソン，モービル，テキサコ，ソーカル，ガルフ，シェル，BP）が市場を支配していた．1949年時点の世界生産量に占める7社のシェアは合計で54%に達し，石油埋蔵量では65%を占めていた[37]．メジャーズと呼ばれていたアメリカの大手石油企業は，合併によって現在ではエクソンモービルとシェブロンの2社となっている[38]．よって以下では，この2社を中心に検討する．
　オイルショック前の1970年におけるエクソン社の世界全体における原油生産は，その多くを外国に依存していた．当時の原油生産において本国アメリカは全体の20%しか占めておらず，残りの8割は外国での生産であった．とくにベネズエラ，サウジアラビア，リビアへの依存度は高く，3か国を合計するとエクソン社の原油生産の60%超に達していた[39]．しかし70年代には資源ナショナリズムが叫ばれるなか，中東や南米の油井が次々と国有化された．

図表 4-18　メジャーズ各社の生産量の動き

(単位：千バレル/日)

暦年	ExxonMobil	Shell	BP	Chevron
1970	8,555	5,913	4,040	8,720
1975	7,651	4,786	3,440	8,747
1980	2,134	1,170	3,222	4,579
1985	2,492	1,520	2,175	2,907
1990	2,491	1,820	2,104	1,745
1995	2,536	2,254	1,873	1,763

注：各社合併前の数値は，合併各社の生産量を合計．
出典：OPEC Annual Statistical Bulletin 各年版．

1971年にはベネズエラ政府によって，エクソン社が同国に保有する原油生産事業などの全資産を83-84年の権益満了時に，同国政府に引き渡すことが義務づけられた．73年にはサウジアラビアが，メジャーズ4社が保有していた同国のアラムコ社の所有権の25%を取得し，80年には完全所有するようになった．リビアでも71年から74年にかけてメジャーズが保有していた石油の事業運営や開発にかかわる権利が国有化された．

この結果，メジャーズの原油生産量は著しく減少した．図表4-18にみるとおり，1970年から80年にかけてエクソンモービルは1日当たり856万バレルの生産量が，213万バレルへと，10年で4分の1の規模になった．またシェブロンも70年の1日当たり872万バレルが80年には458万バレルと2分の1になっている．ヨーロッパ系のシェルやBPなども同様に，生産量を大幅に減少させた．市場シェアも70年代当初は，メジャーズ合計で約60%を占めていたが，80年代半ばには15%程度に下落した[40]．

(2)　1970年代以降の支配実現型直接投資

このような逆境の中，アメリカのメジャーズ各社は1970-90年代にかけて，北海油田やメキシコ湾（アメリカ），アフリカやアジアの鉱区取得と開発を行った．図表4-19は，鉱業部門の支配実現型直接投資（子会社向け株式投資と子会社向け貸付の合計）を示している．投資先はヨーロッパやアジア・太平洋，アフリカに広がっている．

第4章　親会社から子会社への支配実現型直接投資　　　127

図表 4-19　鉱業部門の支配実現型直接投資

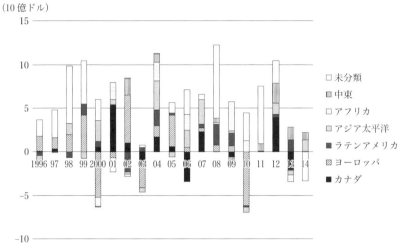

出典：SCB, various issues, U.S. Direct Invesmemnt Abroad.

　まずアメリカ最大の石油会社エクソンモービルから考察する[41]．同社の海外活動は，1970年代はヨーロッパの北海油田，90年代以降は旧ソ連や西アフリカにおける鉱区の獲得，探鉱などが主なものとなっている．64年にエクソンはロイヤルダッチシェルと合弁でイギリスに Shell UK Exploration and Production Ltd. という子会社を設立し，天然ガスを輸送するパイプラインやターミナルを建設している．70年代には，原油と天然ガスの生産がスタートした．また80-90年代には旧ソ連地域や西アフリカへの投資を拡大させた．91年にソ連が崩壊した後，早くも92年にエクソン事業会社（Exxon Ventures（C.I.S.）Inc.）をモスクワに設立し，ロシアのサハリン地区，アゼルバイジャンやカザフスタンで投資を実行している．北海油田の産出量が伸び悩む中，91年のソ連崩壊は，エクソンをはじめとするメジャーズにとって貴重な投資機会を提供した．
　サハリン地区では1996年に石油・天然ガス開発プロジェクト・サハリンI（Sakhalin I）が正式にスタートしている．エクソンモービルは，ここに

30％の資本を出資すると同時に，オペレーターとして地下のガス層の分析や掘削作業などを行っている．サハリンIはその後，調査段階で計画が大幅に遅れ，生産が実際にスタートしたのは2005年であった．また，カスピ海周辺のアゼルバイジャンやカザフスタンでも投資を行っている．アゼルバイジャンでは94年に国際石油コンソーシアム（Azerbaijan International Oil Consortium）に参加し，97年から原油の生産がスタートしている．カザフスタンにも94年に鉱区を獲得し，生産が始まっている．

西アフリカでは1970年代にチャドで原油・天然ガスの探鉱活動が行われているが，活動が本格化したのは90年代以降である．合併前のモービルはナイジェリアと赤道ギニアに積極的に進出している．ナイジェリアでは，現地の国営石油会社と共同事業を行い，権益の40％を確保している．またエクソンも，96年にチャドからカメルーンを通過して輸出基地までつなぐパイプラインを建設し，生産を本格化した．ここではエクソンモービルは40％の権益を保有し，オペレーターとしても活動している．また，西アフリカ沖合の大水深海域でも投資を積極的に行っている．92年にアンゴラ沖合，93年にナイジェリアで鉱区を獲得し，それぞれの政府と生産分与協定を締結している．西アフリカの大水深海域では，その後次々に油田が発見され，生産を開始している．

アジアへの投資は，インドネシアが中心となっている[43]．1970年代にモービルはインドネシア・アチェ州の天然ガス権益を獲得した．アチェ州・アルンガス田の天然ガス埋蔵量は豊富であり，エクソンとの合併前のモービルの海外天然ガス売上の20％を占めていた．その後アチェ州の独立運動などがあり，2001年には一時的な操業停止に追い込まれたが，3か月後には生産を再開した．その後も，インドネシアではチェプ鉱区での新油田の発見と精製設備への投資によって大幅な増産が実現しており，エクソンモービルにとって重要な生産拠点となっている[44]．

以上のとおり，オイルショックによって中東，南米の重要な石油資源を失ったエクソンモービルは，その後1970-90年代にかけて北海油田，旧ソ連地

第4章　親会社から子会社への支配実現型直接投資　　129

図表 4-20　エクソンモービルの地域別原油生産量

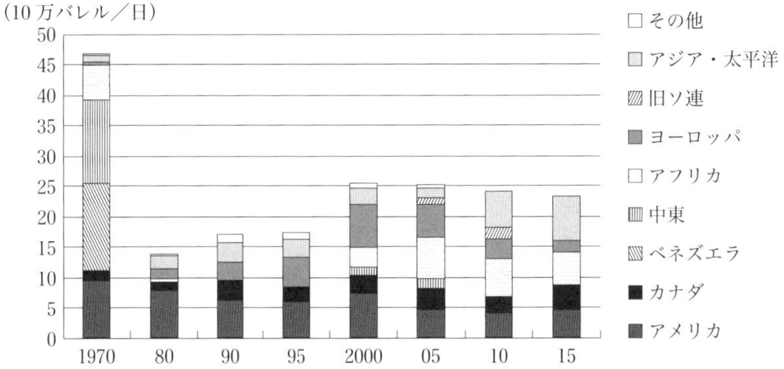

(10万バレル／日)

凡例：その他／アジア・太平洋／旧ソ連／ヨーロッパ／アフリカ／中東／ベネズエラ／カナダ／アメリカ

1970　80　90　95　2000　05　10　15

注：1995年まではエクソンのみの生産量．
出典：1970-80年は伊藤孝（2013）5ページ，1990-2005年は伊藤孝（2008）40ページ，2010, 2015年はExxon Mobil Corporation, Financial & Operating Information, 4Q10, 4Q15 Press Release.

図表 4-21　エクソンモービルの地域別天然ガス生産量

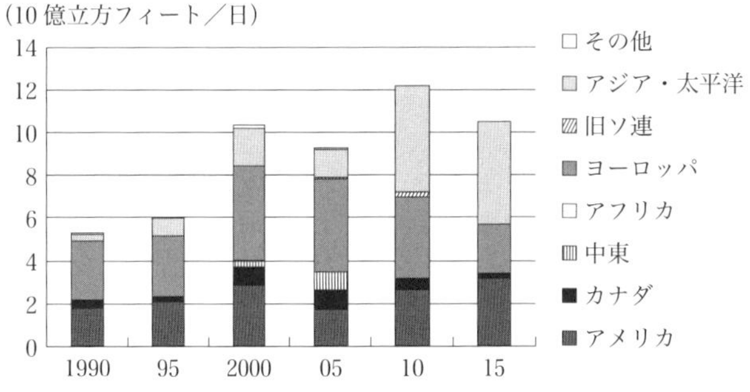

(10億立方フィート／日)

凡例：その他／アジア・太平洋／旧ソ連／ヨーロッパ／アフリカ／中東／カナダ／アメリカ

1990　95　2000　05　10　15

注：1995年まではエクソンのみの生産量．
出典：1990-2005年は伊藤孝（2008）41ページ，2010, 2015年はExxon Mobil Corporation, Financial & Operating Information, 4Q10, 4Q15 Press Release.

域，西アフリカ，アジアなど世界の各地域への支配実現型直接投資を実行した．その結果，図表4-20, 4-21にみられるように同社の原油・天然ガスの生産は世界各地に拡大している．原油生産においては，とくにアジア・太平洋とアフリカの比重が大きくなっている．2015年の原油生産においてアジ

ア・太平洋は1日当たり73万バレル（全体の約31％），アフリカは53万バレル（23％）となっている．また同年の天然ガス生産量でも，アジア・太平洋は1日当たり48億立方フィート（全体の約46％）となっており，10年以降急激に増加している．ただ図表4-20にみるとおり，原油生産量をオイルショック前の70年と比較すると，その規模は今日においても当時の半分程度に止まることが分かる．オイルショックの影響の大きさには改めて目を見張るばかりである．

　シェブロンもエクソンモービル同様に，オイルショックによってリビア・ベネズエラの資産を失いながらも，1980-90年代にかけてはアフリカ・北海・カザフスタン・メキシコ湾など他の地域の油田に投資を行っている[45]．とくにカザフスタンでは，93年に現地政府との間で折半出資の合弁会社テンギスシェブロイル（Tengizchevroil）を設立し，石油の生産を行っている[46]．ここでは，さらに99年に輸出用パイプラインの建設のために，ロシア・カザフスタン両政府とエクソンモービル，シェブロンなどによりカスピアン・パイプライン・コンソーシアムが設立された．このパイプラインは，カザフスタン・テンギスからカスピ海を渡ってグルジアのバツーミまでを輸送するルートであり，シェブロンのカザフスタンの原油生産拡大を支えるものであった．また同国では，後にシェブロンに合併するテキサコも97年にカラチャガナク油・ガス田に権益を獲得している．

　アフリカでは，アンゴラやナイジェリアにおいて早い段階から活動を開始している．1994年時点でナイジェリアに3つの子会社を持ち，原油を生産している[47]．

(3) 1990年代末の合併とスーパー・メジャーズの誕生[48]

　1970-90年代にかけてメジャーズ各社は，オイルショックの痛手から立ち直ろうと，アフリカやアラスカ，北海などで投資を行ってきた．しかし，80年代後半に入ると，いわゆる逆オイルショックといわれる原油価格の下落がみられるようになった．80年に一時は1バレル35ドルを超えるほど高騰し

図表 4-22 原油価格（Arabian Light および Brent dated 価格）

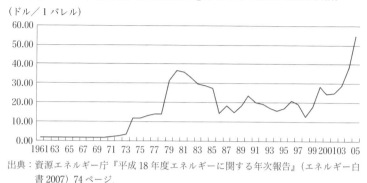

出典：資源エネルギー庁『平成18年度エネルギーに関する年次報告』（エネルギー白書2007）74ページ．

た原油が，OPEC諸国の生産調整の失敗により，86年には1バレル10ドル前後に下落した．その後も，価格は10〜20ドル前後で推移していたが，97年から98年にかけてアジア経済危機などの影響により再び下落傾向が鮮明になった（図表4-22）．

こうした状況を背景に，メジャーズ各社は売上・利益ともに減少したために，人員整理や不採算事業の売却などのリストラを行った．原油価格が低迷する中，各社は1998年から2001年の間に立て続けに買収・合併を行い，さらに巨大なスーパー・メジャーズといわれる企業が誕生したのである．98年にはBPがアモコを買収し，BPアモコとなった．そして99年にはエクソンとモービルが，00年にはBPアモコとアルコ，01年にはシェブロンとテキサコが合併した．こうしてかつてのメジャーズ7社の体制が，今日ではエクソンモービル，シェブロン，BP，ロイヤルダッチシェル，そしてフランスのトタルを合わせた5社のスーパー・メジャーズに再編された．

合併によって巨大化したスーパー・メジャーズは，規模のメリットを発揮することでコストを削減しただけでなく，それまで各社に分散していた天然ガスをはじめとする資産を強化することができた．たとえばエクソンは，モービルと合併することでナイジェリアや赤道ギニアなどの鉱区を手に入れた．これらはいずれも元はモービルの資産であった[49]．図表4-20をみても合併

後の2000年以降,アフリカでの生産量が急激に拡大していることが分かる.また,シェブロンは2005年に独立系企業であるユノカルを買収し,基盤の弱かった天然ガス事業を強化した.かねてより他社に比べて,原油の比重が高かったシェブロンであるが,ユノカルの買収によってアジア・太平洋地域の天然ガス埋蔵量を大幅に拡大した[50].

(4) 原油価格の高騰と新たな資源開発

オイルショック後,さまざまな投資を行うものの利益が低迷し,合併による再編を繰り返した各社の状況は,2000年代に入ると一変する.石油価格の高騰である.図表4-23にもあるように,00年以降,原油価格が急激に高騰し始めた.前節で述べたとおり,スーパー・メジャーズの誕生による競争の排除と中国などいわゆる新興国の経済発展によって石油需要が増加したことによる需給のひっ迫を背景に,1999年までは1バレル20ドル台であった原油価格は08年にはその5倍の100ドルを超えるほどに上昇した.しかし,リーマン・ショックによる景気後退や世界経済の混乱によって,08年以降,原油価格は大幅なアップダウンを繰り返している.

2000-08年の原油価格の高騰によってスーパー・メジャーズの利益も急増

図表4-23 原油価格(WTI原油直物価格)

出典:U.S. Energy Information Administration, Cushing, OK WTI Spot Price FOB.

図表 4-24　スーパー・メジャーズ各社の利益

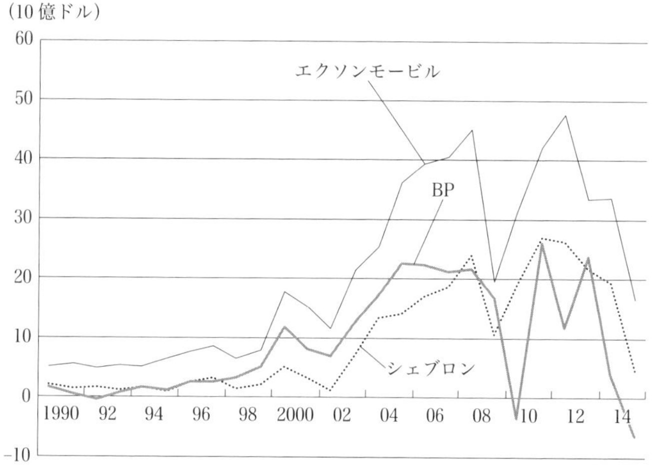

出典：各社 Annual report, 10-K (Mergent Online) より.

している．図表 4-24 をみれば，1990 年代までの低迷と 2000 年以降の繁栄が一目瞭然である．原油生産量がそれほど増加しているわけではないにもかかわらず（図表 4-20），利益がこれほど急激に増加しているのは価格の高騰による．

価格高騰によって莫大な利益を得た各社は，それをどのように活用したのだろうか．図表 4-25 はエクソンモービル，4-26 はシェブロンの資金使途を表している．それぞれのキャッシュフロー計算書の主要項目をグラフにしたものであるため，プラスは現金の流入を，マイナスは流出を示している．エクソンモービルについてみれば，2000 年以降，事業活動で獲得した資金（営業 CF のプラス）を設備投資と自社株買い，現金配当に回している．とくに 2008 年までは自社株買いが最大の項目となっている[51)]．しかし 08 年の金融危機以降，自社株買いが減少し，それに代わって設備投資が増加している．とくに 00 年代に入ってテキサス州で本格投資が始まったシェールガスへの投資が大きいと考えられる[52)]．北米以外でも，アルゼンチンや中国・ロシアでシェールガス鉱区を獲得している．シェブロンは，00 年代の初めか

図表 4-25　エクソンモービルの資金使途

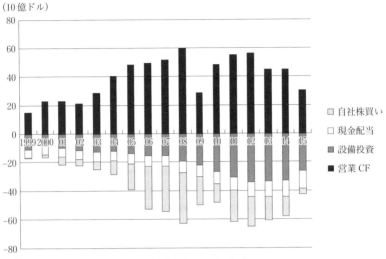

出典：Exxon Mobil Annual report, 10-K (Mergent Online).

図表 4-26　シェブロンの資金使途

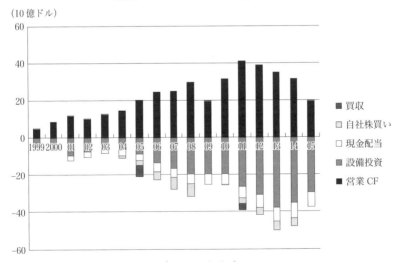

出典：Chevron Annual report, 10-K (Mergent Online).

ら資金の大半を設備投資に用いている．シェールガス開発では，アメリカだけでなくルーマニアやウクライナ，オーストラリアに進出している．アフリカではナイジェリア，アンゴラなどの既存生産地域でもパイプラインや精製設備に追加投資を行っている[53]．

　以上のように，スーパー・メジャーズ各社もまた時代の変化に応じてさまざまな支配実現型直接投資を行い，企業を存続させてきた．オイルショックによって外国資産の大半を失いながらも，1980-90年代にかけてはアフリカや旧ソ連の原油・天然ガスの開発を，2000年代以降はシェールガス開発といった新たな分野に投資を行っている．こうした支配実現型直接投資を実行することで，石油市場における支配を拡大し，超過利潤を獲得しようとしている．

　とはいえ，オイルショック以降，スーパー・メジャーズ各社の原油生産に占めるシェアは劇的に下がっている．サウジアラビアのアラムコ社の原油生産が1日当たり950万バレルであるのに対して，スーパー・メジャーズ首位のエクソンモービルでも410万バレルにすぎない[54]．また近年では，中国やロシアの国営企業の台頭もあり，スーパー・メジャーズの経営も盤石なものとはいえない[55]．原油価格の変動や外国政府による資産の没収，新たな競争相手などさまざまな市場の変化に対応するために，新たな支配実現型直接投資が重要になってくるのである．

第4節　金融多国籍企業の支配実現型直接投資

　今日の直接投資において，金融部門は製造業と並ぶもう1つの主要産業である．リーマン・ショック前の2007年には金融・保険部門の対外直接投資が821億ドルと，製造業を抜き第1位となっている（図表4-1）．多国籍企業の草創期である1950年代は製造業や石油などの鉱業が直接投資の中心であったが，1990年代以降になると金融部門が急激に拡大してくる[56]．従来の多国籍企業論は製造業を中心に展開されてきており，金融部門の直接投資

拡大は多国籍銀行論といった新たな学問分野の誕生につながった[57]．ただ本章では多国籍銀行論そのものを詳しく検討することはしない．アメリカ金融機関の直接投資を歴史的に振り返りながら，支配実現型直接投資によっていかに成長を遂げていったのか，という点に焦点を当てて考察する．

(1) ラテンアメリカ向け支配実現型直接投資

金融部門の直接投資は1990年代頃から増加してくる．図表4-27は金融機関の支配実現型直接投資を投資地域別に表したものである．金融機関の支配実現型直接投資が判明するのが99年以降であるため，図表4-27もそれ以降のデータとなっている．80年代から今日までのより長期間のデータとなると対外直接投資，もしくは親会社から子会社への株式投資になるが，これをみると金融業の直接投資は90年代後半と2000年代後半に増加の波があることが分かる[58]．90年代後半はITバブル，00年代後半は土地価格高騰によ

図表 4-27 金融機関の支配実現型直接投資

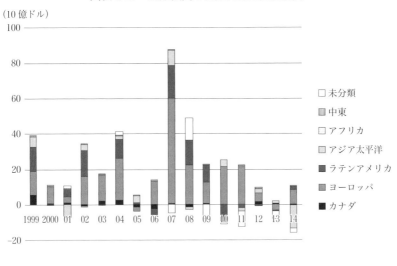

出典：SCB, various issues, U.S. Direct Invesmemnt Abroad.

る証券化バブルと，いずれも株価が上昇した時期である．投資先は，ヨーロッパが約半分を占め，それに次いでラテンアメリカが多くなっている．この2つの地域で全体の8〜9割を占めている．

1990年代後半は，とくにラテンアメリカへの投資の比重が高まった時期である．ヨーロッパ向けの投資も増加しているが，ラテンアメリカ向けの投資はそれ以上に急激に増加している．93年には全体の16%にすぎなかったが，98-99年には30〜40%を占めるまでに拡大した．よってまずは，90年代のラテンアメリカ向け支配実現型直接投資を中心に検討する．

この時期は，ちょうどラテンアメリカをはじめとするエマージング諸国が資本移動の自由化を進めた時期であった．1970年代までは途上国は，自国の国内産業育成のために一般的に外国資本の流入に対して為替規制や資本規制を設けてきた．とくに金融部門は国民経済の根幹にかかわる分野であるために外資規制だけでなく金利規制や信用割当など強い規制がかけられてきた．しかし82年に表面化した累積債務危機後，IMFや世界銀行の融資と一体となった資本の自由化要請があり，一気に規制緩和が進む[59]．たとえばメキシコでは93年に新しい外国投資法が施行され，それまでメキシコ資本にのみ許されていた金融業への外資の参入が出資比率30%まで許可されるようになった[60]．さらに，この出資比率規制は98年までに撤廃され，銀行業への外資参入が完全に自由化された[61]．

このように自由化が進む中で，アメリカやヨーロッパの金融機関がラテンアメリカに直接投資を行うようになった．ブラジルでは1990年には銀行資産の64%は政府系銀行が保有していたが，2002年にはそれが46%に低下し，逆に外資系銀行のシェアが27%まで上昇している[62]．メキシコでは外資系銀行のシェアはさらに高く，02年には82%となっている．

図表4-28は1990年代以降のアメリカ金融機関によるラテンアメリカ投資をまとめたものである．90年代後半から2000年代前半にかけてシティバンクやバンク・オブ・アメリカなどが積極的に現地金融機関を買収していることが分かる．シティバンクは80年代から90年代初頭にかけて途上国の累積

図表 4-28　アメリカ金融機関によるラテンアメリカ投資

年	投資案件	金額 (100万ドル)
1996	トラベラーズ・グループによる Grupo Financiero Bancomer S.A. de C.V.（メキシコ）との合弁事業	未公表
1997	Bank Boston Corp.（現バンク・オブ・アメリカ）による Deutsche Bank Argentina S.A.（アルゼンチン）の買収	255
	GE Capital による Banco Alianza（メキシコ）の買収	27
	AIG による Unibanco（ブラジル）の保険部門買収	500
1998	シティバンクによる Banco Confia（メキシコ）の買収	199
2000	シティバンクによる G.Siembra（アルゼンチンの年金基金運用会社）の買収	280
	シティバンクによる Afore Garante（メキシコの年金基金運用会社）の買収	179
2001	シティバンクによる Grupo Finciero Banamex Accival（Banacci）（メキシコ）の買収	12,500
2002	バンク・オブ・アメリカによる Grupo Financiero Santander Serfin（メキシコ）への出資（25%）	1,600
2003	Principal Financial による Afore Tepeyac（メキシコ）の買収	58
2007	シティグループによる Grupo Financiero Uno（グアテマラ）の買収	未公表
	シティグループによる Grupo Cuscatlan（エルサルバドル）の銀行子会社買収	1,510
2010	シティグループによる Banco De Chile（チリ）の買収	519.7

出典：桑原小百合（2003），堀坂浩太郎・細野昭雄・古田島秀輔（2002）65-67ページ，Beck, Thorsten and Martinez Peria, Maria S.（2010），Bloodgood, Laura（2007）など．

債務問題，不動産融資の不良債権化などにより大規模なリストラに迫られていた．そのような中で巻き返しを狙って，94年には消費者金融や新興市場での各種金融業務をコア・ビジネスとして位置づけた[63]．こうした戦略にそってメキシコでは，98年，01年と立て続けに2行を買収している．

とくに2001年に買収したGrupo Finciero Banamex Accival（以下，Banamex）は，メキシコ最大の商業銀行であり，アメリカで増大するヒスパニック系移民による家族向け送金などの金融サービスを取り込むうえで重要な役割を果たした．ラテンアメリカ向け家族送金は，02年で前年比18%増と成長分野であり，送金にかかわる手数料や為替コストは銀行にとって高い収益

をもたらした[64]．その後もシティバンクは Banamex を通じて現地での年金基金サービスなどを開始したが，14 年にはマネーロンダリングに関する不正が発覚し，一部業務の縮小を余儀なくされている[65]．しかし，00 年半ばまではラテンアメリカの金融業への投資額は大きく，海外送金だけでなく現地の年金基金運用業務を成長分野と位置づけ，アルゼンチンやメキシコの年金基金運用会社を相次ぎ買収した[66]．

(2) ヨーロッパ向け支配実現型直接投資

前掲図表 4-27 で確認したとおり，金融機関の支配実現型直接投資の半分はヨーロッパ向けであった．投資の波は，1998 年と 2007 年の 2 回をピークとして増加している．90 年代は大手金融機関による資産運用会社の買収，00 年代は投資ファンドによる金融サービス事業会社や不動産会社の買収，証券取引所の経営統合などが特徴的であった．それぞれの時期における投資を具体的に検討していこう．

1990 年代のヨーロッパは通貨統合へ向けて資本移動の自由化，金融サービス業における単一免許制度の導入などが進んでおり，欧州金融機関同士の合併・買収が進んでいた[67]．97 年にはオランダの ING がベルギーの銀行 Banque Bruxelles Lambert を 45 億ドルで，98 年にはスイスのチューリッヒ保険がイギリスの保険会社 BAT Industries を 184 億ドルで買収していた．フランスのアクサやオランダのフォルティスも積極的に買収を行っている．アメリカの金融機関もそうした中で多くの M&A を行った．

図表 4-29 は，アメリカ金融機関によるヨーロッパ向け投資のうち，投資金額が 10 億ドル以上のものを示している．これをみると，1990 年代後半から 2000 年にかけての投資は，メリルリンチやソロモン・スミス・バーニー，チェース・マンハッタンといった大手金融機関によるヨーロッパ市場での資産運用業務，証券業務の強化といった性格が強い．とくに資産運用業務は，先進国の高齢化による年金基金の資産拡大などを背景に，投資銀行業務など他の金融業務と比べても高い成長率を実現していた[68]．

図表 4-29　アメリカ金融機関によるヨーロッパ投資（10億ドル以上）

年	投資案件	投資金額 （10億ドル）
1997	メリルリンチによる Mercury Asset Management Group（英の資産運用会社）の買収	5.3
1998	Marsh & McLennan Cos Inc.（保険）による Sedgwick Grop（英の保険会社）買収	2.1
2000	ソロモン・スミス・バーニーによるシュローダー（英の証券会社）の買収	2.2
	チェース・マンハッタン銀行による Robert Fleming（英の証券会社）買収	7.7
	Morgan Stanley Real Estate による Fonspa Non-Performing Loans（イタリアの個人向け金融サービス）買収	1.2
2003	GE Consumer Finance による First National Bank（英）買収	1.4
	State Street Corp Boston によるドイツ銀行のグローバル証券事業部門買収	1.5
	アメリカン・エキスプレスによる Threadneedle investment（英の資産運用会社）買収	3.4億ポンド
2004	GE Capital Real Estate による Sophia（仏の不動産賃貸）買収	1.6
2005	J.C. Flowers & Co.（投資ファンド）による NIB Capital（オランダの資産運用会社）買収	2.2
	サーベラス（投資ファンド）による Debis AirFinance（オランダの航空機リース）買収	1.4
2006	モルガン・スタンレーによる Goldfish Bank（英）買収	1.7
	J.C. Flowers & Co.（投資ファンド）による HSH Nordbank（独の商業銀行）買収	1.6
2007	サーベラス（投資ファンド）による BAWAG（オーストリアの銀行）買収	4.2
	ニューヨーク証券取引所とユーロネクストの経営統合	10.2
2008	ナスダックによる OMX（スウェーデンの証券取引所運営会社）買収	4.1
2009	ブラックロック（投資ファンド）によるバークレイズ（英の銀行）買収	13.3
	バークシャー・ハサウェイ（投資ファンド）による Swiss Reinsurance（スイスの保険会社）買収	2.6
2010	ベインキャピタル（投資ファンド）による RBS WorldPay（英のカード会社）買収	3.0
	State Street Corp による Intesa Sanpaolo SpA（イタリアの証券会社）買収	2.5
	JPモルガン・チェースが JPMorgan Cazenove Ltd（英の証券会社）を完全子会社化	1.7
2013	General Motors Financial Co. による Ally Financial のヨーロッパ事業（英の個人向け金融サービス）買収	4.2
2014	アドベント・インターナショナル（投資ファンド）とベインキャピタル（投資ファンド）による NetsHolding（デンマークの決済サービス会社）買収	3.2

出典：UNCTAD, WIR, various issues, Cross-border M&A deals over $1 billion, Bloodgood, Laura (2007) など。

第4章　親会社から子会社への支配実現型直接投資　　　　　　　　　　　141

図表4-30　イギリスの年金基金資産残高

(10億ポンド)

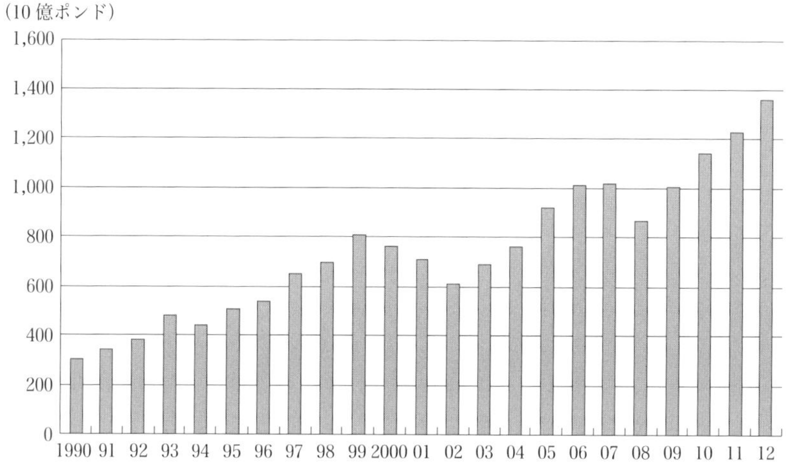

出典：UK Office for National Statistics, Market of pension funds.

　図表4-30はイギリスの年金基金資産残高を示しているが，1990年には3,000億ポンドだったものが99年には8,000億ポンドを超えており，年率平均18%で成長していることが分かる．こうした高成長分野を取り込もうと，銀行・証券会社・保険会社・信託会社などさまざまな金融機関が資産運用業務を強化しようとしていた．メリルリンチやシティグループ傘下にあったソロモン・スミス・バーニーなど既に支店を多くもつ金融機関はそのネットワークを活用しながら，さらに現地の資産運用会社を買収することで取扱商品を広げ，規模の経済性や範囲の経済性を追求した[69]．

　図表4-31は1985-97年の資産運用業で発生したM&Aを示しているが，これをみるとアメリカ金融機関だけでなく，ヨーロッパ企業同士でも活発に買収が行われたことが分かる．2001年になるとITバブル崩壊の影響もあり，一旦ヨーロッパ向け支配実現型直接投資は減少するが，再び04-07年にかけて増加している．04年以降のヨーロッパ向け投資の特徴は投資ファンドによる企業買収である．図表4-29にもあるように，04年以降，サーベラスやブラックロック，バークシャー・ハサウェイといった投資ファンドによるヨ

図表 4-31 資産運用業における M&A
(1985-97 年)

単位：100万ドル（件数）

買収企業 被買収企業	アメリカ企業	ヨーロッパ企業	世界全体
アメリカ企業	6,102 (311)	2,477 (19)	9,146 (341)
イギリス企業	289 (35)	11,434 (227)	12,326 (260)
大陸ヨーロッパ企業	0 (0)	12,504 (231)	12,617 (245)
合計	6,391 (346)	26,415 (477)	36,502 (1,038)

出典：Walter, Ingo (1999), Exhibit 11.

図表 4-32 プライベート・エクイティ・ファンドによるクロスボーダー M&A

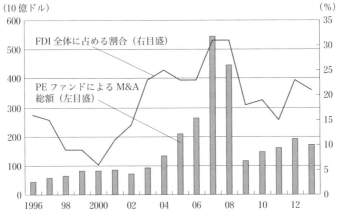

出典：UNCTAD, World Investment Report 2014, p.18.

ーロッパ投資が急増している．

図表 4-32 をみても，世界的に投資ファンドによる直接投資が増大していることが分かる．ピークの 2007-08 年には直接投資全体の 30% を占めている．この時期のアジアやヨーロッパにおける金利の低下と証券市場の流動性の高まりによって，投資ファンドは大規模な M&A を可能にする大量の資金を手にした．05 年に市場で調達された資金の 85% は，アメリカとイギリスの投資ファンドによるものであったと指摘されている[70]．とくに 03-07 年頃は，投機的でリスクが高いとされている低格付け債務の利回りが低下して

第4章　親会社から子会社への支配実現型直接投資　　　143

おり，積極的にリスクを取ろうとする流れであった[71]．投資ファンドは，このような金融緩和を積極的に活用することで，アメリカ・ヨーロッパでM&Aを活発に行った．

この時期の投資ファンドによる直接投資は，銀行やリース会社などの金融機関だけでなく不動産関連投資も多かった[72]．2005年にはアメリカの投資ファンド，Fortressがドイツの不動産会社を2社買収し，06年には同じく投資ファンドのブラックストーンがイギリスの不動産開発会社Center Parcsを買収するなどである．投資ファンドだけでなく，総合金融コングロマリットGE Capitalの不動産部門もヨーロッパの不動産会社を買収し，現地で証券化ビジネスを拡大していた．

リーマン・ショックにつながる不動産バブルはアメリカだけでなく，ヨーロッパでもイギリスやアイルランドを中心に発生していた[73]．アメリカの金融機関は本国アメリカだけでなく，ヨーロッパでも不動産関連企業の買収と証券化ビジネスを展開したのである．

第5節　まとめ：移りゆく成長分野と支配実現型直接投資

これまでみてきたとおり，多国籍企業は支配実現型直接投資を通じて，外国企業を支配し利益を獲得してきた．2000年以降の製薬企業は，バイオや新興国のジェネリック・ワクチンなどの成長著しい市場の発展を，自社の拡大につなげるための支配実現型直接投資を実行してきた．また，石油産業ではオイルショックや石油価格低迷といった厳しい状況を乗り切るため，アフリカや旧ソ連地域などの新しい地域へのグリーンフィールド投資が行われた．そして金融業では，1990年代は南米を中心とした新興国向けリテール金融への投資，そして00年以降はヨーロッパ向け金融サービスや不動産関連投資が行われてきた．

第3章でみたとおり，今日のアメリカの直接投資において，親会社から子会社への支配実現型直接投資は全体の20％程度を占めるにすぎない．それ

でも，やはり直接投資において支配実現型直接投資がもっとも重要である理由は以下のとおりである．すなわち，支配実現型直接投資は多国籍企業が外国企業を支配するための最初の投資であり，これがなければ逆投資も収益再投資も存在しないのである．

また，今日では技術や市場が急速に変化しており，各分野での市場の拡大や衰退が猛烈な勢いで進んでいる．その中で企業が競争に打ち勝って超過利潤を獲得し続けるためには，常に成長分野を自社の拡大につなげるための支配実現投資が必要となる．本章では製薬業・石油業・金融業の3つを取り上げて考察したが，自動車や電機などのその他製造業，卸売業，情報産業などでもこうしたことが当てはまるであろう[74]．

本章では，支配実現型直接投資が産業構造や成長分野の変遷に併せて変化してきたことを明らかにしたが，そういった投資が必ずしもその後，長期的な超過利潤の獲得を実現するものではないことを最後に指摘しておきたい．

たとえばメリルリンチは1997年にイギリスの資産運用会社Mercuryを買収した直後は，ヨーロッパの年金基金運用ランキングにおいて上位を占めていたが，その後，運用スタイルの変化により徐々に地位を低下させ，2006年にはファンド部門をブラックロックに売却している[75]．また，80年代以降積極的に金融部門を拡大させたGE Capitalも08年のリーマン・ショックによって大きな打撃を受け，金融部門から急激に資金を引き揚げ，本来の電力やインフラといった部門に急激に資産をシフトさせている[76]．

これら資金の引き揚げや撤退もまた，M&Aといった投資と並んで，企業が市場の変化に自らを適応させようとしている行動の表れである．そして，このように技術や市場が急速に変化するからこそ，また新たな分野や地域に進出するための支配実現型直接投資が重要性を増しているのである．

注
1) マイラ・ウィルキンスの研究では，第1次世界大戦前から多国籍企業の活動が指摘されているが，一般的には1957年のEEC（欧州経済共同体）誕生前後で

あると言われている．(Wilkins, Mira [1974], 佐藤定幸 [1984] 第1章, 参照).
2) Hymer, Stephen Herbert (1976) 邦訳81-95ページ．Kindleberger, Charles P. (1967) 邦訳231-302ページ．
3) SCB, Jul. 2014, pp. 7-12., SCB, Sep. 2015, pp. 36-37.
4) BEAは，対米直接投資に限ってM&Aとグリーンフィールドの区別を公表している (SCB, June 2009, pp. 54-61).
5) UNCTAD, *World Investment Report 2013*, Methodological Note, pp. 64-65. UNCTAD, *World Investment Report 2008*, pp. 251-252.
6) SCB, September 2013, p. 213.
7) SCB, September 2015, p. 9.
8) シティグループは，リーマン・ショック後，ラテンアメリカやアジア，東欧などの新興国から相次いで撤退している (Reuter, "Exclusive: Citigroup may exit consumer banking in more countries", Jan. 31, 2013, Reuter, "Citi pulls out of consumer banking in 11 countries, profit jumps", Oct. 14, 2014).
9) Hymer, Stephen Herbert (1976) 邦訳97-127ページ．
10) 関下稔・板木雅彦・中川涼司 (2006) 第6章．
11) Hymer, Stephen Herbert (1976) 邦訳88-90ページ．
12) 以下，各社の歴史や医薬品業界の状況については，各社HP，伊藤邦雄 (2010)，藤田芳司 (2013)，厚生労働省 (2002) (2007) (2013)，Angell, Marcia (2004) による．
13) IMS Health, Top 20 Global Corporations 2014.
14) Angell, Marcia (2004) 邦訳20-21ページ．
15) 特許切れ後に発売されるジェネリック（後発薬）と区別して，新たに開発され特許で保護されている医薬品はブランド薬と呼ばれている．
16) 「2010年問題」とか「2015年問題」と呼ばれている（伊藤邦雄 [2010] 1-28ページ．厚生労働省 [2013] 40-41ページ）．
17) Sheingold, Steven and Nguyen, Nguyen Xuan (2014) pp. E8-E10.
18) IMS Health MIDAS, Top 20 Global Products 2012, December 2012.
19) 藤田芳司 (2013) 20-29ページ．
20) US CEA, Economic Report of the President, various years (『米国経済白書』).
21) 藤田芳司 (2013) 29ページ．
22) 伊藤邦雄 (2010) 49ページ．
23) 1990-99年には年間平均31品目だった新薬承認数が，2000～09年では年間24品目まで低下している．(藤田芳司 [2013] 62ページ).
24) 伊藤邦雄 (2010) 60-64ページ．
25) 厚生労働省『医薬品産業ビジョン2013』資料編 「2 医薬品市場規模（世界）の推移（販売額）」
26) 末広秀人 (2015)「世界医薬品市場の概況」Hill Top Seminar 2015.

27) 以下，低分子薬からバイオ医薬品，抗体医薬への転換の説明については，伊藤邦雄（2010）64-80 ページを参照．
28) 藤田芳司（2013）120 ページ．
29) 伊藤邦雄（2010）66 ページ．
30) 厚生労働省『医薬品産業ビジョン 2013　資料編』「17. 世界の大型医薬品 50 品目の推移」
31) ファイザーは，国内では 2004 年に Esperion Therapeutics, Inc., 2005 年に Bioren Inc. や Vicuron Pharmaceuticals Inc., 2011 年に Icagen や Excaliard を買収した．いずれもバイオ医薬品や抗体医薬分野に特化したバイオ・ベンチャーである（Mergent Online より）．
32) VIIV Healthcare 社 HP より．
33) "Merck Acquires OncoEthix, a Privately Held Oncology Company Developing Novel BET Inhibitors for Hematological and Solid Cancers" メルク HP（2014 年 12 月 18 日）．
34) "Merck Enhances Immuno-Oncology Portfolio with Acquisition of cCAM Biotherapeutics" メルク HP（2015 年 7 月 28 日）．
35) 以下，石油産業については FTC（1952），Coll, Steve（2012），伊藤孝（2006）（2008）（2013）を参照．
36) Hubbard, Nancy A.（2013）邦訳 216-218 ページ．
37) FTC（1952）邦訳 26-27 ページ．
38) 70 年代のセブン・シスターズのうち，ソーカルとガルフが合併しシェブロン（のちにテキサコを買収）に，エクソンとモービルが合併しエクソンモービルになっている．
39) 伊藤孝（2013）5 ページ．
40) 資源エネルギー庁『平成 18 年度エネルギーに関する年次報告』（エネルギー白書 2007）68 ページ．
41) エクソンとモービルの 1990 年代の投資活動については，Coll, Steve（2012），伊藤孝（2006）（2008）（2013）を参照．両社は 1999 年に合併し，エクソンモービルとなっている．
42) 大水深海域とは，一般的に水深 500～1,000 メートル以上の海域を指すが，時代によって変わる．1970 年代末頃にエクソンがメキシコ湾においてより水深が深い沖合で探鉱活動を拡大したときには水深 300 メートル程度を大水深と呼んでいたが，技術革新の結果，より深い水域での活動が可能になったことで，今日では大水深の定義も水深 1,000～1,500 メートル以上となっている．
43) Coll, Steve（2012）邦訳 92-114 ページ．
44) Exxon Mobil Corporation, Financial & Operating Information, 4Q2015 Press Release.
45) シェブロンは，1984 年にソーカルがガルフを買収・合併して誕生した．2001

年にはさらにテキサコと合併した．本稿では社名をシェブロンで統一する．
46) 伊藤孝（2006）27-30 ページ．
47) 伊藤孝（2008）76-81 ページ．
48) 合併の背景・その後の動向については，小山堅（2000），細井長（2002）を参照．
49) 伊藤孝（2008）74-75 ページ．
50) 石油天然ガス・金属鉱物資源機構（JOGMEC）石油・天然ガス用語辞典，Chevron Corporation より．
51) 自社株買いについては，小西宏美（2009）を参照．
52) 市原路子（2011）を参照．
53) Chevron, SEC Filing, Form 10-K for 2013, pp. 9-23.
54) Sudi Aramco, *2014 facts & figures*, p. 20., ExxonMobile, *Summary Annual Report 2015*, p. 5.
55) UNCTAD, WIR 2007, pp. 99-126.
56) BEA 統計の産業分類における Finance（except depository institutions）and insurance と Depository institutions（banking）を合わせて本稿では金融部門と呼ぶ．
57) Grubel, Herbert G.（1977），Bryant, Ralph C.（1987），関下稔・鶴田廣巳・奥田宏司・向壽一（1984），関下稔・奥田宏司（1985），川本明人（1995），向壽一（1997）など．
58) BEA, USDIA.
59) 奥田宏司・神澤正典編（2010）168-173 ページ．
60) 田島陽一（2006）96-100 ページ．
61) Beck, Thorsten and Martinez Peria, Maria S.（2010）.
62) Committee on the Global Financial System（2004）p. 9.
63) 井本亨（2004），川本明人（2006）．
64) 桑原小百合（2003）．
65) "Citi's Banamex Unit Expands Global Custody and Administration Services to Pension Fund Management Companies in Mexico." Citibank Press room, Mexico City Sep. 6, 2012.
66) Citigroup, 2000 Annual Report, pp. 3-5.
67) 川本明人（2006）．
68) Walter, Ingo（1999）pp. 6-7．代田純（2002）71-102 ページ．
69) Walter, Ingo（1999）pp. 10-11, 40-44.
70) UNCTAD, WIR 2006, p. 18.
71) 伊豆久（2007）69-81 ページ．
72) UNCTAD, WIR 2006, pp. 18-21.
73) 奥田宏司・神澤正典編（2010）第 11 章，第 12 章参照．

74) 関下稔（2012）第 6 章，夏目啓二（2014）第 4 章など参照．
75) 代田純（2002），Merrill Lynch & Co., Inc., SEC Filing, Form 10-K for 2006, p. 91.
76) GE, 2008 Annual Report, p. 30.

第5章
支配実現型直接投資と非出資型国際生産

　本章では，多国籍企業の海外進出の新たな手段として近年注目されている非出資型国際生産（Non-Equity Modes of International Production：以下，NEM）について考察する．NEM とは，出資や貸付といった投資を伴わない国際生産である．具体的には製造委託やサービス・アウトソーシングといった契約を指す．NEM は，外国企業へ出資しないにもかかわらず，生産技術やノウハウ・流通網の提供を通じて，外国企業の経営に大きな影響を与え，一定の「支配」を行使していると捉えられている．本章では NEM の特徴を明らかにすることで，直接投資との相違点を考察する．

第1節　非出資型国際生産の拡大

(1)　非出資型国際生産と多国籍企業

　対外直接投資は，これまでも指摘したとおり外国企業の「支配」を目的とした投資である．直接投資はあくまでも親会社や子会社といったグループ内における出資や貸付といった資金の流れを表している．とくに株式に対する投資は，子会社に対する「支配」を実現するという意味で直接投資の典型例であり，本書でもこれを支配実現型直接投資として位置づけた．

　これに対して近年では，NEM に注目が集まっている．

　ここでは NEM について包括的な分析をしている UNCTAD の World Investment Report 2011（以下，WIR 2011）に沿ってみていこう．WIR 2011

によると，NEM は以下のように定義されている．

> 多国籍企業のクロスボーダー NEM は，事業の一部を所有関係のないパートナー企業に委託するときに起こるが，事業の具体的方法を契約で特定することによって事業に対して一定の支配を維持している．事業の特定とは，たとえば製品やサービスのデザインや品質，生産のプロセスや基準，企業が遵守すべきビジネスモデルについてである[1]．

このように定義したうえで WIR 2011 では主に，製造委託，サービス・アウトソーシング，契約農業，フランチャイズ，ライセンス，管理契約，戦略的提携などを NEM の具体的事例として挙げている．たとえばアップル社は，iPhone や iPad などの製造を自らは行わずに，台湾や中国などの企業に生産を委託している．電機産業以外にも，アディダスやナイキなどの衣料品企業，ファイザーやメルクといった製薬企業などで NEM が普及している．こうした企業は，委託先に製品の生産方法や原材料・部品の調達先などを指定することで，一定の「支配力」を維持していると考えられている．

NEM は，とくに本書で取り上げているグローバル・キャッシュマネジメント・システムを介した多国籍企業内の国際マネーフローと対極的な関係にある．これまでみてきたとおり，プーリングなどを介した多国籍企業内国際マネーフローは，経営管理や生産技術などの経営資源の移転を伴わない純粋な資本の動きであるのに対して，NEM は資本の動きを伴わない経営資源のみの移転を意味する．UNCTAD の WIR 2011 によると，2010 年における世界全体の対外直接投資は 1 兆 2,000 億ドルであったのに対して，同年の NEM を通じた売上は約 2 兆ドルとなっている[2]．本章では，NEM が拡大してきた背景について考察した上で，それが従来の支配実現型直接投資とどのような関係にあるのか，について検討する．

NEM が拡大していく背景には，製品のバリューチェーンと企業が保有する競争優位の性格が変化したことが指摘されてきた[3]．製品が完成するまで

には，デザイン開発や部品調達などの前工程，製造の中間工程，販売・アフターサービスなどの後工程がある．以前はこうした一連の工程を1企業がすべて行ってきたが，インターネットなどの通信網やIT技術・交通網や物流システムなどの発達によってこうした一連の工程を細分化することが可能になった[4]．たとえばアップルのiPodを生産するバリューチェーンは世界各地に分散している．アメリカで商品企画やデザインを行い，ハードディスクやフラッシュメモリー，液晶画面などの部品を中国や韓国，日本から調達し，それらの組立を中国や台湾で行っている[5]．アップル以外にもソニー，ナイキ，ファイザーといったブランド企業は，自らのコア業務である前工程や後工程を行い，ノンコアとされる製造工程を他社に委託してきた．

とくに直接投資との関係で問題となっているのは次のような点である．すなわち電機や製薬など一部の業種でNEMが拡大しているが，NEMは出資を伴わなくても一定の「支配」を実現している．アップルなどのブランド企業は製造受託企業に対して，製品のデザインや生産工程を指定する，部品や原材料を特定する，といった「支配力」をもっている．また製造受託企業に対して，商品の第三者への販売を禁止・制限する，ブランド企業のCSR（企業の社会的責任）などの行動基準を求める，といったこともある．こうした支配力は，主に多国籍企業の強力なブランドに基づく，世界市場全体での巨大な販売力に裏づけられている場合が多い．

このような出資を伴わないNEMと，出資を通じて子会社を支配してきた直接投資は，どのような点で異なるのか．また，両者はどのような関係にあるのか．これまで世界経済の主役であった多国籍企業は，現地企業に対する出資を通して外国企業を支配してきたが，これからは出資を伴わないNEMが直接投資に代わる新たな国際的生産活動の主流になるのか，といった問題が浮上してきた[6]．

(2) 内部化理論と非出資型国際生産

WIR 2011では，NEMを直接投資と貿易の中間形態と位置づけている．

多国籍企業論はかねてより内部化理論との結びつきが強いが，WIR 2011 でも NEM を内部化と外部化の問題として捉えようとしている．これは内部化理論を唱えたラグマンの考え方を引き継いでいる[7]．内部化理論の考え方を簡単にまとめると次のようになる．すなわち，財や生産要素市場にはさまざまな不完全性がある．知識・情報市場では，技術や特許などが漏洩するリスクや価値評価の難しさがある．また資本市場も，為替リスクや情報の非対称性などといった問題がある．さらに規模の経済性も働いている．このように，現実の市場は不完全なものであるため，第三者間で市場取引を行うのは非効率である．むしろ多国籍企業が外国子会社を設立し，同じ企業グループに取引を「内部化」することで利益の最大化が実現できる，と議論した．

WIR 2011 では，こうした内部化理論を踏まえたうえで，次のように述べている[8]．すなわち，内部化・外部化にはいずれも費用（cost）と便益（benefit）がある．内部化した場合，複数国における事業活動，工場，通貨を管理するコストやリスクがあるが，他方，企業のバリューチェーン全体を支配し，そこから得られる利益をすべて自分のものにすることができる．外部化したときには，バリューチェーンすべてを支配することはできないが，生産や調整にかかわるコストやリスクを第三者に移転させることができる．ノンコアな事業は他の企業に委託することで，労働者など自社の資源を，より競争力の高いコア・ビジネスに集中させることができる．多国籍企業は，内部化と外部化の費用と便益を計算しながら，国際生産ネットワークの参入形態を探っている．これまでは直接投資を通じた支配か，支配という要素がない貿易か，という二者択一であったが，NEM は両者の中間形態という新しい選択肢を提供している．すなわち生産工程にかかわる費用やリスクを委託先に移転させながら，同時に契約を通じて一定の支配力を行使している，というのである．

なお WIR 2011 は NEM の具体的形態として，製造委託（contract manufacturing），サービス・アウトソーシング，契約農業，フランチャイズ，ライセンス，管理契約，戦略的提携などを挙げているが，本書ではとくにこの

中でも製造委託を中心に取り上げる．なぜなら，NEM の中でも OEM などの製造委託がとくに契約企業間における「支配ー被支配」の性格が強く，支配実現型直接投資との異同が問題となるためである．これに比べて戦略的提携などは，さまざまな形態があるものの，製造委託と比較するとより提携企業間の関係が対等なものに近い．それは提携を結ぶ企業同士が，お互いに異なる優位性をもち，それをお互いに活用しあうという側面が強いためであろう[9]．よって以下では，とくに製造委託に焦点を絞って考察することとする．

第 2 節　製薬業界にみる支配実現型直接投資と国際製造委託

以下で国際的な製造委託をより詳しく分析するが，ここでは第 4 章でも取り上げた製薬業を具体的事例として考察する．製薬業は，第二次世界大戦前から支配実現型直接投資を行っており，多国籍企業として非常に長い歴史を持ちながら同時に，NEM の主要な形態である生産工程のアウトソーシングも活発に行っている産業である．

（1）　製薬業界におけるバリューチェーンの分解

製薬業界においてもかつては，研究・開発・製造・マーケティング・流通などの一連の工程をファイザーやメルクといったメガファーマがすべて行ってきた．しかし，1990 年代以降，他の業界同様に，製造や研究開発の一部工程をアウトソースするケースが増加してきた[10]．

図表 5-1 は製薬業界におけるバリューチェーンを示している．対象となる疾病の原因究明やそれに対応する化合物・たんぱく質の特定といった研究や開発，新薬の有効性・安全性をテストする臨床試験，工場での製造，医療従事者や患者を対象にした販売マーケティング，ドラッグストアや医療機関への流通・配送という一連の流れを表している．

従来，メガファーマはこれらバリューチェーンのすべてにかかわってきたが，近年ではそれぞれの段階で特定の業務に特化する企業が表れている．研

図表 5-1 製薬業界におけるバリューチェーンの分解

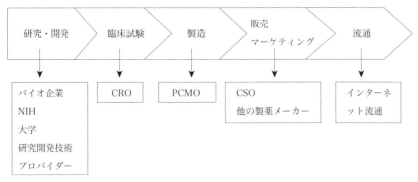

出典:石倉洋子(2000)27ページ図4を参考に,筆者作成.

究段階では,第4章本文でみたとおりバイオ医薬などの新分野においてがんなどの特定疾病に焦点をあてた研究特化型企業や,新しい技術を使って膨大な数の化合物を高速で合成し,新規医薬品として有効な化合物を選択する研究開発技術プロバイダーなどが多数存在している.また,その薬の効果や安全性をテストする臨床試験段階では,その一部を受託するCRO(Contract Research Organization:医薬品臨床試験受託機関)と呼ばれる専門の会社がある.

CROは,臨床試験段階における情報収集(モニタリング),データマネジメント,統計処理,報告書作成などの業務を複数のメガファーマから請け負っている.こうした作業を専門的に行うことで効率化を進めている.たとえばCRO大手のコバンス(COVANCE)は,サノフィからイギリスの研究所を従業員の雇用付きで購入し,安全性研究などの業務を10年間にわたって請け負っている[11].CROの市場規模は2001年から07年の6年間に2倍以上に拡大し,製薬企業の研究開発活動の約3分の1がアウトソースされている[12].

また,製造工程においてもそれのみに特化する製造受託企業がある.医薬品は他の産業と比べても製造原価が低いことは周知の事実であり,メガファーマにとっても製造工程は価値創造というよりコスト削減の対象として位置

づけられてきた．そのためPCMO（Pharmaceutical Contract Manufacturing Organization）もしくは，単にCMOとよばれる製造受託企業へのアウトソースが拡大している．PCMOもCROと同じく，複数の企業から医薬品製造を受託することで規模の経済性と範囲の経済性を活かし，コスト削減を実現している．複数企業からの生産を大量に請け負うことで工場の稼働率を高めるだけでなく，品質管理や多様な剤型[13]・ロットサイズの製造・包装といった複雑な作業にかかる技術を共有し，コストをカバーしている[14]．

PCMO最大手のアメリカのキャタレント（Catalent, Inc.）は，ファイザー，ジョンソン＆ジョンソン，グラクソ・スミスクライン，イーライリリー，メルク，ノバルティス，ロッシュといった主だったメガファーマから製造を請け負い，年間の売上は18億ドルを超えている[15]．PCMOには，キャタレント（アメリカ）やロンザ（スイス）などの先進国企業だけでなく，PiramalやJubilant Life Sciencesなどのインド企業も大きなシェアを占めていることが特徴的である．

(2) メガファーマの国際製造委託と支配実現型直接投資

ファイザーやノバルティスなどのブランドを保有するメガファーマのバリューチェーンそれぞれにおける戦略をみると，興味深い特徴に気づく．すなわち，メガファーマは，研究・開発分野においては自社内部でそれを行うと同時に，NIH（National Institutes of Health：アメリカ国立衛生研究所）や大学，バイオ企業などと共同研究開発も行う．また，他企業が開発した新薬をライセンス契約することもあれば，有望な新薬を開発したバイオ企業も数多く買収している[16]．それに対して，臨床試験や製造といった工程は外部企業にアウトソースしている．ファイザーなどのメガファーマは，従来保有していた工場をPCMOに売却し，医薬品製造をこれらPCMOに委託している[17]．もちろん第4章でみたとおり，ジェネリックなどの高成長が期待できる分野では，製造を中心に行う企業の買収（ファイザーによるブラジルLaboratorio Teuto Brasileiro買収など）が行われているが，そうした分野以外の買収

事例をみるといずれもバイオ医薬品や抗体医薬品の研究・開発を主要な業務とする企業が対象となっていることが分かる．メルクによるスイスのバイオ医薬品 OncoEthics や，イスラエルの cCAM 買収などである（図表 4-16）．

メガファーマは，なぜ研究・開発分野において多数の企業を買収するのに対して，臨床試験や製造工程ではむしろアウトソーシングを活用するのか．それは，ファイザーやメルクといったメガファーマが，自らの優位性が発揮できる分野が製造工程や臨床試験にはないと考えているためである．逆に，優位性を獲得し，超過利潤を得ることができる分野は，研究・開発そのもの，もしくは研究・開発と製造，販売などの一連のバリューチェーンを調整することにある，と考えているといえる[18]．製造のみの単独の工程にはもはや優位性はないかもしれないが，研究・開発から臨床試験・製造・販売・マーケティングまで途切れなく，一連の工程をスムーズに展開することは，メガファーマが得意とするところである．

たとえばロッシュは，1990 年にバイオ企業のジェネンテックの株式の 55% を取得，そして 2009 年には完全子会社とした．ジェネンテックは，76 年に誕生したがん治療薬の開発を得意とするバイオ企業である．大腸がんや腎臓がん治療のための「アバスチン」，白血病治療のための「リッキサン」など多数のブロックバスターを抱えている．

ジェネンテックのようなアメリカにおけるバイオ企業は，通常，研究・開発に特化しているケースが多く，開発した医薬品が臨床試験の後半の段階に入ってくると，それを他の企業に売却，またはライセンス供与する[19]．臨床試験は，第Ⅰ期から第Ⅲ期までの段階に分けられるが，後半に近づくほどより多くの患者を対象に試験を行わなければならず，収入がないままに費用だけがかかる期間が長期にわたる．また 1,000 人を超える患者への臨床試験では病院との協力体制が必要になり，さらに FDA（米国食品医薬品局）への承認申請の段階では，当局との話し合いをスムーズに進めるための交渉力が重要なポイントとなる．こうした資金力や交渉力，病院などとの協力関係，そしてそれら一連の業務を切れ目なく実行していく調整力は，研究開発に特

化したバイオ企業にはない．

　そのため開発後期の段階に来ると，バイオ企業はこうした新薬発売までのプロセスに通じている大手の製薬会社に自社の医薬品を売却もしくはライセンス供与することになる．他方，大手製薬企業側も自社内部で開発する医薬品だけでなく，バイオ企業など外部から医薬品候補を購入し，自社開発薬品とともに販売までのプロセスを担うケースが多くなっている[20]．

　バイオ企業のジェネンテックも，親会社のロッシュと研究開発や臨床試験などの活動において提携することで，さまざまな医薬品を世界全体で販売する段階に至っている．ジェネンテックは2003年に大腸がん治療薬「アバスチン」の承認をFDAに申請しているが，EUをはじめとするアメリカ以外での申請は，ロッシュがジェネンテックからライセンスを受けて実施している[21]．その後も両社は「アバスチン」を共同で研究開発し，大腸がん以外の肺がん・腎臓がん・子宮がんなどに効能をもつ医薬品としても承認されることとなった．2014年の「アバスチン」の売上は64億スイスフランに上っており，ロッシュの医薬品全体の中で最大の売上となっている[22]．

　このように，メガファーマは製造工程を外部企業へ委託することはあるが，逆に優位性を発揮し，超過利潤が獲得できる研究開発やそれを含む工程間の調整といった分野では買収による支配の獲得を目指すのである．前述のとおり，IT技術などの発展によって一連の工程が国際間で分散するようになると，そうした工程を切れ目なく調整する能力が重要になっている．そのためメガファーマの優位性とそれに基づく支配実現型投資は，今後も継続して行われるであろう．

(3) 製造受託企業の優位性と支配実現型直接投資

　ファイザーなどのメガファーマが製造工程には，もはや優位性はなく外部企業への委託を進めるのに対して，逆に製造工程にこそ優位性を発揮する企業もある．キャタレントをはじめとするPCMOはブランド企業から工場を買い取り，生産・人員を集約・整理したうえで製造を受託する．PCMOの

工場は世界各地にある．たとえばキャタレントは，本国アメリカだけでなく日本やフランス，ドイツ，イタリア，アルゼンチン，ブラジル，中国など世界各地に広がる 31 の工場で生産を行っている[23]．インドの PCMO である Jubilant Life Sciences も，本国インドだけでなく北米に 3 工場を保有し，アストラゼネカやグラクソ・スミスクラインから生産を受託している[24]．

　以上のようなことから次の点が指摘できるであろう．すなわちファイザーやメルクなどのメガファーマは，もはや製造工程に自社の競争優位がない，と判断したために，そうした業務を他社に委託してきたのである．これまで内部化理論は，技術やノウハウなどといった企業が保有する競争優位を有効に活用するために直接投資が選択される，と議論してきたことから考えると，WIR 2011 での NEM の位置づけには問題がある．すなわち WIR 2011 では，NEM を貿易と直接投資の中間形態に位置づけた．自社の優位性を直接投資によって活用する場合は，バリューチェーンから生まれる利益をすべて獲得できるが，コストが高くリスクも大きくなる．さらにすべてを自社内部で行おうとすると，時間がかかる，という問題もある．それゆえ，直接投資のような完全な支配を放棄する代わりに，コストや時間を節約できる NEM を選択する，という主張である．

　しかし生産工程のアウトソーシングといった NEM は，貿易と直接投資の中間形態というよりは，企業にとっては競争優位でなくなった工程を他社にアウトソースするという自社の業務範囲の画定の問題であり，自社がもつ優位性を外国企業の支配によって活用する直接投資とは次元の異なる議論である．ブランドを保有するファイザーなどのメガファーマは，製造工程の優位性を失ったために，アメリカ本国を含む世界各地の工場を PCMO に売却し，そこから製品の供給を受ける，という選択を行ったのである．その際に，自社のブランドなどの競争優位にかかわる製品の品質や仕様にかかわる範囲でのみ，委託先に品質管理や生産手法などを指定しているにすぎない．自社の優位性を，外国企業を支配することで活用し，そこから超過利潤を得る，という意味での「支配」とは異なるものである．こうした点から，WIR 2011

のNEMの位置づけは問題を持つといえる．逆に，製造工程に優位性を持つキャタレントやJubilant Life SciencesのようなPCMOは，その優位性を活用するため本国以外の複数の国で生産活動を行う子会社を支配し，製造受託企業として多国籍化しているのである．

　キャタレントなどの製造工程に特化する多国籍企業の活動をみてみると，以下のような議論もまた問題があるといえる．すなわち，パソコンをはじめとする電機産業において，スマイルカーブ（微笑み曲線）の存在が指摘されて久しい[25]．部品調達，設計，組み立て，販売・流通といった一連のバリューチェーンの中で組み立てなどの中間工程の利益率が，川上や川下よりも低い，という議論である．この議論は，製造などの中間工程そのものにおける利益率がそもそも低い，という主張であるが，前述のようなPCMOの活動をみると，この議論も問題があるといえる．すなわち，ファイザーなどのブランド企業にとっては製造工程の優位性が失われてしまったかもしれないが，その分野に特化し，規模の経済性を追求するPCMOにとってはその利益率が必ずしも低いとはいえないのではないだろうか．この点については，さらなる分析が必要になるが，それはまたの機会に考察してみたい．ここでは，PCMOもまた自らの優位性を発揮して，海外に支配実現型直接投資を展開していることを指摘しておくにとどめる．

　以上，本章ではとくに製薬業における支配実現型直接投資と非出資型国際生産（NEM）を考察してきたが，前者は企業がもつ優位性を外国子会社の「支配」によって利用しようとする活動であったのに対して，後者のアウトソーシングなどは企業が既に失った優位性を外部企業に委託する，という性格を持っていた．よってWIR 2011のようにNEMを貿易と直接投資の中間形態と位置づける議論は，それぞれの本質を見誤っているといえるであろう．

注
1) UNCTAD, WIR 2011, p.127（引用者翻訳）．
2) UNCTAD, WIR 2011, p.132．

3) Porter, Michael E. (1985), Hamel, Gary and Prahalad, C.K. (1994), Hubbard, Nancy A. (2013) など.
4) サービス・リンク・コストの低下による国際的な生産立地の分散化については，木村福成・丸谷豊二郎・石川幸一編（2002）を参照.
5) Linden, Greg, Dedrick, Jason and Kraemer, Kenneth L. (2011) pp. 227-230.
6) UNCTAD, WIR 2011, pp. 124-130, Hubbard, Nancy A. (2013) 邦訳 93-111 ページ.
7) Rugman, Alan M. (1981)
8) UNCTAD, WIR 2011, pp. 124-125.
9) 徳田昭雄（2000）.
10) 製薬業界におけるバリューチェーンの変化については，石倉洋子（2000）を参照.
11) 藤田芳司（2013）18 ページ.
12) 藤田芳司（2013）17 ページ.
13) 錠剤，カプセル，注射薬などの医薬品のさまざまな服用形態を剤型という．単に薬の効能を高めるだけでなく，服用しやすい剤型を追及することも近年の課題となっている．
14) 三井健次・小林創（2010）2 ページ.
15) Catalent, Inc. Form 10-K, 2015.
16) 藤田芳司（2013）.
17) ファイザーは 2003 年から 2008 年の間に自社の工場をおよそ半減させた（WIR 2011, p. 174）．また 2010 年にはさらにドイツやアイルランド，プエルトリコ，イギリスの 6 工場での事業縮小を発表した（"Pfizer Global Manufacturing Announces Plans to Reconfigure Its Global Plant Network", May 18, 2010. Pfizer HP より）.
18) UNCTAD, WIR 2011, p. 129.
19) 日本政策投資銀行（2003）37-39 ページ.
20) 高島登志郎・中村健太・長岡貞男・本庄裕司（2009）19 ページ.
21) Roche Media Release, Basel, 8 July 2003, "Roche acquires Avastin rights outside the U.S. from Genentech."
22) Roche Annual Report 2014, pp. 16-43.
23) Catalent, Inc. Form 10-K, 2015, p. 31.
24) Jubilant Life Sciences, Annual Report for 2014-15, p. 4. UNCTAD, WIR 2011, p. 221.
25) 星野妙子編（2002）311-316 ページ.

第6章
子会社から親会社への逆投資

　1990年代以降，グローバル・キャッシュマネジメント・システムが導入されるに従って，インハウスバンクを介した多国籍企業内国際マネーフローが拡大したことは，これまでの章で確認してきた．本章ではその中でもとくに子会社から親会社への逆投資を考察する．

　第3章で議論したとおり，子会社から親会社への逆投資（reverse investment）は，従来から主流であった支配実現型投資と逆方向に行われる投資であり，これを直接投資に含めるか否か，という問題が指摘されてきた．IMFの新国際収支マニュアル（BPM6）では，逆投資も直接投資関係（FDIR: Foreign Direct Investment Relationships），すなわち親会社を頂点とした多国籍企業グループ内で発生する統合的な資本移動の一部であるため，これを直接投資と分類している[1]．ただ後にみるように逆投資には，支配実現型直接投資と異なりポートフォリオ投資と似た性格を持つものもある．

　本章では，そのような逆投資の特徴を明らかにしたうえで，逆投資を直接投資と位置づけるべきなのか，支配実現型直接投資とどのような関係にあるのか，さらに逆投資の拡大が支配実現型直接投資にとってどういった意味を持つのか，について考察する．

第1節　逆投資の定義と特徴

(1)　逆投資の定義と分類

最初に，BPM6における逆投資の定義を確認しておこう[2]．逆投資とは，子会社が親会社に対して行う投資を指す．直接的に株式所有関係がある親会社だけでなく，間に中間的な親会社を挟んだ間接的な親会社への投資も含む．しかし子会社の親会社に対する株式所有が10%を超えた場合は逆投資にはならず，子会社が「親会社」となる新たな直接投資関係が築かれたとみなされる．本章でも，このBPM6の定義に従って逆投資を考察する．

まずは図表6-1を使って逆投資を整理しておこう．ここでは，アメリカ親会社がオランダ・インハウスバンクの株式を100%保有し，オランダ・インハウスバンクはドイツにある事業子会社A_1の株式を100%保有している企

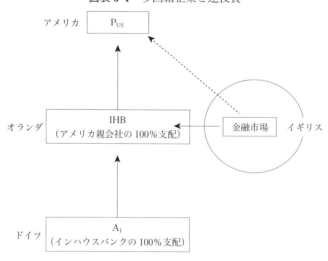

図表6-1　多国籍企業と逆投資

P：親会社，IHB：インハウスバンク，A_1：事業子会社
出典：筆者作成．

業を想定している．これをみても分かるとおり，逆投資にはインハウスバンクからアメリカ親会社への逆投資と，事業子会社からインハウスバンクへの逆投資がある．そして，逆投資の定義から考えれば，ドイツの事業子会社からアメリカ親会社への逆投資も理論上はありうるが，そうした場合，これまで述べてきたようなインハウスバンクを介した節税効果が得られないために，実際にはこうした逆投資はほとんどないことが予想される．そのため，以下ではインハウスバンクから親会社への逆投資と事業子会社からインハウスバンクへの逆投資の2つを中心に考察する．

まず，インハウスバンクからアメリカ親会社への逆投資である．これには，次の2つの目的がある．

1つは，アメリカ親会社の資金調達を代替する逆投資であり，もう1つは対外直接投資の資金回収としての逆投資である．親会社の資金調達を代替する，という性格の逆投資については，第1章で詳しく述べたとおりである．すなわち，アメリカ親会社が図表6-1にあるようにイギリスの金融市場で直接，資金を調達するのではなく，インハウスバンクが資金を調達し，それを親会社に貸し付ける，という逆投資である．

アメリカではかつて非居住者がアメリカで発行された債券に投資し，利子所得を得た場合，それを源泉課税の対象としていた．こうした課税を避けるためアメリカ企業は，外国投資家から資金を調達する場合，オランダ領アンティルなどに設立したペーパーカンパニーが債券を発行し，資金を親会社に貸し付けていた．しかし，1984年にこの税制は撤廃されたため，現在ではアメリカ親会社がユーロ市場や外国証券市場で資金調達の主体となることも多い[3]．よって現在，資金調達の代替という性格をもった逆投資は縮小していると予想されるが，それでも2001年から始まった国際収支改訂作業でこうした問題が議論されていることを考慮すると，未だ一定の規模では行われているということであろう．

また，インハウスバンクから親会社への逆投資には，親会社による直接投資資金の回収という意味もある．オランダでは資本参加免税があるため，子

会社から受け取った配当や子会社株式の売却益は非課税となる．そのため，多国籍企業はグループの利益をオランダのインハウスバンクに集中させる．インハウスバンクに蓄積された利益は，その一部が逆投資という形でアメリカ親会社に貸し付けられる．もちろんインハウスバンクに集まった利益を親会社に還流させる手段としては，親会社への配当支払という方法があるが，この場合アメリカの課税対象となる．よって親会社に利益を還流させる手段として逆投資を使うのである．この税制上の仕組みについては本章第4節で詳しく検討する．

次に，事業子会社からインハウスバンクへの逆投資についてみてみよう．これは，主にグローバル・キャッシュマネジメント・システムにおけるプーリングの一環として行われていると考えられる．第1章で考察したとおり，プーリングはグループ内の資本余剰子会社から資本不足子会社に毎日もしくは毎週といった間隔で資金を移動させる．よって，事業子会社とインハウスバンクの間の逆投資は，非常に短期的で双方向的な資本移動であるといえる．すなわち，プーリングの一環として発生する逆投資は，それと対をなすもう一方の投資，この場合インハウスバンクから事業子会社への投資を指すが，これと合わせて検討しなければならない．第3章でも指摘したとおり，プーリングにおける資本余剰子会社から資本不足子会社への投資は，グループ内収益再投資として本書では捉える．よってこの詳しい分析は第7章で展開する．そのため，本章では以下，もっぱらインハウスバンクからアメリカ親会社への逆投資について検討する．

(2) 逆投資のポートフォリオ投資的性格

逆投資は，BPM6でも直接投資と分類されているが，その特徴を検討すると，ポートフォリオ投資に近い性格をもっている．それが逆投資の「不安定性」である．

直接投資は，一般的にポートフォリオ投資に比べて安定的であり，一度，投資が実行されると，たとえ投資先国において金融危機のような状況が発生

図表 6-2　直接投資，ポートフォリオ投資の対前年変化率の標準偏差

	1983-2015の 標準偏差	1983-2004の 標準偏差	2007-15の 標準偏差
対外直接投資合計	108.1694	49.48632	29.22746
株式直接投資	125.7893	132.6234	126.4358
収益再投資	388.0894	37.62951	12.65362
企業間貸付	241.4903	283.2507	129.1982
親会社貸付	529.7861	272.4517	928.3590
親会社借入（逆投資）	525.0786	194.0965	936.1478
ポートフォリオ投資	135.3814	139.1805	128.2397

注：対前年変化率の標準偏差を3つの期間（1983-2015年，1983-2004年，2007-15年）でとっている．
出典：BEA, Table 1.1. U.S. International Transactions, Table 6.1. U.S. International Financial Transactions for Direct Investment より筆者作成．

したとしても，容易に撤退などの投資の回収が起きにくい，と指摘されている[4]．それに対してポートフォリオ投資や銀行貸付などはより高い金利やキャピタル・ゲインを求めるために，為替レートや金利の変動によって大きく変化することは，1997年のアジア通貨危機や2008年の金融危機で明らかになっている[5]．

逆投資は，BPM6でも直接投資として分類されることになったが，その動きをみると，年によって非常に変動が大きく，直接投資というよりはむしろポートフォリオ投資に近い．

図表6-2で確認してみよう．これはアメリカの直接投資とその各項目，そしてポートフォリオ投資の対前年変化率の標準偏差を示している[6]．統計が最大限さかのぼれる1983年から2015年までと，1983から2004年，2007年から15年までの3つの期間で計算した．後者2つの期間（1983-2004年と07年以降）のデータを，83年以降のデータと区別して計算したのは，以下の理由による．

第3章でも述べたが，アメリカは2005年に1年のみの時限立法で本国投資法（Homeland Investment Act）を実施した．これは，アメリカ多国籍企業の海外利益を本国送金した場合にかかる税負担を，05年の1年間のみ軽減

するといった内容である[7]．この法律により，アメリカ多国籍企業は，それまで外国に積み上げていた利益を一気に本国アメリカに送った．その配当金額が当該年の外国子会社の利益を超えたために，05年の収益再投資はマイナスになり，対外直接投資全体も前年の20分の1まで激減した．ただこれは1年だけの措置であったため，翌06年には再び収益再投資が2,000億ドル近くまで増加した．本国投資法によって2005-06年の収益再投資と対外直接投資全体の金額が大きく変動したため，図表6-2ではこの2年間を除いた2つの期間，すなわち1983-2004年と2007年以降の標準偏差も併せて計算した．

　まず最も長い期間（1983-2015年まで）で計算した標準偏差をみてみる．対外直接投資合計とポートフォリオ投資の標準偏差を比較すると，確かに前者の数値が低く，より安定的であることが分かるが，それほど大きな差があるわけではない．しかし，1983-2004年，2007-15年までの標準偏差をみると，直接投資のそれがポートフォリオ投資よりはるかに低くなっていることが分かる．本国投資法の影響をのぞいて考えると，直接投資がポートフォリオ投資よりも安定的である，という従来の議論が確認できる．

　次に対外直接投資の各項目を検討してみる．まず株式直接投資であるが，これは3つの期間のいずれにおいてもポートフォリオ投資より標準偏差が低く，より安定的なことを表しているが，その差はわずかである．それに対して収益再投資は，1983-2015年でみれば標準偏差が高いが，本国投資法の影響を除いた2期間（1983-2004年，2007-15年）における標準偏差は非常に低くなっており，どの項目と比べても最も安定的であることが分かる．次に企業間貸付と親会社貸付・親会社借入（逆投資）をみると，これらは直接投資であるにもかかわらずいずれの期間でみてもほぼ，ポートフォリオ投資より標準偏差が高くなっていることが分かる．親会社貸付・逆投資ともに標準偏差が非常に高く，大きく変動する性質が指摘できる．

　直接投資は全体としてみればポートフォリオ投資より標準偏差が低く，安定的であるといえるが，項目別にみれば株式直接投資や親会社貸付・逆投資

などは変動率のばらつきが大きく不安定な動きを見せることが分かった．そのような中で，収益再投資は非常に安定した推移を示している．収益再投資は，現地子会社の内部留保であり，新規投資を表す株式直接投資や企業間貸付よりも安定的であるということは実感としても理解できるであろう．収益再投資が直接投資の中で大きな割合を占めていることで，直接投資全体の安定性が実現しているといえる．第3章の図表3-3で確認したとおり，今日では収益再投資が直接投資の中でも最大の項目となっている．そして，本章で問題となっている，逆投資は直接投資でありながら，むしろポートフォリオ投資よりも不安定で変動が大きいということが明らかになった．

第2節　資金調達代替型逆投資と資金回収型逆投資

逆投資は，新しい国際収支マニュアル（BPM6）の作成段階で最も議論になったテーマの1つである．とくに親会社の資金調達を代替する逆投資についてはポートフォリオ投資と何ら変わらないため，理論的には直接投資から省くべきである，という見解が出ていた[8]．しかし，統計作成上，親会社の資金調達を代替する逆投資と直接投資資金や利益の回収としての逆投資を区別することはできないため，最終的にはこの部分も含めて直接投資に計上されることになった．

（1）　GE Capital インハウスバンクにみる2つの逆投資

BPM6の新方式で国際収支が発表されるようになり，逆投資全体の金額は明らかになるようになったが，このうち親会社の資金調達を代替する逆投資がどれくらいを占めているのかは不明である．国際収支改訂の議論でも指摘されていたが，実際，逆投資を資金調達代替型と資金回収型の2つに厳密に分けることは不可能である．なぜなら，インハウスバンク自身が，親会社に対する逆投資の資金調達先が外部金融市場なのかグループ内の利益なのか，といった区別を明確にしているわけではないからである．

しかし親会社の資金調達を代替する逆投資も一定程度，存在していると考えられる．それはインハウスバンクの財務諸表や外部金融市場で資金を調達する際に発行する目論見書からうかがえる．たとえば総合電機メーカーのGEは，世界各地にインハウスバンクを設立しているが，その中の1つにアイルランドのGE Capital European Funding Unlimited Company（以下，GECEF）がある[9]．GECEFは，GEの金融事業部門子会社であるGE Capital Corporation（米）が世界各国のグループ内子会社への資金ファイナンスのために設立した100％支配のインハウスバンクである[10]．GECEFは，ユーロCPプログラムやユーロMTNプログラム[11]などを設定し，グループ企業のために外部金融市場で資金を調達している．こうしたプログラムを利用した資金調達では，通常，インハウスバンク自身が債券発行にあたって個別に格付けを取得する手間を避けるために，既に高い格付けを得ている親会社などと共同で発行する．GECEFも，親会社であるGE Capital Corporationとともにプログラムを設定している．また，GE Capital CorporationはGECEFが発行するCPやMTNに保証をつけている．親会社の高い信用力を利用することで，GECEFは低いコストでの資金調達が可能になっている．

図表6-3はGECEFの貸借対照表を表しているが，これをみるとその活動の概要が分かる．総資産は毎年400～500億ユーロであるが，その90％以上がグループ会社向け貸付となっている．そしてその資金の大半は，外部金融市場における債務証券の発行によって調達されている．GECEFが資金の貸借を行っているグループ会社の大半は，ヨーロッパにある関連会社や子会社であるが，その中には親会社であるGE Capital Corporationも含まれている[12]．よってGECEFが，外部金融市場で調達した資金をアメリカの親会社に貸し付ける，という資金調達代替型の逆投資の存在が確認できる．

とはいえ，その金額はあまり大きくないであろう．図表6-4からそのことがうかがえる．これは，2012-13年の2年間のみ明らかになっているGECEFのグループ会社に対する貸借バランスの細かい内訳をみたものである．これによると，GECEFのグループ会社向け貸付の大半は関連会社向け

第6章　子会社から親会社への逆投資

図表 6-3　GE Capital European Funding の
貸借対照表

(単位：100万ユーロ)

	2009	2010	2011	2012	2013
現金および現金同等物	913	940	748	1	674
短期投資	0	0	0	0	109
デリバティブ資産	2,271	2,376	2,669	3,126	2,127
グループ会社向け貸付	45,509	46,034	41,602	40,761	38,504
その他資産	0	3	3	4	4
繰延税金資産	0	16	17	61	56
資産合計	48,694	49,369	45,039	43,952	41,473
デリバティブ負債	259	249	166	156	139
グループ会社からの借入	1,359	1,599	1,818	1,606	1,736
債務証券	46,406	46,856	42,464	41,576	38,941
繰延税金負債	11	2	0	0	0
その他負債	2	1	2	1	1
負債合計	48,037	48,707	44,450	43,339	40,817
資本金	234	234	234	638	655
内部留保	422	428	354	-25	1
株主資本合計	656	662	588	613	656

出典：GE Capital European Funding, Directors' report and consolidated financial statements, Year ended 31 December 2010, p. 26, 2013, p. 27, GE Capital Corporation Programme for the issuance of Euro Medium-Term Notes and Other Debts Securities Due 9 Months or More from date of issue, p. F-94.

図表 6-4　GE Capital European Funding のグループ
会社向け貸借バランス

(単位：100万ユーロ)

	2012	2013
親会社	-1,606	-1,736
関連会社	34,606	32,254
パートナーシップ企業	6,092	6,169
子会社	13	
合計	39,105	36,686

注：プラスの値は GECEF の純貸付、マイナスは純借入を示す。
出典：GE Capital European Funding, Directors' report and consolidated financial statements, Year ended 31 December, 2013, p. 77.

となっている．そして債権・債務を相殺したネットでみた場合，GECEF は親会社から借入を行っていることが分かる．図表 6-4 は，グループ各社に対するネットでの貸借バランスであるため，グロスでみた場合，GECEF が親会社である GE Capital Corporation に資金を貸し付けていることも考えられるが，その金額は多く見積もっても 12 年で 5,000 万ユーロ，13 年で 8,100 万ユーロであろう．

なぜなら，図表 6-4 の親会社に対するネットでの借入金額は，図表 6-3 の「グループ会社からの借入」と金額が一致しており，GECEF のグループ会社からの借入はほぼすべて親会社からであり，その他関連会社やパートナーシップ企業からの借入はゼロであるといえる．よって図表 6-4 の親会社以外のグループ企業に対する貸借バランスは，統計上はネットでの貸付金額を表しているが，これらグループ会社からの借入がゼロであるために，実体上はこれがグロスの貸付額に一致していることになる．そのため，図表 6-3 の「グループ会社向け貸付」から図表 6-4 の関連会社・パートナーシップ企業・子会社への貸付額合計を差し引くと，GECEF の親会社に対するグロスの貸付額が推計できる．これを計算したものが，2012 年で 5,000 万ユーロ，13 年で 8,100 万ユーロになる．いずれも GECEF のグループ会社向け貸付全体の 0.1～0.2% にすぎない．こうした事例からも分かるように，今日でも親会社の資金調達を代替する逆投資が一定程度存在しているが，その金額は決して多くないことが推察できる．

(2) 2 つの逆投資の取り扱い

最後に，2 つの逆投資に対する筆者の見解をまとめておこう．前述のとおり，BPM6 作成の過程において，親会社の資金調達を代替する逆投資は，直接投資から省くべきであるという見解が出されたが，統計作成の実務上，この逆投資だけを取り出すことは困難であるため，結果的にこれも含めて逆投資として位置づけられることになった．

筆者は，こうした BPM6 の逆投資に関する考え方に同意する．すなわち

親会社の資金調達を代替する逆投資は，理論上，直接投資とはいえないが，直接投資資金の回収としての逆投資は，その性質上，直接投資に分類されるべきであろう．国際収支マニュアル改訂作業で議論されたとおり，両者を統計上，区分することは不可能であるため，BPM6でも共に直接投資として計上されているが，資金調達代替型の逆投資は，前述のとおりその金額は決して大きくないことが推察できる．

また第2章で指摘したとおり，1984年のアメリカの税制の変更（アメリカの非居住者に対する債券利子の源泉課税撤廃）によって，インハウスバンクがアメリカ親会社の代わりに資金調達を行う税制上のメリットがなくなっている．この点からみても，今日における資金調達代替型逆投資が大きな金額ではないことが推察できるであろう．

逆に筆者は，もう一方の逆投資，すなわち直接投資資金の回収としての逆投資が今後，その重要性を増してくると予想している．多国籍企業の活動がますますグローバル化する中で，グループ内に占める外国子会社の資産や売上が増大している．多国籍企業がより一層拡大するためには，こうした外国子会社の売上や利益を投資先国内部でのみ利用するのではなく，インハウスバンクや親会社に逆投資し，グループ全体として再度，もっとも有利な投資先を選択することが重要になる．逆投資は，そうしたプロセスを担う1つの重要な要素になっている．次節では，この点について詳しく検討する．

第3節　多国籍企業の諸活動の世界的配置と逆投資

グローバル化が進む今日，多国籍企業の生産や売上，利益に占める外国子会社の比重は徐々に高まっている．他方，研究開発などの業務は依然としてアメリカ親会社が主に担っている．筆者はこうした多国籍企業の諸活動の世界的配置が，逆投資の重要性を高めることにつながると考えている．本節における結論を先取りすると，以下のようになる．

すなわち，生産や売上にしめる外国子会社の比重が高まっている中，研究

開発投資が主として親会社によって行われることで，多国籍企業グループ内において資金が偏在するようになる．すなわちアメリカ親会社は「資金不足」に，外国子会社は「資金余剰」となる．多国籍企業がより高い成長を実現するためには，外国子会社に蓄積された資金を，その子会社内部でのみ活用するのではなく，世界全体でもっとも高い利益が見込める投資先に投資されなければならない．逆投資はそれを実現するための手段である．

ただ親会社の「資金不足」と外国子会社の「資金余剰」は，多国籍企業の租税回避行動の結果として人為的に生み出されたという事例も指摘されている．この点については第4節で検討することとして，本節ではまずアメリカ多国籍企業の売上や販売活動の世界的配置と逆投資の関係について考察していこう．

(1) 多国籍企業の生産・販売活動に占める外国子会社の拡大

図表6-5から6-9までは，アメリカ多国籍企業の親会社と外国子会社

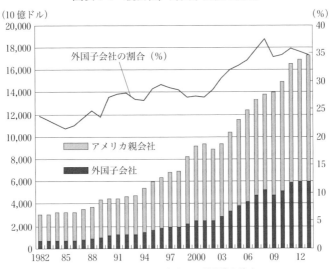

図表6-5 親会社，外国子会社の売上

出典：BEA, USDIA, Total Sales. 2008年までは銀行業を除く．

図表 6-6 親会社,外国子会社の付加価値生産額

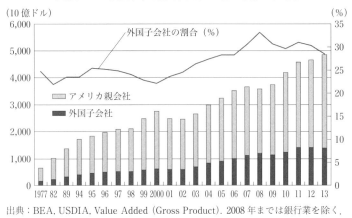

出典:BEA, USDIA, Value Added (Gross Product). 2008年までは銀行業を除く.

(Majority-Owned Foreign Affiliates) の売上や生産などを表している．これらを使って多国籍企業の諸活動の世界的配置を詳しく検討していこう．

まず，図表6-5の売上（Total Sales）をみてみる．1980年代から約30年間にわたって親会社も子会社も売上がほぼ一貫して増加している．両社を合計した多国籍企業グループ全体では，82年の3兆ドルから2013年には17兆ドル強に拡大しており，平均すると毎年6％増加していることになる．親会社・子会社ともにほぼ一貫して売上を増大させているが，子会社の伸びはより急激である．外国子会社の売上は80年代当初，7,000億ドル程度であったが13年には6兆ドルと約30年で8倍になっている．こちらの毎年の平均増加率は7.6％である．結果として，多国籍企業全体に占める外国子会社の売上の割合は20％強から35％に上昇している．

次に図表6-6の付加価値生産額（Value Added）を検討する．こちらは1993年以前については，とくに親会社の毎年のデータがなくベンチマークサーベイの年（1977，1982，1989年）のみとなっている．付加価値生産額も，全体としては売上と同じような傾向が表れている．すなわち，親会社・子会社ともに絶対的に生産額が増加しているが，子会社がより急速に増加しているため，全体に占める子会社の割合が25％程度から30％に上昇してい

図表 6-7 親会社,外国子会社の総資産

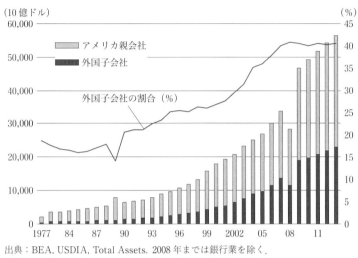

出典:BEA, USDIA, Total Assets. 2008 年までは銀行業を除く.

る.ただ付加価値生産額の場合は,売上よりも外国子会社の占める割合が伸びる傾向が緩やかである.またその割合も,2008 年の 33% をピークにその後は緩やかに低下している.

さらに次は,図表 6-7 の総資産をみておこう.これをみると,1990 年から 2008 年にかけて外国子会社の比重が急速に高くなっていることが分かる.1977 年には総資産全体のうち外国子会社の占める割合が 19% にすぎなかったが,2013 年には 40% を占めるようになっている.77 年から 13 年の 36 年の間に,親会社の総資産は 20 倍に増加しているのに対して,外国子会社の総資産は 60 倍以上に拡大している.外国子会社がアメリカ親会社よりも高い成長率を実現していることが分かる.

図表 6-8 の純利益(Net Income)もみてみよう.純利益における外国子会社の割合は,売上や付加価値生産額と比べてより一層,高くなっている.年によって大きく変動しているが,全体に占める外国子会社の割合は他と同様に上昇傾向にある.アメリカ親会社の純利益は,景気後退期である 1991-92 年と 2001-02 年,08 年の 3 回,大幅に落ち込んでいるが,外国子会社の純

第6章　子会社から親会社への逆投資

図表 6-8　親会社，外国子会社の純利益

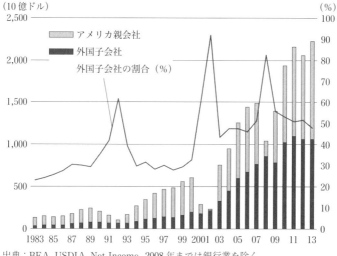

出典：BEA, USDIA, Net Income. 2008年までは銀行業を除く．

利益は親会社ほど減少していない．そのため親会社の純利益が急減した3つの期間に外国子会社の占める割合は一時的に急上昇している．また03年以降は，外国子会社の純利益が急激に増加したため，多国籍企業グループ全体に占める子会社の割合はついに50%を超えるようになった．

ただ，ここでは以下のような事情も考慮しなければならない．すなわち第1章でみたような税制上の優遇措置を利用するために，親会社の利益が少なく，インハウスバンクを含む外国子会社の利益が多く操作されている，という点である[13]．たとえばアメリカの議会調査報告によれば，アップル社は1,450億ドルの現金・現金同等物を保有しているが，このうち1,020億ドルは海外に保有している[14]．アップルは2009-12年の4年間で740億ドルの利益をアメリカから低税率国のアイルランドに移転させたと指摘されている．アップル以外にもマイクロソフトやヒューレット・パッカードで利益の移転が取り上げられている．

とくに図表6-8の純利益では，子会社の割合が多国籍企業全体の50%を

上回っているが，租税回避目的による利益移転の影響は否定できないであろう．アメリカ多国籍企業754社について，外国子会社の利益に占める割合が，1996年から2004年の間に14％ポイント上昇しているが，そのうち12％ポイントはアメリカと外国の税率の差によるものである，という試算もある[15]．こうした税制による恣意的なグループ内利益配分については，次節で詳しく検討する．

　税制を原因とする利益移転と，それ以外の部分を厳密に分けるのは，非常に困難であり，統計上明らかにするのはほぼ不可能であろう．ただ，長期的な傾向として多国籍企業の海外進出が増加し，外国子会社が高い成長率を実現していることも，これまで多くの文献で指摘されている[16]．もちろん前述のとおり，こうした傾向が一貫して継続していたわけではない．たとえば，図表6-6の付加価値生産額や6-7の総資産をみると，とくに1977年から80年代前半まで，そして2008年以降は多国籍企業全体に占める外国子会社の割合が低下傾向にある．このような逆の動きを見せながらも，データを長期的にみれば，やはりアメリカ多国籍企業に占める外国子会社の比率拡大とアメリカ親会社の相対的な低下が確認できるであろう．

　このことは，税制の影響を最も受けにくいと思われる雇用者数でみても明らかである．図表6-9は，アメリカ多国籍企業の親会社と外国子会社の雇用者数を表している．まず雇用者の絶対数を確認すると，親会社・子会社共に1977年から89年までは減少傾向にある．その後90年代から，とくに外国子会社の雇用者数がほぼ一貫して増加している．アメリカ親会社も増加傾向にあるものの，91-93年，2001-03年，08年といった景気後退期に雇用者数を大きく減少させている．結果として，雇用者数でみた場合の外国子会社の比率は，77年に22％だったものが13年には34％にまで上昇したのである．とはいえ，アメリカ親会社はまだ残り66％の雇用を生み出しており，多国籍企業活動の過半を占めている．

　まとめると，次のように指摘できる．すなわち，付加価値生産額や売上，雇用者数など多くのデータで親会社が50％以上を占めており，アメリカ多

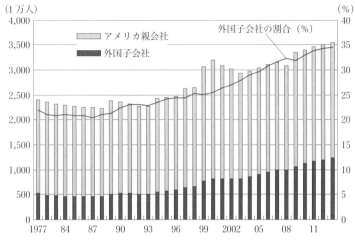

図表 6-9　親会社，外国子会社の雇用者数

出典：BEA, USDIA, Employment. 2008 年までは銀行業を除く．

国籍企業の活動の半分以上が依然としてアメリカ国内で行われているが，長期的には外国子会社の比率が上昇傾向にある．純利益における外国子会社の割合が 50％ を超える現象については租税回避行動による利益移転の影響が強いと考えられるが，それ以外の売上・生産・雇用については外国子会社が全体の 35％ 程度を占めており，これがアメリカ多国籍企業の国際化の実態に近いのではないだろうか．

　こうした多国籍企業の在外生産拡大について，ハイマー＝ローソンは寡占間競争の観点から次のように述べている[17]．すなわち，1950 年代から 60 年代にかけてアメリカ多国籍企業がヨーロッパに進出した際に，アメリカ多国籍企業グループと外国子会社，そしてヨーロッパ現地企業の間で次のような成長率の格差があると指摘した．それは以下のようなものである．

　子会社も含めたアメリカ多国籍企業グループ全体としての成長率がもっとも低く，その次にヨーロッパ現地企業，そして最も成長率が高いのがアメリカ多国籍企業の外国子会社である，と述べている．当時，アメリカ企業がヨーロッパ市場に多数進出したことに対して，ヨーロッパはそれを「アメリカ

の挑戦」と受け止め，脅威に感じていた[18]．しかし，ハイマー=ローソンは，当時のアメリカ企業と外国企業の規模を比較し，1957-67年にかけてアメリカ企業は外国企業に比べて低い成長しか実現していないことを明らかにした．その上で，アメリカ多国籍企業グループの中から外国子会社だけを取り出してみれば，その成長率はヨーロッパ現地企業よりも高いことを指摘し，次のように述べている．

「ヨーロッパ企業は，アメリカ企業がヨーロッパ市場で占拠率を拡大しているのをみて脅威を感じた．しかしかれらは，次の事実にほとんど注意を払わなかった．すなわち，世界市場全体として見れば，アメリカ企業こそEECと日本の高度経済成長によって脅威を受け，みずからの相対的地位を保持するために対外投資を急速に拡大する必要があったという点である」[19]．

すなわち，アメリカ市場の成長率がヨーロッパや日本に比べて相対的に低くなっている中で，そこに軸足を置くアメリカ企業の成長も停滞気味である．アメリカ企業は，より高い成長を実現しているヨーロッパ市場に投資することで，子会社を通じてその成長を自社内部に取り込もうとしている，ということである．

ハイマー=ローソンの分析は1950-60年代のヨーロッパに進出したアメリカ多国籍企業を対象としていたが，こうしたことは一定程度，現在にも当てはまるであろう．多国籍企業は高い成長が見込める海外市場に支配実現型直接投資を実行することで，その成長を自らの内部に取り込んできた．そのことは第4章でもみたとおりである．製薬企業は，2000年代後半，急激な拡大を見込める新興国でのジェネリック薬やワクチン市場をみずからの成長につなげるために，現地企業を買収した．また，金融機関は，1990年代に南米を中心とした新興国向けリテール金融分野に投資し，そして2000年以降はヨーロッパ向け金融サービスや不動産関連投資を行ってきた．いずれもその当時，より急速に成長していた市場である．

もちろん現在は，先進国間や先進国と途上国間で相互的な直接投資が活発に行われているので，ハイマー=ローソンの時代にあるようなアメリカの成

長率とヨーロッパの成長率という国民経済全体での成長率の比較という分析は成立しないであろう．それぞれの国や地域において，とくに成長著しい産業分野や市場などがまだら模様となって点在している，というイメージが現実に近いであろう．多国籍企業は，そうした成長分野をいち早く見つけ，それを自らの成長に取り込もうとしているのである．

(2) 親会社の研究開発投資と逆投資による親会社への資金還流

近年，多国籍企業による研究開発の外国子会社へのオフショアリングが話題となっている[20]．たとえば賃金の安いアジアで IT 関連技術者を雇用し，半導体の設計作業などを行う，といったケースである．以下では，多国籍企業の研究開発投資が，生産や売上などと同じように国際化しているのか，そしてそれが逆投資とどのような関係にあるのか，について考察する．

図表 6-10 はアメリカ親会社と外国子会社の研究開発投資（R&D Expenditures）を表している．これをみても，多国籍企業による研究開発の国際化は過去 30 年間，進展してきたことが確認できる．しかし，その国際化の度合いは，これまでみてきた多国籍企業の雇用や生産・売上に比べると，低い

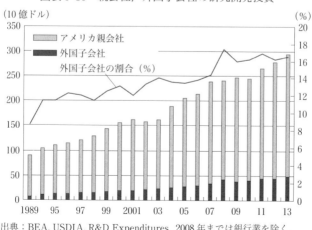

図表6-10　親会社，外国子会社の研究開発投資

出典：BEA, USDIA, R&D Expenditures. 2008 年までは銀行業を除く．

水準に止まっている．図表6-5から6-9でみたとおり，雇用や生産などでは外国子会社が多国籍企業グループ全体の30〜35％を占めていたが，研究開発に占める子会社の割合は2013年でも16％に止まっている．今日でも研究開発の80％以上はアメリカ親会社が担っているのである[21]．多国籍企業における研究開発投資は，生産や雇用・販売などと比べて最も国際化が遅れた分野であるといえる．

ただ研究開発技術者数（R&D Employment）でみた場合，2000年代後半に外国子会社の割合が急速に高まっている．04年には多国籍企業グループの研究開発技術者全体に占める外国子会社は16％にすぎなかったが，09年には26％に上昇している．外国子会社における研究開発技術者は04年には14万人弱であったが，09年には28万人と約2倍になっているためである[22]．このような外国子会社の研究開発技術者数の増加にもかかわらず，研究開発投資では相変わらず親会社が中心となっている．両者のギャップは研究テーマとしては興味深いが，本書の議論とは異なるために，ここでは問題を指摘しておくだけとする．

多国籍企業内で研究開発投資が親会社中心であることは，2011年のSurvey of Current Businessでも指摘されている[23]．同論文では，研究開発投資と設備投資（Capital Expenditures）の規模を親会社と子会社で相対的に比較し，子会社が研究開発において親会社に依存している，と指摘している．

図表6-11は，親会社・子会社の設備投資が研究開発投資に比べてどれくらいの規模になるのか，を示したものである．子会社の設備投資は研究開発投資の7倍から4倍の規模であるが，親会社の場合は2〜3倍にとどまっている．設備投資と比べたときに，親会社は子会社よりも相対的に研究開発投資を多く行っていることを示している．

同論文では，親会社が中心となって研究開発投資を行う理由について，以下のように述べている．アメリカにおける科学技術関連の資源は，組織・設備・人材などの面で容易に利用可能であり，これらが研究開発には必須となっている．また，知識創造に関する規模の経済と知的財産権保護に対する強

図表6-11　研究開発投資に対する設備投資の比率

(%)

年	海外子会社	アメリカ親会社
1989	7.4	2.5
1994	6.0	2.5
1999	6.2	3.2
2004	4.8	2.1
2009	4.3	2.1

出典：BEA, USDIA, R&D Expenditures, Capital Expenditures.

力な立場は，アメリカ多国籍企業が研究開発をアメリカ本国で行い，その成果を外国子会社に移転させる，ということにつながっている，と指摘している．

多国籍企業の研究開発が依然としてアメリカ親会社によって行われているという点については，M. ポーターのクラスター論や A. サクセニアンの産業集積論などの観点から次のように説明できるであろう[24]．すなわち，アメリカでは大学と企業の産学連携による技術移転や人材の供給，弁護士・会計士などの専門的職業人の豊富さ，部品や加工メーカーなどのサプライヤーの存在，高度な知識や技術をもった人材の流動性の高さや情報共有のネットワークなどが形成されることで，研究開発を容易にする環境がある．たとえば製薬業では，NIH（National Institute of Health：米国立衛生研究所）や大学を中心にクラスターが形成されている[25]．シリコンバレーでは，1970年代には半導体，90年代以降はコンピューター関連産業が集積している．アメリカ政府も，アメリカの経済発展にいかにイノベーションが重要であるか，を各種報告書で指摘している[26]．

ここまでをまとめると，次のようなことがいえるだろう．アメリカ多国籍企業は売上や生産などでますます外国子会社の成長に依存するようになったが，研究開発といった多国籍企業の優位性を維持・獲得するための活動は未だアメリカ親会社が中心となっている．

筆者は，こうした多国籍企業内における諸活動のアンバランスな世界的分布が，逆投資の重要性を高めると考えている．すなわち売上や生産では外国子会社の比重が高まっているが，研究開発がアメリカで行われているために，外国子会社には余剰資金が蓄積され，逆に親会社は資金不足になる．多国籍企業が成長していくためには，外国子会社の余剰資金をインハウスバンクや親会社に逆投資し，そこから最も高い収益が得られる投資先に再投資されなければならない．もちろん子会社に蓄積した利益の還流として最も考えられる手段は親会社に対する配当であるが，これは後に述べるように税制上，不利になる．よって逆投資という子会社から親会社への貸付によって，余剰資金の還流が行われるようになった．

　アメリカ多国籍企業が利益の大半を海外に蓄積し，逆に親会社が資金不足の傾向にあることをうかがわせる現象がいくつも指摘されている．たとえば*FINANCIAL TIMES*には，次のような記事が発表されている[27]．すなわち，グーグルやマイクロソフトなどのハイテク企業が，現金を豊富に保有しながらも，アメリカ国内では債券発行によって資金を調達している，という内容である．マイクロソフトは400億ドル，グーグルは367億ドルの現金を保有しているが，大半は海外にある．加えてリーマンショック以降，アメリカで金利が低下したために，今後の企業買収やイノベーションに備えて国内の現金を積み増す，とある．

　また*Bloomberg Businessweek*も，以下のような内容を伝える[28]．

　　　GEやマイクロソフトのようなアメリカ企業は，昨年の倍以上のペースで外国企業を買いあさるのに海外にある現金を使っている．（中略）
　　　現在の税法では，大半の海外の収益に対する連邦所得税は，無期限に繰り延べされる．現金が本国送金された時に，連邦と州をあわせると法人に対しては，外国税額控除をした後，39.5％の税率が課せられる．アメリカの主要な競争相手の法定法人税率は，30％程度である．Zenner（JPモルガン・チェース，コーポレート・ファイナンス・アドバイザリ

ー・グループ）は，S&P500 の非金融企業が1兆 3,000 億ドルの現金の 40〜60％，すなわち 7,800 億ドルほどを海外で保有している，と推計している．

　（2011 年）3 月に GE は，Converteam というフランスのエネルギー・インフラ企業の持分の 90％ を 32 億ドルで買収することに合意した．同じ月に，（GE グループ内の）アメリカ企業がイギリスの石油供給会社，Wellstream Holidings の買収で 14 億ドルを支払った．取引の詳細は公表されていないため，情報ソースを明らかにすることは拒否されたが，説明によれば，どちらの案件も GE の海外現金準備が利用された．会社によれば，昨年末の時点で GE の 790 億ドルの現金および現金同等物のうち 180 億ドルは海外にあるとのことだった．（括弧内は筆者加筆）

　上述の雑誌や新聞などの記述[29]からも，アメリカ多国籍企業の親会社の資金不足と子会社の資金余剰が読み取れるであろう[30]．すなわち，多国籍企業による海外での生産や販売が拡大し，本国の比重が低下する中で，外国で獲得した利益を再び企業の成長に結びつけるためには，各事業子会社の利益を逆投資によってインハウスバンクや親会社に集約することが重要になる．

　もちろん子会社に蓄積された利益を親会社に移転させる方法としては，逆投資だけではなく親会社への配当支払もある．しかし，次節で詳しく検討するとおり，配当支払はアメリカの連邦所得税の課税対象となる．そのため逆投資によって親会社に資金を還流させる．このように，逆投資がアメリカ親会社への利益送還として利用される背景には，アメリカの税制が関わっている．よって税制が変更されれば，またそのあり方も変わってくるであろう．それは 2005 年の本国投資法による影響をみても明らかである．

　しかし，いずれにせよ多国籍企業の海外活動が拡張し，生産や販売の多くがアメリカ以外で行われるようになれば，それを企業のさらなる成長に結びつけるためには，アメリカ本国への送金が必要になる．今日の技術発展のスピードは目覚ましく成長産業の移り変わりは目まぐるしい．

こうした中で，外国子会社が獲得した利益がその国や産業に固定化されていては新たな成長分野を企業の発展に取り込むことができない．ゆえにアメリカ多国籍企業が海外比率を高め，海外で利益を獲得すればするほど，それをさらなる成長に結びつけていくためには逆投資による資金の還流とその再投資が必要になる．海外で獲得した利益を逆投資によって本国に戻し，研究開発を行う．その中で獲得した優位性を活用して，さらに成長市場へと投資を展開する．逆投資は，多国籍企業のこうした成長サイクルを支える構成要素の1つとなっている．

第4節　アメリカ多国籍企業を取り巻く税制と逆投資

多国籍企業内の資本移動は，各国の税制によって大きく影響を受ける．本節では，アメリカをはじめとする各国の税制が，多国籍企業内国際マネーフロー，なかでも逆投資にどのような影響を与えているのか，について考察する．

多国籍企業の租税回避行為は，以前から様々な問題が指摘されてきたが，通常，個別企業内部の国際マネーフローについては資料上の問題から，これまで詳細が明らかになることはなかった[31]．しかし，近年，各国で多国籍企業の租税回避行為が批判にさらされる中，ようやく米議会でも本格的な調査が行われるようになった．本節ではこうした調査の結果，公表された資料を基に，税制と逆投資の関係について考察する[32]．

(1)　低税率国子会社への利益移転と現金の蓄積

前節では，アメリカ多国籍企業が売上や生産活動を海外に移転させながらも，研究開発は親会社が中心となって担っているために，親会社は資金不足に，子会社は資金余剰の傾向を強める，という点を議論した．しかし，こうした傾向は単に多国籍企業の諸活動の世界的分布によって生み出されるだけではなく，その租税回避行為によって作り出されている側面も強い．多国籍

企業は，以下でみるようなコスト・シェアリング契約などを活用することで，海外の低税率国に所在する子会社に利益を移転させ，租税負担を軽減している．その結果として，外国子会社の利益が実態以上に水増しされ資金余剰傾向に，親会社の利益は圧縮され資金不足傾向になるのである．

米議会資料は，民間の調査レポートなどを引用しながら，アメリカ多国籍企業が 1.7 兆ドルの未配当外国収益を保持しており，少なくとも現金の 60% は海外に置いている，と指摘している[33]．その上で，特に外国における現金残高が 50 億ドル以上の企業を取り上げ，その利益移転の方法について詳しく紹介している．本項ではとくにアップル社のアイルランド子会社を利用した事例をみながら，各国の税制と利益移転の関係について考察する[34]．

アップル社は 1976 年にパソコン生産からスタートした，アメリカで最も成功した企業の 1 つである．70 年代末にはヨーロッパに事業を拡大し，80 年の夏にはアイルランドに子会社をいくつか設立した．アメリカ親会社のアップルは，このうち 2 つの子会社（Apple Operation Europe：以下，AOE と Apple Sales International：以下，ASI）とコスト・シェアリング契約を結ぶ．

一般的にコスト・シェアリング契約とは，複数のグループ企業が，新規に開発をする無形資産にかかわる特定の権利や利益の見返りに，その研究コストを配分する取決めのことである[35]．アップルのコスト・シェアリング契約とは次のようなものであった[36]．まず親会社のアップルは，世界全体での研究開発コストを計算し，それをアップルと ASI でそれぞれの地域における販売高を基に配分する．たとえば，2011 年のアップルの全世界における売上のうち 40% はアメリカであり，60% は海外であった．その年のアップルの世界全体での研究開発コストは 24 億ドルであったが，アップル本社はその 40% に相当する 10 億ドルを負担し，ASI は 60% すなわち 14 億ドルを負担する．アップルの研究開発の 95% はアメリカ国内で行われており，ASI と AOE の従業員はアップルの研究開発の 1% 未満しか担っていないが，ASI はコスト・シェアリング契約に基づいて知的財産権から生まれる所得を受け取っている．

たとえば，アップルの iPhone や iPad で使用されている CPU（A5 series）は，世界で販売されるすべての製品がテキサス州オースティンで生産されているが，アップル本社はそのうちアメリカで利用される CPU のみの知的財産権を保有し，ASI は残り全世界における CPU の知的財産権を保有している．2009 年から 12 年の 4 年間でアップル本社の税引前利益が 387 億ドルであったのに対して，ASI のそれは 740 億ドルであり，実に本社の 2 倍近い利益を手にしているのである．議会調査では，このうち 440 億ドルが租税回避行為の結果であると判断している．

議会調査では，アップル以外にもマイクロソフトが対象となっているが，こちらもコスト・シェアリング契約を利用した低税率国子会社への利益移転であり基本的な構造は同じである[37]．アメリカだけでなくイギリスでもこうした多国籍企業に対する公聴会が開かれ，同じように調査報告書が提出されている[38]．知的財産権という無形資産をめぐって多くの多国籍企業が租税回避行為を行っている．結果として，外国子会社の資金余剰と親会社の資金不足という傾向が実態よりかなり進行しているように，統計上，観察されるようになったといえる．

(2) 本国親会社への逆投資

多国籍企業の海外での活動の拡大と租税回避行為とにより，グループの利益や現金の大半が外国子会社の保有となっている．前節でもみたとおり，こうした利益をさらなる成長に結びつけるために，多国籍企業はこれらを必要に応じて本国親会社や他のグループ企業に移動させなければならない．外国子会社の利益を本国親会社に移動させるには，いくつかの方法がある．最も一般的なものは，親会社への配当である．しかし子会社が親会社に支払う配当には，アメリカの連邦所得税がかかる．

それに対して，逆投資は多国籍企業がこのような税負担を回避しながら，子会社の資金を親会社に移転させる手段となっている．逆投資についても通常は，子会社からの配当と同様とみなされ課税対象となるが，これにはさま

第6章　子会社から親会社への逆投資　　　187

ざまな例外規定がある[39]．子会社による親会社への貸付が30日以内に償還され，子会社の貸付期間が1年間合計で60日以内におさまる場合は非課税となる．さらにこの貸付が課税対象となるのは，子会社の四半期会計年度終了時点で，未償還の場合のみとなっている．加えて，こうした借入期限は子会社ごとに区別して考慮される仕組みである．こうしたさまざまな例外規定を利用することで，多国籍企業は海外で得た利益を逆投資によって本国親会社に非課税で送金している．

　以下では，連邦議会の調査によって明らかになったヒューレット・パッカード（HP）の逆投資について簡単に説明しよう[40]．HPは2003年頃から，外国子会社に蓄積した現金を逆投資によって親会社に送還していた．その時に利用したのがケイマン子会社（Compaq Cayman Holding Corp：以下，CCHC）とベルギー子会社（Belgian Coordination Center：以下，BCC）である．このうちベルギーのBCCは，HPのインハウスバンクとして機能していた．すなわち，HPの他の外国子会社から預金を受け取り，それをまたグループの他の会社に貸し付けていた．CCHCは，HPがコンパックの買収によって手に入れた企業であり実態的な活動はほとんどないが，アメリカ親会社への貸付を行うキャッシュプールとして利用された．

　2011年のHPの売上のおよそ65％は，米国外での販売によるものである．この時点で海外に17の生産拠点・開発拠点・研究所を抱えていた．こうした海外事業活動の結果，HPの海外における現金保有残高は，09年に125億ドルに達していたのに対して，アメリカ国内では8億ドルのみであった．そのため海外に蓄積した現金を本国親会社に移転させる計画を立てるが，その際に前述の短期貸付であれば逆投資も非課税になるという仕組みを利用した．すなわち，BCCとCCHCの両社から，アメリカ親会社に交互に途切れることなく短期貸付を実行するスキームである．たとえば，08年の1年間でCCHCとBCCからの借入スケジュールは，以下のように設定された．

CCHCからの借入	BCCからの借入
1月2日― 2月17日	2月17日― 4月2日
4月2日― 5月17日	5月17日― 7月2日
7月2日― 8月17日	8月17日―10月2日
10月2日―11月17日	11月17日― 1月2日

　このように交互に短期借入を繰り返すことで，HPは外国子会社の現金を非課税でアメリカ親会社に移転させた．2010年にはHPアメリカ親会社は，前述の2子会社から60〜90億ドルを途切れることなく借り入れていた．同年のHPの負債総額は約800億ドルであり，そのうち短期債務は約500億ドルとなっている[41]．HPにとって子会社からの逆投資は決して小さくない金額である．HPの内部資料では，逆投資によって親会社に貸し付けられた資金が従業員への給与支払や自社株買い，買収などを含むアメリカ国内での事業全般に使用されたことが指摘されている．08年のプレゼンテーション資料では，BCCとCCHCのキャッシュプールからの借入が「アメリカにおける自社株買いと買収のための，最も重要な流動性供給の資金源」であると明記されている[42]．米議会資料によると，BCCやCCHC以外にもオランダなどにある多数の子会社から借入期間45日未満の短期借入がアメリカ親会社に対して継続的に繰り返し，行われていることが分かる[43]．

第5節　まとめ

　逆投資は，子会社から親会社への投資であり，直接投資の基本形態である親会社からの支配実現型投資とは全く異なる性格をもつものである．これまで何度も述べてきたとおり，IMFの国際収支改訂議論でも，逆投資が直接投資といえるのか否かをめぐってさまざまな議論が展開されてきた．
　筆者は，こうした議論を踏まえたうえで，次のように考える．すなわち逆投資でも，親会社の資金調達を代替する逆投資は理論的に考えても直接投資

とは言い難い．しかし，直接投資の資金回収・利益還元という意味での逆投資は直接投資に含めるべきである．多国籍企業のグローバル化が進展し，売上や生産などで外国子会社の比率が高まっている．海外で獲得した売上や利益は，多国籍企業のさらなる成長を実現するためには，親会社に戻して研究開発投資を行う，もしくは他の利益率の高い外国子会社に再投資することが重要になる．稼いだ利益をその子会社の内部でのみ蓄積するのではなく，多国籍企業グループ全体を見渡したうえで，もっとも成長が見込める分野に再投資されなければならない．今日のように急速に成長分野が移り変わる時代には，こうした機動的な投資がより重要になってくる．逆投資はそれを実現するための重要な構成要素である．

もちろん第4節でみたとおり，こうした企業内部のマネーフローは各国の税制によって大きな影響を受ける．よって今後，逆投資という子会社からの貸付資金が，子会社からの配当受取に変わる可能性もある．しかし，いずれにせよ多国籍企業の活動に占める海外の比重が高まれば，そこで獲得した利益を本国親会社に移転させる必要がある．こうして，支配実現型投資による第1の投資に引き続いて，そこからさらに支配を拡大するための次の再投資に向けて親会社の競争力を強化するための逆投資もまた，拡大していくことになる．

注
1) BPM6, para.6.26, 6.48.
2) BPM6, para.6.40.
3) 桜井満夫（1990）148-149ページ．
4) 奥田宏司・神澤正典編（2010）175-176ページ．
5) UNCTAD, WIR 2012, pp.137-138.
6) 各期間の標本標準偏差を示している．
7) Dharmapala, Dhammika, Foley, C. Fritz and Forbes, Kristin J. (2011).
8) DITEG (2005).
9) GECEFに関する事柄は，以下の資料を参照．GE Capital European Funding, Directors Report and consolidated financial statements, Year ended Dec. 2010, 2013.

10) アメリカの親会社 GE が，金融事業子会社 GE Capital Corporation を 100％ 支配し，GE Capital Corporation が GE Capital Shannon（アイルランド）を通じて GECEF の株式を 100％ 保有している（GE Capital European Funding, Directors Report and consolidated financial statements, Year ended Dec, 2013, p. 2）．

11) ユーロ CP プログラムやユーロ MTN プログラムとは，ユーロ市場でコマーシャル・ペーパーや中期債（Medium-Term Notes）を発行し資金調達を予定している企業が，あらかじめ契約書や目論見書を作成しておいて，その発行枠内であればいつでも機動的に債券を発行できる契約を指す（外国為替等審議会「第79回国際金融取引における諸問題に関する専門部会議事録」1995年12月7日，http://www.mof.go.jp/singikai/gaitame/gijiyosi/1a008f8.htm）．

12) 資金の貸出先であるグループ会社は，GE Energy Europe B.V.（オランダ）や GE Auto Service Leasing GmbH（ドイツ）などヨーロッパの事業子会社が多い（GE Capital European Funding, Directors Report and consolidated financial statements, Year ended Dec, 2013, pp. 77-78）．

13) Permanent Subcommittee on Investigations（2013）．

14) Permanent Subcommittee on Investigations（2013）p. 5．

15) Grubert, Harry（2012）．

16) Kindleberger, Charles P.（1967）邦訳 141-144 ページ，佐藤定幸（1984）14-28 ページ，関下稔（2002b）320-326 ページ，Navaretti, Giorgio Barba and Venables, Anthony J.（2004）p. 3-5., Barefoot, Kevin B. and Mataloni Jr., Raymond J.（2011）など参照．

17) Hymer, Stephen Herbert（1976）邦訳 196-197 ページ．

18) Schreiber, J.J. Servan（1967）参照．

19) Hymer, Stephen Herbert（1976）邦訳 196 ページ．

20) UNCTAD, *World Investment Report 2005*, pp. 122-176. 関下稔・板木雅彦・中川涼司（2006）第 6 章．

21) ヨーロッパの多国籍企業では研究開発の国際化がより進展している．（UNCTAD, *World Investment Report 2005*, pp. 122-125.）

22) USDIA, 2004 tab 3H1, 2S1, 2009 tab 2I1,1S1．

23) Barefoot, Kevin B. and Mataloni Jr., Raymond J.（2011）pp. 41-43．

24) Porter, Michael E.（1998）邦訳 II 67-163 ページ．Saxenian, AnnaLee（1994）邦訳 59-106 ページ．

25) 青井倫一・中村洋（2003）．

26) 関下稔（2012）第 1 章〜第 3 章．『米国経済白書 2011 年』第 3 章．

27) "Google in $3bn debut bond sale," *FINANCIAL TIMES*, May 16, 2011（http://www.ft.com/intl/cms/s/0/523ce0d0-7ff9-11e0-b018-00144feabdc0.html#axzz22P45OCyZ）．

28) "Mergers: Overseas Cash Fuels a Shopping Spree," *Bloomberge Businessweek*, August 15-28, 2011.
29) 下記も参照のこと．
   UNCTAD, *World Investment Report 2012*, Chapter 1, B.2 Disconnect between cash holdings and investment levels of the largest TNCs, pp. 26-28.
   "Cash-Rich Microsoft Sells Its First Bonds," *Wall Street Journal*, May 12, 2009.
   「米企業，海外資金の使い道」（日本経済新聞2014年5月28日夕刊）でも，アップルが豊富に現金を保有しながら同時にアメリカで社債を発行していることが指摘されている．
30) こうした特徴が最近のことなのか，長期的な傾向なのか，という疑問は残る．筆者は，多国籍企業が誕生した1950年代後半から振り返るとむしろアメリカ親会社は資金余剰であったのではないか，と考える．こうした歴史的分析は今後の課題である．
31) 中村雅秀（1995）（2010）．
32) Permanent Subcommittee on Investigations (2012a) Exhibits: Hearings on Offshore Profit Shifting and the U.S. Tax Code, Sep. 20, 2012., Permanent Subcommittee on Investigations (2012b) Statement of Senator Carl Levin (D-MICH) Before U.S. Senate Subcommittee on Investigations on Offshore Profit Shifting and the U.S. Tax Code, Sep. 20, 2012., Permanent Subcommittee on Investigations (2013) Exhibits: Hearings on Offshore Profit Shifting and the U.S. Tax Code-Part 2 (Apple Inc.), May 21, 2013.
33) Permanent Subcommittee on Investigations (2012a) p. 5.
34) アップルの利益移転については，Permanent Subcommittee on Investigations (2013) を参照．
35) 居波邦泰（2011）．
36) Permanent Subcommittee on Investigations (2013) pp. 26-32.
37) Permanent Subcommittee on Investigations (2012a) pp. 19-20.
38) House of Commons, Committee of Public Accounts (2012) *HM Revenue & Customs: Annual Report and Accounts 2011-12*, Nineteenth Report of Session 2012-13.
39) Permanent Subcommittee on Investigations (2012b) pp. 4-6.
40) Permanent Subcommittee on Investigations (2012a) pp. 25-27.
41) HP, SEC Filing, Form 10-K for 2010, p. 74.
42) Permanent Subcommittee on Investigations (2012a) p. 27.
43) Permanent Subcommittee on Investigations (2012a) EXHIBIT #1h.

第7章
インハウスバンクの収益再投資

　アメリカ多国籍企業の活動が本格的になったのは第二次世界大戦後の1950年代である．当時，急速に発達した自動車産業や電機産業における代表的な企業（フォードやGM，GEなど）が，ヨーロッパを中心に現地企業を買収する，もしくは新規に子会社を設立する，といった形で海外に進出した．その時代から半世紀以上経過した現在，アメリカ多国籍企業にはさまざまな変化がみられた．

　1950年代当初はアメリカ多国籍企業のヨーロッパ進出が中心であったが，その後，60年代にはヨーロッパ企業がアメリカに進出し，直接投資の相互浸透現象が一般的となった．また，80年代以降はマイクロソフトやシスコシステムズといったIT産業，証券化やデリバティブなど新しい金融商品を手にした金融業などの海外投資が増加し，直接投資の担い手となる企業の産業構造上の変化が見られた．そして，直接投資の投資形態をみれば，アメリカ親会社による支配実現型直接投資から収益再投資へと主役が交代した．

　1950年には親会社からの投資（株式投資と企業間貸付の合計）が直接投資の57%を占めていたが，2015年にはわずか6%に低下している[1]．これに対して収益再投資は50年には43%であったが，15年には94%を占めるに至っている．今日のアメリカの直接投資の大半は収益再投資である[2]．本章では，まず収益再投資の実態を明らかにし，それがアメリカ多国籍企業の支配拡大にどのようにつながっているのか，について考察する．

第1節　収益再投資の実態と分類

(1)　収益再投資の実態

　言うまでもないが，収益再投資とは子会社の獲得した利益のうち本国への配当に回されない内部留保を指す．これまでも何度か指摘したとおり，海外で獲得した利益をアメリカ親会社に送金すれば連邦所得税の課税対象となるが，海外で保有し続けている場合はこれを免れる．よって多国籍企業は，本国送金せずに海外に利益を蓄積することになる．こうした資金は，どこに，どのような形態で存在するのだろうか．

　Blouin, Jennifer, Krull, Linda and Robinson, Leslie（2012）は，多国籍企業が海外で保有する利益を「永遠に再投資される収益（permanently reinvested earnings）」と呼び，この実態を解明しようとしている．これによると，多国籍企業が蓄積した利益の94%は低税率国で保有されている．

　図表7-1は，ヨーロッパにおける収益再投資を国別にみたものであるが，ここでもやはり上記の研究と同様の傾向がうかがえる．すなわち，低税率国として位置づけられるオランダ・ルクセンブルク・アイルランドの3か国でヨーロッパ全体における収益再投資の70%が占められている．もちろんこれは，国際収支統計における収益再投資の国別分布が，親会社が直接的に所有している子会社の分布を反映している，ということも背景にある[3]．

　第2章で考察したとおり，オランダには子会社から受け取る配当が非課税になる資本参加免税などの制度がある．よってヨーロッパにおいて新たな企業を買収する，もしくは子会社を設立する際には，アメリカ親会社がその事業子会社株式を直接，取得するのではなく，インハウスバンクが事業子会社の株式を買収し，保有するほうが税制上のメリットがある．よって事業子会社のレベルで収益再投資があったとしても，その事業子会社が親会社の間接的な支配対象である場合，それは直接的な支配関係にある子会社（たとえばオランダのインハウスバンクなど）の収益再投資として分類される．とはい

図表 7-1 ヨーロッパにおける収益再投資

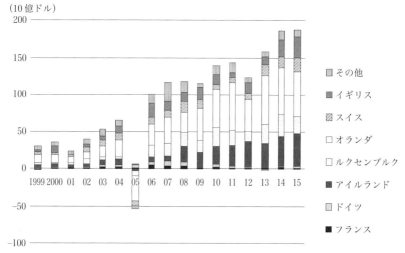

出典：BEA, USDIA, Reinvestment of Earnings without current-cost adjustment.

え，実態的にみても理論的にみても，事業子会社レベルでの収益再投資というよりは，むしろグループの利益がインハウスバンクに集中されていることは，後にみるとおりである．

Blouin, Jennifer, Krull, Linda and Robinson, Leslie (2012) は，さらに低税率国に蓄積された利益のかなりの割合が現金で保有されているとも指摘している．ドイツやフランスなどの事業子会社が獲得した利益が，オランダなどにあるインハウスバンクに配当やロイヤリティなどの形で集められ，それが現金として蓄積されている，という構図である．

今日の技術革新や産業構造の変化のスピードはますます速くなっている．こうした時代において継続的に成長していくためには，蓄積した利益を素早く他の部門や他の国などに再投資できる体制を築いておかなければならない．ドイツにある事業子会社が獲得した利益を，この子会社のみが利用するのではなく，ヨーロッパ全体を見渡したうえで，成長が見込める事業や国に再投資することが多国籍企業のさらなる発展をもたらすのである．そのため一時

的にインハウスバンクに利益を蓄積している．

(2) オランダの国際収支にみる収益再投資の利用パターン

　低税率国のインハウスバンクに集められた資金は，どのように活用されているのであろうか．それは以下の2通りのパターンが考えられる．1つは，グローバル・キャッシュマネジメント・システムを通じて，グループ内の資金不足子会社に短期的に貸し付けられるケースである．第1章で考察したとおり，キャッシュマネジメント・システムにはプーリングという機能があった．海外に展開する事業子会社とインハウスバンクが同じ金融機関にマスター口座とサブ口座を開設し，毎日もしくは毎週など一定の周期で子会社間の資金余剰・資金不足を調整するシステムである．非常に短期間にグループ内で移動する資金であり，従来の支配実現型直接投資と実態的に異なる性格をもつ資本移動であるが，IMFの新国際収支マニュアル（BPM6）では直接投資として分類されている．

　もう1つはインハウスバンクによる新たな支配実現型直接投資である．先ほども述べたが，オランダやルクセンブルクなどの税制上の優遇措置を活用するためには，アメリカ親会社が事業子会社の直接的な親会社になるのではなく，インハウスバンクが事業子会社の株式を保有することになる．実際，GEなどアメリカの多国籍企業が，こうした制度を利用するために，既に外国にある子会社の現金を利用して新たな買収を実行していることが指摘されている[4]．多国籍企業が既に展開している外国事業活動によって獲得した利益が，さらに新たな支配実現型投資として再投資されるようになっているのである．

　以下では，BPM6に沿って作成された国際収支統計より直接投資データを整理しながら，インハウスバンクを介した収益再投資の実態を明らかにする．オランダDNB（中央銀行）は第2章で考察したとおり，1980年代よりインハウスバンク（Special Financial Institutions: SFIs）の国際収支データを他と切り分けて収集・公表している．2009年にBPM6が完成し，逆投資を含め

第7章 インハウスバンクの収益再投資　　　　197

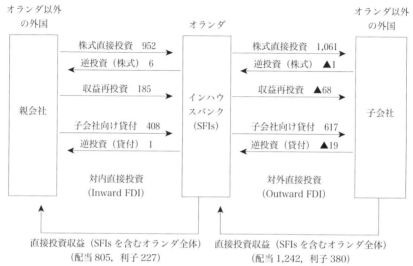

図表7-2　インハウスバンク（SFIs）の対外・対内直接投資
（2004-15年の年平均，単位：1億ユーロ）

出典：DNB, Balance of Payments Statistics, Table 12.8 Direct Investment (transactions); Last update: 24/06/2016.

たデータが作成されるようになると，オランダDNBもそれに従って新しいマニュアルに沿ったデータを公表するようになった．新方式でも国全体の国際収支だけでなくインハウスバンクの国際収支のみを取り出して公表している．図表7-2はこうしたデータを利用して作成している．

図表7-2は，オランダのインハウスバンクとその外国親会社との間の直接投資を示す対内直接投資（Inward FDI）と，インハウスバンクとその外国子会社との間の直接投資を示す対外直接投資（Outward FDI），そしてオランダの直接投資収益を表している．BPM6に沿って作成されたデータは2004年にさかのぼって公表されている．図表7-2ではまず，インハウスバンクをめぐるマネーフローの概要を知るために，2004-15年の12年間の各項目の年平均額を示している．より詳細な年毎の動きは，この後にみる．

まずインハウスバンクに毎年どれくらいの資金が集まるのかみてみよう．

インハウスバンクに集まる資金は、大きく分けると2つである。1つはインハウスバンクが支配する事業子会社からの直接投資収益や逆投資である。もう1つはインハウスバンクの親会社から投資される資金である。

最初に、インハウスバンクが事業子会社から受け取る直接投資収益について検討しよう。インハウスバンクは事業子会社から配当や利子を受け取っているが、この金額の詳細は2013年以降、明らかにならない。図表2-13でみたとおり、オランダは12年までインハウスバンクを含む国際収支と含まない国際収支を両方発表していた。そのため、両者の差額からインハウスバンクの直接投資所得を計算できていた。BPM6形式の報告では、インハウスバンクの直接投資は明らかになるが、直接投資収益はインハウスバンクも含めたオランダ全体の数値しか公表されなくなった。ただオランダの直接投資の大半はインハウスバンクによるものであることを考慮すると[5]、オランダ全体の直接投資収益を見ることにも一定の意義があるであろう。04-15年の対外直接投資収益の年平均は、配当が1,242億ユーロ、利子が380億ユーロとなっている。また図表2-13で明らかになっている、12年のインハウスバンクの直接投資所得の受取金額は943億ユーロである。オランダ全体の直接投資収益の7～8割がインハウスバンクによるものであると考えると、13年以降も毎年1,000億ユーロ以上の直接投資による所得受取が発生していると推察できる。

また図表7-2では、オランダの対外直接投資における「収益再投資」がマイナスになっている（68億ユーロのマイナス）。収益再投資がマイナスになる原因は2つある。すなわち子会社が赤字で利益がマイナスになる場合と、子会社は黒字でプラスの利益を確保しているが、その利益を上回る配当が支払われている場合である。ここでは後者の可能性が高いといえる。なぜなら、前述のとおり、オランダの直接投資収益は1,000億ユーロを超えるような金額に上っているためである。もし子会社が赤字であるならば、直接投資収益はゼロに近くなるであろう。

以上の点からインハウスバンクは、事業子会社から多額の配当をはじめと

する所得を受け取っていることが分かる．この金額は前述のとおり，毎年約1,000億ユーロを超えると推計される．さらにこうした所得受取だけではなく，インハウスバンクは親会社からの新規投資資金を受け取り，新たな投資を行っている．図表7-2をみれば，インハウスバンクが親会社から毎年平均して1,000億ユーロ近くを株式投資資金として受け取っていることが分かる．これらを合計すると，毎年インハウスバンクには2,000億ユーロもの資金が流入していると考えられる．

さてこれらはどのように活用されているのだろうか．主に2つのケースが想定される．1つはプーリングを介したグループ内資金不足子会社や親会社への短期貸付である．図表7-2では，インハウスバンクが外国親会社・子会社との間で相互に貸付を行っていることが分かる．どちらの場合も親会社からの貸付が，子会社からの逆投資を大きく上回っている．すなわち，外国親会社からインハウスバンクへの貸付が408億ユーロに対して，インハウスバンクから外国親会社への逆投資貸付は1億ユーロに止まっている．また，インハウスバンクとその子会社の間では，子会社への貸付が617億ユーロであるのに対して，子会社からの逆投資貸付は19億ユーロの資金回収となっている．ただ図表7-2は，2004-15年の間の年平均であるため，各年の動きをみていくと，また異なる様子も浮かび上がる．

図表7-3・7-4は，インハウスバンクの対内・対外直接投資の毎年の金額を項目別にそれぞれ表している．これをみると，どちらも逆投資貸付がプラスとマイナスの方向に大きく変動していることが分かる．どちらの図表も逆投資がプラスになっているのは，子会社から親会社への逆投資貸付が増加していることを示し，マイナスは親会社向け貸付が回収されていることを示している．

外国親会社とインハウスバンク，そしてインハウスバンクと外国子会社の間のいずれも，2007年に逆投資貸付が急増し，08-09年にそれらが回収されている．逆投資貸付の国別内訳・産業別内訳が明らかにならないために詳細は不明であるが，06-07年のアメリカやヨーロッパにおいてみられた景気の

図表 7-3　インハウスバンク（SFIs）の対内直接投資

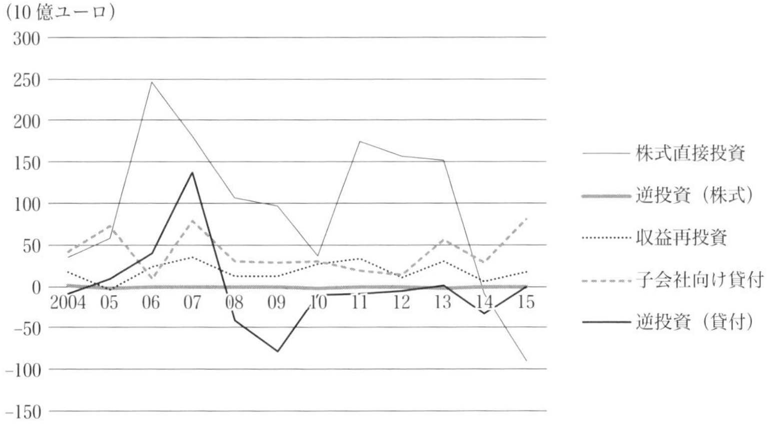

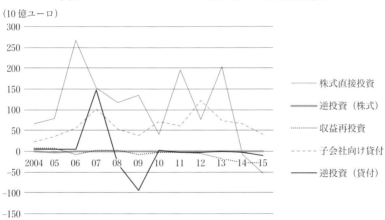

出典：図表 7-2 と同じ．

図表 7-4　インハウスバンク（SFIs）の対外直接投資

出典：図表 7-2 と同じ．

拡大と 08 年のリーマンショック，景気後退という状況を反映していると考えられる．06-07 年には好景気による親会社の投資拡大をファイナンスするために，これまでインハウスバンクや子会社に蓄えられていた資金が親会社

へ逆投資されたが，08-09年の金融危機時にはこれら資金が回収されている．当時，急速に高まった信用不安に対応するために，インハウスバンクや現地事業子会社が親会社に貸し付けていた逆投資資金を早急に回収したと考えられる．

図表7-2では2004-15年の年平均を掲載していたために，逆投資貸付が他の項目に比べて非常に小さかったが，これは毎年のプラス・マイナスが相殺されていたためであり，その変動を年ごとに追っていくと逆投資がその他の直接投資項目と同様，インハウスバンクのマネーフローの中で一定の規模を維持していることが分かる．

逆投資の毎年の変動が大きいのに対して，子会社向け貸付は比較的安定している．インハウスバンクから外国子会社への貸付は毎年，500～1,000億ユーロ程度行われている．すべてがプーリングを介して行われているわけではないだろうが，インハウスバンクが仲介役となり多国籍企業グループ内で双方向的に貸付資金が融通されていることが分かる．

インハウスバンクに集積した資金のもう1つの投資先は，新たな支配実現型直接投資である．過去12年間の平均でみるとオランダ・インハウスバンクは毎年，1,061億ユーロもの株式直接投資を行っている．インハウスバンクの最大の投資項目である．既存の事業子会社によって獲得された利益がインハウスバンクに集められ，それが親会社からの新規投資資金と合わさって，新たなM&Aなどに利用されているのである．

通常，国際収支上で「収益再投資」として集計されているのは，子会社の利益のうち配当に回されなかった内部留保を指す．しかし，本章ではインハウスバンクを介した多国籍企業グループ全体の構造を捉えるために，統計上の「子会社内収益再投資」に加えてグループ全体として過去の投資によって得た利益を，インハウスバンクを介してグループ内で再投資に回した場合も含めて「収益再投資」とする．

たとえば図表7-2でみると，次のような関係にある．インハウスバンクの対外直接投資における収益再投資は68億ユーロのマイナスであり，これは

前述のとおり外国子会社の利益からインハウスバンクに支払った配当を引いた金額である．また対内直接投資における収益再投資は185億ユーロであり，これはインハウスバンクの利益から外国親会社に支払った配当を引いた金額である．

　本章ではこれらに加えて外国事業子会社がインハウスバンクに配当や利子として支払い，それらがさらに新規子会社の買収やグループ内の貸付などに活用された場合も，多国籍企業グループ全体としての「収益再投資」と考える．第3章で述べた通り，本書ではこうしたグループ全体での収益再投資を，統計上の「収益再投資」と区別するために「グループ内収益再投資」と呼ぶ．

　今日の市場環境が変化するスピードは速い．このような中で，多国籍企業は既存の海外投資によって得た資金を，その子会社の内部だけで活用するのではなく，グループ全体としてもっとも利益率が高い国や事業に再投資しなければならない．そのため統計上表れる個別企業内での収益再投資だけでは，グループ全体としての構造を捉えることができないのである．以下では，「グループ内収益再投資」を次の2つ，すなわちプーリングを介した短期的な貸付とM&Aなどの新規子会社への投資に分け，それぞれ多国籍企業の支配拡大にどうつながっているのか，を考察する．

第2節　プーリングを介した資本移動のポートフォリオ投資的性格

　プーリングを介した資本移動は，第1章でみたとおり，従来の直接投資とは全く異なる性格をもつ．それは短期的であり，双方向的であるために，直接投資というよりはポートフォリオ投資的な特徴がある．本節では，まずプーリングを介した資本移動のポートフォリオ投資的な特徴を明らかにする．そのうえで，第3節において，それでもこうした資本移動が直接投資である所以を議論していこう．

（1） プーリングによる多国籍企業内国際投資マネーフロー

　プーリングのしくみについては第1章で述べたとおりである．同じ多国籍企業グループに属する各子会社の資金を，インハウスバンクで集中的に管理する方法である．インハウスバンクは，各子会社の余剰資金を吸い上げ，逆に不足している子会社に貸し付ける．各子会社の口座間の資金移転は，毎日もしくは毎週といった間隔で行われる．プーリングを介した多国籍企業グループ内の資金移動は，非常に短期的に双方向的に行われている．

　たとえば化学メーカーのデュポンのキャッシュマネジメント・システムについてみてみよう[6]．デュポンは，アメリカ・ヨーロッパ・シンガポールの3地点にリージョナル・トレジャリーセンターを置き，それぞれでプーリングを行っている．アメリカとシンガポールは米ドルでのプーリング，ヨーロッパはユーロ建てのプーリングが行われている．ここで短期的に資金が不足している子会社に資金を貸し付けることはあるが，それは1か月以内の短期貸付である．たとえばグループ内からの商品仕入に伴う資金決済は毎月20日であるが，顧客からの入金が月末であった場合，10日間の資金不足が発生する．このようなケースでプーリングによる貸付が実行される．しかし，こうした資金不足が慢性的に1か月を超える時には，プーリングでの資金補填が認められていない．

　総合電機メーカーのGE（General Electric）も早い段階からプーリングを利用している[7]．GEでは，アメリカとインド，東京の3地点にトレジャリーセンターを置いている．営業日の終了時点でサプライヤーへの支払と資金の回収をそれぞれ専用の口座を通して行い，各子会社は残高を持たないゼロバランス・ストラクチャーを採用している．もちろん，各国の規制などでゼロバランスの対象とできない子会社もあるが，それ以外は基本的にプーリングの対象となっている．

　こうした事例からも分かるように，プーリングを介したグループ内国際投資マネーフローは，直接投資というより，むしろポートフォリオ投資に近い特徴を持っている．これまで議論してきたとおり，直接投資は支配を目的と

しているのに対して，ポートフォリオ投資は利子や配当，キャピタルゲインの取得を目的としている．プーリングを介したグループ内の資本移動，とくに事業子会社からインハウスバンクへの逆投資は，投資先の支配を目的とした投資とは言い難い．むしろ以下でみるとおり，金利の差による利益を取るポートフォリオ投資的な側面が強い．

(2) プーリングによる「利ざや」の獲得

インハウスバンクは，グループ内の資金余剰子会社から資金不足子会社に資金を仲介する．グループ全体の資金過不足を調整した後に，全体として資金が不足している場合は，外部金融市場から資金を調達し，逆に資金が余っている場合は運用する．このときの金利の差がインハウスバンクの利益になる．もちろん，インハウスバンク設立の目的は，インハウスバンクが単独で利益をあげることではなく，グループ全体で資金を効率化することである．そのため，一方的にインハウスバンクのみが利益をあげるような金利設定であってはならない．プーリングの対象となる事業子会社にとって，外部金融市場を利用するよりプーリングで資金を手当てしたほうが有利になるという状況を作らなければならない．と同時に，インハウスバンクも資金仲介によって損失が発生しないようにしなければならない．

インハウスバンクが自らの採算を度外視して，グループ内事業子会社に対してゼロ金利などで資金を貸す，もしくは市場での運用金利を超えた利子を事業子会社に支払うことは，事業子会社の過剰な借入や預入を招き，グループ全体としての効率的な資金運営ができなくなる．またこうした行為は，同じグループ内であっても別法人であるために，不当な利益供与とみなされ，税法上，問題がでてくる[8]．

こうした条件を考慮すると，具体的な金利設定は図表7-5のようになる．すなわち，インハウスバンクがグループ会社に対して貸し付ける際の金利は，インハウスバンクが外部金融市場で資金を調達した際に支払う金利よりも高く，かつ事業子会社が外部金融市場で資金を調達する金利よりは低く設定す

図表 7-5　インハウスバンクが設定する金利

```
高金利
  ↑   外部金融市場における事業子会社の資金調達金利
  │   インハウスバンクのグループ会社への貸付金利
  │   外部金融市場におけるインハウスバンクの資金調達金利
  │   外部金融市場におけるインハウスバンクの資金運用金利
  │   インハウスバンクのグループ会社からの借入金利
  ↓   外部金融市場における事業子会社の資金運用金利
低金利
```

出典：中村正史（2008）92 ページを参考に，筆者作成．

る．逆に，インハウスバンクがグループ会社から資金を預かる際の借入金利は，インハウスバンクが外部金融市場で運用する時の金利よりは低く，かつ事業子会社が外部金融市場で運用する金利よりは高くなるように設定する．こうした金利設定があれば，事業子会社にとって外部金融市場よりインハウスバンクとの取引が有利になり，プーリングに参加できるようになる．結果として，グループ全体の資金が効率的に活用される．

こうした金利設定の前提にあるのは，外部金融市場におけるインハウスバンクの資金調達・運用にかかわる金利が，各事業子会社に比べて有利であるという点である．たとえば，インハウスバンクによる外部金融市場での資金調達は，通常親会社と同等の低いコストとなる．インハウスバンクの業務はあくまでも親会社財務部の機能を外部化したものであり，親会社と同列とみなされる．またインハウスバンクが外部金融市場で資金を調達する際には，親会社の保証つきの債券を発行する，もしくは親会社と共同で MTN プログラム[9]を設定する，という形をとる．これによって親会社と同様の低コストでの資金調達が可能になる．そのためインハウスバンクの資金調達コストは，外国事業子会社が各自で資金調達するよりも低いものとなる．

たとえば電力インフラや金融サービスを提供する多国籍企業 GE の金融サービス子会社 General Electric Capital Corporation（GECC）は同グループ

のインハウスバンクである GE Capital Australia Funding や GE Capital European Funding などと共同で MTN プログラムを設定している[10]。このプログラムの下,発行された債券は親会社の GECC が保証している。また,ゼネラルモーターズ (GM) のかつての販売金融子会社であった GMAC もグループ内のインハウスバンクが発行する手形に保証を与えている[11]。こうした仕組みによってインハウスバンクは,親会社同様に,低いコストで資金を調達することができる。

逆に外部金融市場で運用する際の金利も,外国事業子会社よりインハウスバンクのほうが高くなる。外国事業子会社は,金融系多国籍企業を除いて,通常,他の事業(製造業や鉱業,サービスなど)に従事しており金融業を専門としていない。それに対して,インハウスバンクはグループ内金融や外部金融市場での資金調達・運用にもっぱら従事している。

また,各国事業子会社は基本的に所在国での活動が中心であるため資金運用も同国内に限定される場合が多い。しかしインハウスバンクはヨーロッパなど特定の地域内における複数の国で資金運用しているケースが多く,その時々でもっとも高い金利が得られる運用先に資金を投資している。こうしたことから,インハウスバンクはグループ内金融を専門に行う機関として,各国の事業子会社より有利に資金調達・運用できるといえる。

こうした状況下で図表 7-5 にあるような金利が設定されたならば,インハウスバンクはグループ会社や外部金融市場に対する貸付・調達金利の差によって以下のような利ざやを獲得することができる。すなわち,グループ内でのプーリングによって,資金余剰子会社から不足子会社へ資金仲介を行った場合は,グループ会社からの借入金利とグループ会社への貸付金利の利ざやを,そしてそのプーリングの結果,グループ全体として資金余剰になった場合は,それを外部金融市場で運用することでグループ会社からの借入金利と外部金融市場での運用金利の利ざやを獲得できる。逆にグループ全体として資金不足になった場合は,外部金融市場で資金を調達し,それをグループ内貸付に回すことで両者の利ざやを得る。

もちろん，こうした利ざやはわずかであり，インハウスバンクが積極的に利益を挙げることを目的としているわけではない．こうした点について，筆者がヒアリングした総合商社 A 社の財務担当者も次のように述べている．
　「インハウスバンクは金融インフラ会社としての性格をもつ．事業子会社への貸付などで積極的に利益を追求するわけではない．赤字にならない程度で十分である．あくまでもグループファイナンスを行う」[12]．
　インハウスバンクの目的は，あくまでもグループ内における資金の効率化であることは自明であるが，それを踏まえた上でグループ内における金利設定によってインハウスバンクが赤字にならない程度の「利ざや」を獲得しているといえる．逆に図表 7-5 のような金利設定が成立しなければ，グループ全体として資金の効率化もできないのである．
　こうした現象は，従来のハイマー理論にどのようなインパクトを与えるだろうか．ハイマーが登場する前の 1950 年代までの議論では，直接投資とポートフォリオ投資の区別が明確になっておらず，いずれも各国間の金利の格差が原因と考えられていた．すなわち低金利国の企業が，本国で低いコストで調達した資本を金利が高い国に直接投資する，という議論である．そこでハイマーは，次のような問題を提示した．
　「もしある企業がすでに対外事業活動を開始しており，またもし資本費用は国外の方が高いとしたら，対外事業活動はさておき，なぜ，その企業は，国外で資金の貸付けを行うことによって二つの資本市場間の鞘取りを行わないのであろうか」[13]．
　ハイマーは，この問いに対する答えとして国際資本移動に伴う障壁，コストを挙げている．資本が国境を越えて移動するとき，「費用は高く，情報は乏しく，常に為替レート変動の危険にさらされている」[14]．そして，この「資本移動に対する障壁は，資本市場にとっても企業にとっても同様に存在する」[15]ので，多国籍企業は支配に関係ない負債資金を親会社や本国から調達するのではなく，子会社が所在する現地で調達する，と述べている．たとえ親会社所在国の利子率が子会社所在国の利子率より低かったとしても，資

本移動コストがあるために，負債資金は子会社所在現地国で調達したほうが低コストになる，という議論である．その議論を引き継いだ宮崎（1982）は，さらに一歩進めて，資本移動費用が資本市場よりも個別企業を経由した場合，より一層高くなるとしている[16]．その結果，外国子会社は現地で負債資金を調達するだけでなく，現地で貸付を行わない，と結論づけた．

　グローバル・キャッシュマネジメント・システムが発達した今日において，こうした議論をそのままあてはめることはできない．これまでみてきたとおり，多国籍企業はインハウスバンクを通じて株式資本だけでなく，負債資金もグループ内で融通している．ハイマーや宮崎が指摘した資本移動障壁，すなわち外国への送金手数料・情報の乏しさなどはいずれも，グループ内の資本移動に限定する限りグローバル・キャッシュマネジメント・システムの導入によって大幅に改善した．また為替レートの変動リスクもユーロ導入国については消失した．

　こうした変化により多国籍企業グループ内の資本移動費用は劇的に下がり，今や市場経由での資本移動コストよりも低くなったと考えられる．グループ内資本移動コストがより低くなったからこそ，インハウスバンクはグループ内プーリングによって利ざやを獲得できるようになった．

　ただここで注意しなければならないのは，こうした資本移動コストの低下はあくまでも，キャッシュマネジメントが導入される多国籍企業グループ内に限定される点である．グループ外への貸付や借入は，情報の不足などによる資本移動コストが依然として高い．そのため，今日においてもハイマーの時代と同じように，インハウスバンクがグループ外の企業を対象に貸付を行うことはない．そのことは，図表7-5の金利設定でも分かる．すなわち，インハウスバンクといえども外部金融市場では，調達金利が運用金利を上回っているために，グループ外での金利の鞘取りはできないのである．

第3節　キャッシュマネジメントと既存子会社の支配

前節で検討したとおり，プーリングによるグループ内国際投資マネーフローには，ポートフォリオ投資的な性格があることが分かった．しかし筆者はこれが直接投資，すなわち多国籍企業による海外子会社の支配を目的とした投資であると考える．これまでの子会社株式を取得するという直接投資とは異なる，グローバル化が進んだ今日における多国籍企業の新たな支配の形態と捉えている．本節では，こうした資本移動がなぜ外国子会社の支配につながるのか，について議論しよう．

(1) キャッシュマネジメントの導入による既存子会社の支配強化

前節でもみたとおり，プーリングによるインハウスバンクと子会社の間の資金移動は短期的で双方向的である．また，インハウスバンクはこうした資金仲介を通じて，利ざやを獲得していた．こうした特徴が，従来からの直接投資の性質，すなわち子会社を支配するための長期的な株式投資といった形態にそぐわないと議論になってきたのである．しかし最新の国際収支マニュアル（BPM6）では，プーリングなどによって発生する短期的な資本移動も，やはり直接投資として分類されることになったのは，第1章でみたとおりである．

BPM6では，その理由として，プーリングを介した短期的な資本移動であっても直接投資関係（FDIR: Foreign Direct Investment Relationships），すなわち親会社を頂点とした多国籍企業グループ内で発生する統合的な金融取引の一部である，という点を挙げている．直接投資関係にあるグループ内企業間の債権，債務は，資本関係のない外部企業や外部投資家との間のそれとは異なる，という点に注目している[17]．ただBPM6では，それ以上の詳しい分析はなく，グループ内の資本移動が外部金融市場における資本移動とどう異なるのか，なぜこれらが直接投資に分類されるのかについての具体的な記

述はない．

　筆者は，以下でプーリングをはじめとするキャッシュマネジメント・システムの詳細を検討しながら，BPM6で抜けている議論，すなわち，グループ内における短期的で双方向的な資本移動が，なぜ直接投資になるのか，について考察する．結論を先取りすれば，キャッシュマネジメント・システムの導入は，親会社が財務・資金調達の側面において子会社をより強力に管理・支配することを可能にする手段なのである．グローバル化・IT化が進展した今日における多国籍企業の新たな子会社支配の形態といえる[18]．

　この点は，キャッシュマネジメントを導入する際の本国親会社と海外子会社の相互的な関係に表れている．まず，各子会社をゼロバランスなどのプーリングに入れる場合，本社財務部はその資金繰りを予想するために，子会社の入金と出金を本社やトレジャリーセンターの口座などに集中させなければならない[19]．こうして各社のキャッシュの動きを摑んだうえで，それぞれの日々の資金繰りに応じてプーリングの際の貸付枠などを設定する．しかし，キャッシュマネジメントの導入にグループ内の各子会社が反対するケースも多い[20]．

　子会社からみれば，キャッシュマネジメントの導入は，これまで自ら行ってきた資金管理に関する権限を失うことを意味するためである．子会社の反対は，たとえば「①お金を取り上げられるとの情緒的な抵抗，②自主性・独立性が損なわれるとの危惧，③本社が流動性を確保できるのかの不信，④本社よりも銀行の金利条件の方がよい」といった点が代表的なものとして挙げられている[21]．

　グループ全体としてはプーリングを導入し，資金を効率化したほうが圧倒的に有利であるが，子会社の反発によって資金集中度が上昇せず，プーリングの効果を実現できない例もある．よってキャッシュマネジメントを導入する際には，システムのメリットをグループ内で共有することが重要になってくる．

　こうした反発を超えてキャッシュマネジメントを導入できれば，それ以降，

親会社は既存子会社の支配・管理を効率的に行うことができる．すなわち，親会社はインハウスバンク（トレジャリーセンター）に集中する子会社の入金・出金情報，現金保有残高などを瞬時に把握し，その子会社の事業が利益を生んでいるのかを正確に判断することができる．

たとえばマイクロソフトは，毎月，350以上の子会社からさまざまな通貨で報告されるキャッシュフローの予測データを収集しているが，かつてはこのデータ収集だけで3週間かかり，正確な予測が困難であった[22]．しかし，現在ではSWIFTの口座を取得し，世界全体の現金の99%を正確に把握することができている．

また，グーグルも世界中で事業活動を展開するため，さまざまな通貨での取引が発生していた[23]．こうした為替取引や管理を自動化することがグーグル財務部門の懸案事項となっていたが，キャッシュマネジメント・システムの導入によって，取引に関する情報が15分おきに自動的に更新されるようなり，子会社の支配・管理が容易に行われるようになった．たとえば，グループの世界全体における現金を把握しようとすると，2007年には1日かかって全体の50%がようやく確認できていたが，11年には全く人の手を介さなくても1日の内に全体の96%を把握できるようになった．

飲料会社のペプシコも100か国以上で事業活動を行う多国籍企業であり，毎日世界中で5億ドル以上の売上を回収している[24]．世界各地に散らばった何千という銀行口座の預金残高を確認するには1日から2日の時間がかかっていたが，2005年にシティグループが提供するグローバル・キャッシュマネジメント・システム（Treasury Vision）を導入してからは分単位で世界中の銀行口座情報を取得できるようになった．さらにこのシステムでは，ペプシコの世界全体における投資や借入などの情報も併せて取得できる．銀行が，融資先の経営状態をその口座の入金・出金情報を通じて把握するのと同じように，インハウスバンクはグループ全体の子会社のキャッシュフローを瞬時に把握することで，子会社を効率的に管理できるようになった[25]．

こうした事例からも分かるとおり，キャッシュマネジメント・システムの

導入は，単に金利コストや送金コストを削減するというだけでなく，財務の「見える化」を実現し，世界各地に散らばっている子会社の効率的な管理を可能にすることで，多国籍企業による既存海外子会社の支配を強化しているのである[26]．こうした観点からも，グローバル・キャッシュマネジメントを通じた企業内国際投資マネーフローは，その1つひとつの資本移動をみれば短期的・双方向的でありポートフォリオ投資的な性格が強いが，それを総体としてみれば既存の外国子会社の効率的な支配を目的としており，直接投資として位置づけることができる．

(2) 事業の現地化とキャッシュの集中化

キャッシュマネジメントの導入は，上述したように多国籍企業の既存外国子会社の支配を強化するが，この役割は海外投資が拡大し，各国で個別の対応や現地化が求められる今日において，ますます重大な意味を持つようになる．これまでも親会社と子会社の権限の委譲をめぐる議論は，「多国籍企業の現地化」問題として展開されてきた．古くは1920-30年代のフォードとGMの現地化戦略の違いから，第二次大戦後のP&Gの集権化とユニリーバの分権化など様々な産業の企業を対象に事例研究が行われ，多国籍企業の経営をめぐる親会社と子会社の権限の分担が議論されてきた[27]．

それぞれの企業の事業については，各製品の特徴，各国の規制や消費者の嗜好などさまざまなパターンがあるので，個々の多国籍企業によって異なる現地化戦略が取られている．多国籍企業は，現地市場のニーズに合わせるローカル化と同時に，世界規模での効率を追求する，もしくは世界的な統一ブランドの採用などといったグローバル化によるメリットも追求する．重要なことはどの部分を現地化し，逆にどの部分をグローバルに集中するのか，であり，両者のバランスをいかに適切に取るのか，ということである[28]．

たとえば商品のデザインや品質など海外現地市場での個別ニーズに対応しローカル化すべき側面がある一方で，ますます増えていく海外子会社の経営を管理・支配し，世界全体で利益を拡大していくには，どのようにすればよ

いのか．プーリングをはじめとするグローバル・キャッシュマネジメント・システムは，本社が子会社の資金の出入りを逐一，確認できる体制を実現することで，多国籍企業グループとしてのグローバルな支配体制を強化しているのである．

たとえば日用品メーカーのP&Gの海外事業活動を例として挙げよう．洗剤やシャンプーといった日用品は，各国の消費者の嗜好や風土・気候などの影響を強く受けるために，製品開発や広告などでは国別の対応が強く求められる．

P&Gの場合も国別の事情に合わせた製品やマーケティングの現地化が進められてきた．P&Gの代表的な紙おむつ「パンパース」は，日本では当初，アメリカと同じものが発売されていたが，ユニチャームなどの日本のライバル企業とのシェア争いに負けていた[29]．体格の違いに加えて，日本の消費者はアメリカに比べてより頻繁におむつを交換する，という特徴があった．そのため，日本版のパンパースはアメリカのパンパースよりも薄く，身体にフィットし，より簡単に装着できるものが開発・販売された．それにより日本市場でのシェアも上昇した．

また中国市場では，P&Gの代表的商品である洗剤からではなく，シャンプーなどのヘアケア商品から事業をスタートした[30]．ヨーロッパや日本に進出する際には，P&Gはまず洗剤からスタートしていたが，中国の消費者は洗剤の効果，すなわち白くきれいに洗いあげるという洗剤の洗浄能力を重視していないことが市場調査の結果，明らかになった．反対にシャンプーに対しては消費者の反応が好調であった．そのためP&Gは中国ではヘアケア商品から事業をスタートさせた．消費財メーカーという製品上の特徴により，P&Gは進出先の現地消費者のニーズを分析したうえで，個々の国にあった商品や広告・マーケティング活動を展開している．

ただ製品やマーケティングで現地化を進めるP&Gも，1990年代半ばにグローバル・キャッシュマネジメントを導入し，財務面では子会社の管理を強化している[31]．アメリカ・アジア・ヨーロッパの3地点にインハウスバンク

を設置し，プーリングやネッティングを行っている．P&G でもキャッシュマネジメントの導入当初は，現地マネージャーが反対していたが，プーリングによって現地の銀行からの借入を減らすだけでなく，煩雑な入金や出金の業務を標準化することで効率化が実現した．導入から 10 年がたち，資金の集中度は 2007 年で 80% に上昇している．また，単にコストを削減できただけではなく，子会社管理の面でもメリットがあった．P&G は 05 年に剃刀メーカーのジレットを買収したが，P&G の財務部門はその膨大な取引量にもかかわらず，キャッシュマネジメントの導入によって，1 週間以内にジレットの現金の動きを把握できたのである．

　P&G のような日用品メーカーなどは特にそうであるが，世界各国で一定のシェアを獲得しようとした場合，製品やマーケティングにおいて現地市場のニーズに合わせることが求められるであろう．それを実現するためには海外子会社の経営陣に現地出身のマネージャーを加え，製品開発や販売戦略の権限を委譲するといった現地化も必要になる．もちろん逆に，世界的に統一したブランドでほぼ同一の製品を生産・販売する企業もある．この場合は，世界中で同一の部品を使い，同じような生産工程で製品が作られるために，規模の経済性が追求できる．たとえばアップルの iPhone などはその典型であろう．多国籍企業が，現地化を追求するのか，それともグローバルに統一するのかは，それぞれの製品の性質やブランド戦略の違いによるであろう．

　しかしいずれの場合も，多国籍企業の本社は世界各地にある外国子会社が売上を伸ばし，費用を抑え，利益を獲得しているのかを把握し，適切に管理しなければならない．グローバル・キャッシュマネジメントを導入することは，インハウスバンクを通じて本社の財務部が外国子会社の現金の動きを瞬時に把握することを可能にしており，子会社の経営を効率的に管理・支配できる体制を整えるのである．筆者が外資系銀行にヒアリングした際にも，キャッシュマネジメントは資金効率化だけでなくガバナンスの問題も含む，という指摘があった[32]．

　また，早くからキャッシュマネジメント・システムを導入してきたアメリ

カの総合電機メーカー GE には，次のような理念がある．それは，すなわち「キャッシュは事業ではなく，コーポレートに所属する」[33]というものである．企業がグローバル化し，それぞれの製品に関わる事業については各子会社・事業部門に権限を委譲し現地化を進めることもあるが，事業活動の結果として生まれる現金については親会社・財務部門が詳細に把握し，最終的な決定権を握っている．現金の流れを抑えることは，親会社が子会社を管理・支配することを可能にする．

このようにキャッシュマネジメント・システムは，単にグループ内の資金効率を高めコストを削減するだけでなく，多国籍企業親会社による既存の外国子会社の支配強化を実現するのである．

第4節　インハウスバンクによる新規子会社への投資

インハウスバンクは，プーリングなどを活用することで既存の外国子会社の支配を強化するだけでなく，M&A を通じてさらに新たな外国子会社を支配下に置いていく．第4章で考察したとおり，今日の事業環境の変化するスピードは凄まじい．1年前に過去最高益を達成したと思ったら，次の年には赤字に転落するといったケースもある．このような状況下で，常に新しい成長分野に新規投資を行わなければ，多国籍企業自身の存続も困難になる．

アメリカ多国籍企業は，既存の海外投資によって高い収益を獲得しながら，そこから生まれた収益を再投資することによってさらに新規の成長分野に進出する，というサイクルを作り上げている．

（1）　直接投資の収益率とグループ内収益再投資

アメリカ多国籍企業による直接投資が高い収益率を獲得していることは，これまでいくつかの研究で指摘されてきた．ここでは，こうした研究を振り返りながら，アメリカ多国籍企業にとって収益再投資がどのような意味を持つのか，について考察する．

まず，アメリカ多国籍企業の直接投資収益率が高い，といった場合，それは2つの意味で指摘されている．1つはヨーロッパや日本など他の国の直接投資に比べて高い，という点である[34]．これまでの研究は，アメリカの対外直接投資と外国の対米直接投資のROA（総資産利益率）を比較し，前者が後者より高いことを示している．そして，その理由について以下のように述べる．

1つは年齢効果説（The Age-Effect Hypothesis）である[35]．ヨーロッパや日本の対米直接投資は1980年代から本格的に拡大しているが，それまではアメリカの直接投資が圧倒的であった．設立直後，もしくは買収直後の企業は，立上げの際の設備投資や広告宣伝にコストがかかるため低い利益率しか獲得できない．外国企業であれば市場に不慣れなため，なおさらこのスタートアップにかかるコストは高くなる．日本やヨーロッパの多国籍企業も，一定の時間を経て現地市場に関する知識を増やし学習していけば，利益率の格差は小さくなってくる，というものである．

2つ目に挙げられる理由としては，リスク補償説（The Risk-Compensating Hypothesis）である[36]．これはアメリカ多国籍企業のほうがより高いリスクを取っているため，高い利益率はその見返りであるという説である．

そして最後は利益移転説（The Profit-Shifting Hypothesis）である[37]．すなわち，アメリカの税率が他の国よりも高いために，外国系多国籍企業はアメリカでの利益を他の国に移転させる，というものである．

これまで指摘されてきたアメリカ多国籍企業の利益率の高さは，現在でも継続しているのだろうか．図表7-6はアメリカの対外直接投資と外国の対米直接投資の利益率を比較したものである[38]．これをみると，やはり過去30年以上にわたって一貫してアメリカの対外直接投資のほうが外国の対米直接投資の利益率を4％ほど上回っている．年齢効果説ではその差が縮小していくといった指摘もあったが，依然としてアメリカ多国籍企業の利益率の高さは継続している．

また，アメリカ対外直接投資の利益率が高い，ということはポートフォリ

図表 7-6 アメリカの対外直接投資と外国の対米直接投資の利益率

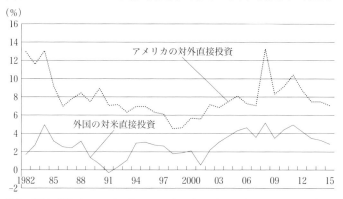

出典：BEA, U.S. international transactions in primary income, International Investment Position.

オ投資などの他のアメリカの投資に比べて高い，という意味で指摘される場合もある[39]．ただポートフォリオ投資の中でも，株式への投資だけは対外直接投資よりも高い収益率であることが，Gourinchas, Pierre-Olivier and Rey, Helene（2007）や，Curcuru, Stephanie E., Dvorak, Tomas and Warnock, Francis E.（2008）によって指摘されている．それに対して，銀行貸付や債券投資は対外直接投資より収益率が低い．一般的に国内投資でも外国投資でも，株式投資のほうが銀行貸付や債券投資よりもリスクが高い分，収益率も高くなるといわれている．図表7-7で，アメリカ対外投資の各項目の利益率を確認しよう[40]．これまでの研究同様に，やはり直接投資の利益率がポートフォリオ投資やその他投資を上回っていることが分かる．

　以上，これまでの研究を振り返りながら，アメリカ対外直接投資の利益率が高いことが確認された．こうした高い利益率がアメリカの収益再投資を支えている．第3章でみたとおり，アメリカの直接投資で最大の項目は収益再投資である．新規の株式投資が景気や株価の変動によって大きく影響されるのに対して，収益再投資はほぼ一貫して増加し続けている．とくにリーマンショック以降，新規株式投資による直接投資が大幅に減少する中で，収益再

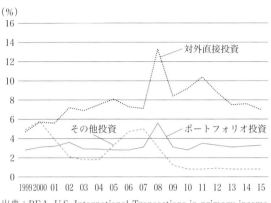

図表7-7 アメリカの対外投資各種の利益率

出典：BEA, U.S. International Transactions in primary income, International Investment Position.

投資は全体の7〜8割以上を占めるほどに拡大している．またこうした統計上，明らかになる収益再投資だけでなく，インハウスバンクを介したグループ内収益再投資があることは前述のとおりである．多国籍企業が対外事業活動によって獲得した利益が，さらに新たな投資に向けられることで，今日のアメリカの直接投資は支えられているのである．

(2) 支配実現型直接投資としてのグループ内収益再投資

多国籍企業による直接投資は，まず親会社による新規の支配実現型直接投資からスタートする．グリーンフィールド投資の場合は，親会社が主体となって設立する子会社の新規発行株式に投資が行われるのに対して，M&Aの場合は外国で既に発行された株式を親会社が購入する．本章ではこれらを支配実現型直接投資とした．多国籍企業が外国での活動を拡大し，そこで獲得する利益が増加すると，その利益を子会社から親会社への逆投資という形で還流させるようになった．また外国子会社が獲得した利益は，1990年代以降，グローバル・キャッシュマネジメント・システムが普及するに従って，インハウスバンクに集中されるようになり，新たな支配実現型投資を行う際

にも，親会社ではなくインハウスバンクが直接の投資主体になるケースが増えてきた．

本章では，このようにインハウスバンクが子会社から集めた利益を，再投資に振り向ける場合もグループ内の収益再投資と捉えている．ここでは，インハウスバンクによるグループ内収益再投資としての新たな投資を，アメリカ多国籍企業の支配拡大プロセスの完成形態として位置づけ，以下いくつかの事例を通してその性質を考察する．

近年，多国籍企業の租税回避行動が問題視され，各国の政府機関による調査が行われたが，アメリカ多国籍企業についてはとくに低税率国における利益の蓄積とそれによる外国企業の買収が注目された．その中で議論になったのは，アメリカでの税負担を避けるためにインハウスバンクなどに蓄積された利益が，外国での新たな企業買収につながっている，という指摘である[41]．

たとえば総合電機メーカーのGEは，2011年にConverteamというフランスのエネルギー企業を32億ドルで，イギリスの石油設備メーカーWellstream Holidingsを14億ドルで買収しているが，いずれの場合もGEの海外現金準備が利用された，と指摘されている[42]．その他にもマイクロソフトによるスカイプやノキアの買収，ヒューレット・パッカードによるAutonomy（イギリスのソフトウェア会社）の買収，シスコシステムズによるNDS Group（イギリスのソフトウェア会社）の買収などで同じように海外での現金が利用されている[43]．

海外における現金を活用した買収であったとしても，親会社が行う支配実現型投資と同じように，それは多国籍企業の支配を拡大させる．総合電機メーカーのGEは，1990年代にジャック・ウェルチの下，急速に金融事業を拡大させたが，2008年のリーマンショック以降は逆に金融事業を切り離し，エネルギー・インフラ事業に投資を振り向けるようになった．

図表7-8はGEの事業部門別売上を示している．1999年には金融部門が全体の50%を占めていたが，2000年代後半からその比率は徐々に減少し，15年には金融部門の売却が完了したことが分かる．代わってエネルギー・

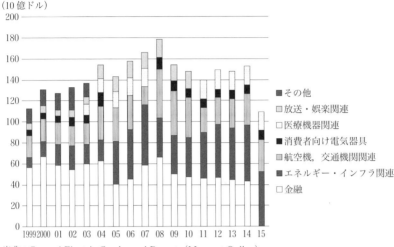

図表 7-8　GE の事業部門別売上

出典：General Electric Co. Annual Report.（Mergent Online）

インフラ事業が拡大している．GE は，アメリカ多国籍企業の中でも特に成長事業への投資と事業再編に積極的に関わってきた企業である．リーマンショック以降，金融事業・不動産事業で利益が減少すると，いち早く金融に代わる成長分野として発電インフラやエネルギー事業を重視する姿勢を打ち出し，数々の買収を行ってきた[44]．

上記 2 社以外にも，2011 年には Dresser（米のエネルギー・インフラ会社），12 年には Industrea（オーストラリアの資源掘削機メーカー），13 年には Lufkin（米の資源掘削機メーカー）を買収している．さらに 15 年には，フランス・アルストムの重電事業買収を完了させた．この買収により，ヨーロッパのガスタービン市場における GE のシェアは，およそ 50％ に達すると予想されている[45]．上記の Converteam, Wellstream Holidings 以外の買収において，その資金源は明らかにされていないが，とくにアルストム買収では 73 億ユーロの現金が必要とされており[46]，その一部は GE の既存海外事業から獲得された利益も使われることが予想される．

マイクロソフトも 1990 年代後半から小規模な買収を多数行っていたが，

2000年代以降は買収金額が10億ドルを超える大型M&Aを行うようになった．80-90年代にかけてウィンドウズやワード・エクセルなどのPC向けソフトウェアで独占的地位を築き，総資産額は毎年50％以上増加するという驚異的な成長をみせていた[47]．しかし00年代以降，成長率は10％程度に落ち込んだ．こうした中で大型の買収が行われるようになった[48]．

2007年にはaQuantive（米のネット広告会社）を63億ドルで，08年にはFast Search（ノルウェーの検索エンジンサービス）を11億ドルで買収している[49]．そして11年にはスカイプ（ルクセンブルクのインターネット無料通話サービス）を85億ドルで買収した．さらに12年にYammer（米のソーシャル・ネットワークサービス）を12億ドルで，13年にはノキアの携帯電話事業を72億ドルで買収した．マイクロソフトの場合も，スカイプとノキアの買収では海外に蓄積していた現金が利用されたことは，前述のとおりである．それ以外の買収については明示されていないが，ヨーロッパをはじめとする海外企業の買収では，既存の海外事業で獲得した利益が使われている可能性は高いと考えられる．いずれにせよ，00年以降，通信サービスやソーシャル・ネットワークサービスなどの分野に積極的に投資している．

以上のとおり，アメリカ多国籍企業は，収益再投資による子会社の買収であっても，親会社による支配実現型直接投資と同じく，成長率が高いと予想される分野に投資を行っていることが分かる．GEの場合は，リーマンショック後の事業再編，すなわち金融部門からの撤退とエネルギー・インフラ事業への集中投資として行われた．マイクロソフトは，成長が鈍化してきたPC向けソフトウェア事業からオンライン・サービスへの事業転換である．アメリカ多国籍企業は，支配実現型投資によって外国で獲得した利益を，さらに再投資に回すことで支配を拡大する，という成長プロセスを描いているのである．

第 5 節　まとめ

　本章では，収益再投資を通じて多国籍企業が資産を拡大していくプロセスを考察した．直接投資統計における収益再投資は，子会社があげた利益から配当を引いた部分，すなわち子会社の内部留保を指す．しかし，今日の多国籍企業はグループ内でインハウスバンクを介して子会社の利益が再投資に回るために，本稿では統計上の収益再投資だけでなく，インハウスバンクを介した利益の再投資もグループ内収益再投資と位置づけた．グループ内収益再投資は以下の 2 つに大きく分けることができた．プーリングによる収益再投資とインハウスバンクによる新規子会社の取得である．

　本章では，直接投資は「支配」を目的とした投資であることを重ねて指摘してきたが，重要な点は今日の多国籍企業による「支配」がかつてのそれとは大きく異なってきたということである．その典型例がプーリングによるグループ内収益再投資であろう．プーリングは，グループ内の資金余剰子会社から資金不足子会社に資金を移動させることで財務の効率化を実現するが，そうした短期的で双方向的な資本移動は，親会社による子会社株式の所有による支配という形態からかけ離れたものであった．しかし本章で考察したとおり，プーリングとは，多国籍企業が進出先を拡大しそれぞれの市場で現地化していく中，財務をインハウスバンクに集中化させることで，親会社の支配を強化するものであった．

　多国籍企業は，グループ内収益再投資を通じて新規子会社を獲得し，拡大再生産を続けるだけでなく，世界各国に散らばった既存の子会社をプーリングによってより効率的に，そしてより強固に支配しているのである．

注
1) 1950 年は Hymer, Stephen Herbert（1976）邦訳 154 ページ，2015 年は BEA, USDIA より．

2) ヨーロッパや日本の直接投資に占める収益再投資の割合はもっと少ない．たとえば2013年の日本の直接投資において，収益再投資は13%を占めるにすぎない（財務省『国際収支状況』）．ヨーロッパの対アメリカ向け直接投資では収益再投資がマイナスになる年も多い（Lundan, Sarianna M.［2006］）．
3) BPM6, para.11.47.
4) "Mergers: Overseas Cash Fuels a Shopping Spree," *Bloomberge Businessweek*, August 15-28, 2011. 日本経済新聞2014年5月28日「ウォール街ラウンドアップ　米企業，海外資金の使い道」．
5) オランダの対外直接投資の7割から8割，対内直接投資の8割から9割は，インハウスバンク（SFIs）のそれである（DNB, Table 12.8 Direct investment（transactions））．
6) デュポンのキャッシュマネジメントについては，社団法人企業研究会（2004）219-243ページ参照．
7) NIRAフォーラム（2006）11-12ページ．
8) 中村正史（2008）132ページ．
9) MTNプログラム（Medium Term Note Program）とは，社債発行による資金調達を予定している企業があらかじめ契約書や目論見書を作成しておいて，その発行枠内であればいつでも債券を発行できる契約を指す．インハウスバンク自身が債券発行にあたって個別に格付けを取得する手間を避けるために，既に高い格付けを得ている親会社などと共同で発行する（外国為替等審議会「第79回国際金融取引における諸問題に関する専門部会議事録」1995年12月7日，http://www.mof.go.jp/singikai/gaitame/gijiyosi/1a008f8.htm）．
10) GECC, GE Capital Australia Funding Pty. Ltd., GE Capital European Funding, GE Capital UK Funding, *Base Prospectus, Programme for the Issuance of Euro Medium-Term Notes and Other Debt Securities; Due 9 Months or More from Date of Issue*, April 5, 2012.
11) GMAC INTERNATIONAL FINANCE B.V., *Offering Circular dated April 19, 2010, €1,000,000,000 7.50 per cent. Guaranteed Notes due 2015*.
12) 2010年1月28日実施のヒアリングより．
13) Hymer, Stephen Herbert（1976）邦訳138ページ．
14) Hymer, Stephen Herbert（1976）邦訳134ページ．
15) Hymer, Stephen Herbert（1976）邦訳135ページ．
16) 宮崎義一（1982）189-190ページ．
17) BPM6, para.6.26, 6.48.
18) IT技術が導入されるまでは，多国籍企業グループの各子会社の余剰資金を他の子会社に機動的に貸し付けるといったことは親会社が情報を管理できないため困難であり，基本的に子会社は所在国で個々に借入を行うことが通常であった（Robbins, Sidney M. and Stobaugh, Robert B.［1973］pp. 60-72.）．

19) 社団法人企業研究会（2004）132-135 ページ．NIRA フォーラム（2006）10-12 ページ．
20) 社団法人企業研究会（2004）138-148 ページ．中村正史（2008）179-181 ページ．西山茂（2013）82-88 ページ．Fletcher, Ben（2007）"Centralization at Procter & Gamble", *Treasury Management International*, Issue 158.
21) 社団法人企業研究会（2004）138 ページ．
22) *Treasury & Risk*, March 2011, pp. 27-29.
23) *Treasury & Risk*, March 2011, pp. 24-26.
24) "The Quest for the Perfect Platform", *Treasury & Risk Management*, Dec./Jan. 2006.
25) グローバル・キャッシュマネジメントの導入による効率的な子会社管理については，その他にもさまざまな事例がある（"Integrating Global Treasury Management", *Treasury & Risk*, Mar. 2007, "The Potential Value of an In-House Bank", *gtnews*, 18 Nov. 2003）．
26) IBM（2009）「インタビュー　日本アイ・ビー・エム株式会社　財務機能をグローバルで集約し，資金効率の向上，コスト削減，財務の『見える化』を実現」『ProVISION』60 号，2009 年冬．Eije, Henk von and Westerman, Wim（2002）
27) Jones, Geoffrey（2005）邦訳 240-261 ページ．
28) Hubbard, Nancy A.（2013）邦訳 315-316 ページ．Porter, Michael E.（1986）邦訳 19-47 ページ．
29) Dyer, Davis, Dalzell, Frederick and Olegario, Rowena（2003）邦訳 189-198 ページ．
30) Dyer, Davis, Dalzell, Frederick and Olegario, Rowena（2003）邦訳 308-316 ページ．
31) Fletcher, Ben（2007）"Centralization at Procter & Gamble", *Treasury Management International*, Issue 158.
32) 外資系銀行 B 行法人本部担当者とのヒアリングより．2010 年 4 月 7 日実施．
33) NIRA フォーラム（2006）11 ページ．
34) Landefeld, J. Steven, Lawson, Ann M. and Weinberg, Douglas B.（1992），Hung, Juann H. and Mascaro, Angelo（2004），Curcuru, Stephanie E., Dvorak, Tomas and Warnock, Francis E.（2008）参照．
35) Hung, Juann H. and Mascaro, Angelo（2004）pp. 19-23.
36) Hung, Juann H. and Mascaro, Angelo（2004）pp. 12-19.
37) Hung, Juann H. and Mascaro, Angelo（2004）pp. 23-29.
38) いずれも対外直接投資残高（direct investment position at market value, directional basis）に対する直接投資収益（direct investment income, directional basis）の割合を表す．
39) Itay, Goldstein and Razin, Assaf（2005），Gourinchas, Pierre-Olivier and Rey,

Helene（2007），Curcuru, Stephanie E., Dvorak, Tomas and Warnock, Francis E. (2008) 参照．
40) 対外直接投資については図表 7-6 と同様に，対外直接投資残高（direct investment position at market value, directional basis）に対する直接投資収益（direct investment income, directional basis）の割合を表す．ポートフォリオ投資とその他投資についても，投資残高（International Investment Position）に対する各投資収益（U.S. International Transactions in Primary Income）の割合を示す．
41) Edwards, Alexander, Kravet, Todd and Wilson, Ryan (2014).
　2008 年の金融危機後には，企業は流動性を重視して，外国でためた現金を投資に回さなかったという指摘もある．しかしその分析でも，経済状況が改善したならば，外国に蓄積された現金が新たな直接投資に向かうであろうと予測されている（UNCTAD, WIR 2012, "Disconnect between cash holdings and investment levels of the largest TNCs", pp. 26-28）.
42) "Mergers: Overseas Cash Fuels a Shopping Spree," *Bloomberge Businessweek*, August 15-28, 2011.
43) Kovar, Joseph F. (2013) "Overseas Acquisitions, Overseas Cash?", CRN News. http://www.crn.com/news/channel-programs/240161617/overseas-acquisitions-overseas-cash.htm.
44) GE, Annual Report 2013, pp. 2-11.
45) 日本経済新聞 2015 年 2 月 24 日．
46) GE Press Release, June 21, 2014, "Alstom Board Chooses GE Offer".
47) Microsoft, Annual Report, various years.
48) マイクロソフトは，買収だけでなく 2005 年以降積極的に自社株買いも行っている（小西宏美［2009］16-20 ページ）．
49) 買収の歴史は，Microsoft, Press Release 各種，Mergent Online より．

終章
グローバリゼーション時代の多国籍企業による新たな支配構造

　本書で筆者は，グローバル化が進んだ今日における多国籍企業の新たな支配構造を考察した．多国籍企業論の生みの親であるハイマー以来，直接投資は外国企業の株式を半永久的に保有する「支配」を目的とした投資である，と一般的に考えられてきた．しかし1970-80年代以降，各国における資本移動の自由化やIT技術の発展などにより，グローバル・キャッシュマネジメント・システムが多国籍企業によって積極的に導入されてきた．これにより，直接投資の形態は大きく変化した．従来の親会社による子会社株式への投資以外にも，子会社から親会社への逆投資や，グループ内における双方向的・短期的な資本移動が増加してきた．本書では，こうした新たな投資をどのように位置づけるのか，を考察してきた．

　これまでの議論で明らかにされてきたとおり，筆者はこれらをグローバル化が進み，金融技術が発展した今日における多国籍企業の新たな「支配」のための投資，新たな直接投資であると結論づけた．そのうえで，直接投資を次の3つ，すなわち支配実現型直接投資，逆投資，収益再投資に分類し，前述のキャッシュマネジメント・システムを介した投資も含めて検討した．

　支配実現型直接投資は，従来からみられた親会社から子会社への投資である．親会社が子会社の株式を取得することで，まさに「支配」を実現するための投資という位置づけである．次は，子会社から親会社への逆投資である．これは親会社から子会社という，これまでの支配の方向性とは全く逆の投資であり，またそのほとんどが株式ではなく貸付という形態をとっている．

本書では，逆投資がグローバル生産を展開する多国籍企業のさらなる拡大にとって重要な意味をもつことを指摘した．グローバル化する社会において多国籍企業の生産ネットワーク，そしてターゲットとなる市場は，世界中に拡散している．その中で多国籍企業が獲得する売上や利益にしめる本国の割合は徐々に低下し，逆に外国の比重が増している．経済状況の変化が著しい今日においては，外国で獲得した利益をその投資先国だけに留めておくのではなく，日々変化する新たな成長分野，成長市場へと再投資しなければならない．逆投資は，一見従来の直接投資とは全く異なる特徴を持っているが，こうした多国籍企業のさらなる拡大再生産を支えるための構成要素の1つになっているのである．

　そして最後に収益再投資である．本書では，国際収支上の収益再投資だけでなく，インハウスバンクを介した「グループ内収益再投資」も含めて収益再投資と位置づけた．とくに問題となったのはプーリングを介したグループ内における短期的・双方向的な資本移動である．これも一見すると従来の直接投資とはかけ離れた性格をもった投資であるが，実はこうしたシステムの導入が多国籍企業による既存子会社のより強固な支配を実現していた．また多国籍企業は，インハウスバンクに蓄積した利益によってさらに新たな子会社を獲得し，その支配を拡大させている．既存の子会社が獲得した利益を，その国の中だけで投資するのではなくインハウスバンクにいったん集めることで，そこからさらに新しいより成長性の高い市場や産業に投資が行われる．こうして今日の多国籍企業は，その支配網を世界中に築いているのである．

　1980年代以降の世界経済において多国籍企業というのは，さまざまな技術を生み出し，投資先国の所得の上昇や技術の向上に役立ってきたという認識が広がっている．そうした多国籍企業の積極的なプラスの側面は正当に評価されるべきであり，今後も各国の経済発展を推し進めていくであろう．しかし他方で，多国籍企業による支配とその負の側面がなくなったわけではない．「はしがき」でも述べたとおり，多国籍企業による租税回避地への本社移転とそれをめぐる政府との攻防，多国籍企業の投資誘致にかかわる投資先

国での労働環境の悪化，多国籍企業の工場移転や撤退に伴う現地経済の混乱など，今日でも問題は無数にある．

　本書において描いた，多国籍企業による新たな「支配」と拡大再生産のプロセスについての叙述が，これらの問題を解決するための一助となれば，筆者にとってこれに勝る喜びはない．

参考文献

和文文献

相沢幸悦（1990）『ECの金融統合』東洋経済新報社．

青井倫一・中村洋（2003）「アメリカ医薬品市場における外部環境変化と研究開発型製薬企業への影響：日本の制度と研究開発型製薬企業に対するインプリケーション」『医療と社会』Vol. 13, No. 2.

石倉洋子（2000）「情報技術によって大変身をとげるアメリカ製薬業界」『医療と社会』Vol. 10, No. 2.

伊豆久（2007）「ファンド・ブーム下の国際資本市場」『甲南経済学論集』47巻4号．

板木雅彦（2006a）『国際過剰資本の誕生』ミネルヴァ書房．

――――（2006b）「いわゆる「のれん代」からみた産業資本の産業株式資本への転化」『立命館国際研究』18巻3号．

――――（2007）「いわゆる『のれん代』からみた多国籍企業と世界経済の変容」『経済理論』44巻1号．

市原路子（2011）「陸のExxonMobile，海のShell，新興国のBP―三大メジャーの新たな世界展開―」石油天然ガス・金属鉱物資源機構（JOGMEC）『石油・天然ガス資源情報』．

――――（2013）「原油高を背景に好調のスーパーメジャー，探鉱重視が続く」石油天然ガス・金属鉱物資源機構（JOGMEC）『石油・天然ガス資源情報』．

伊藤邦雄（2010）『医薬品メーカー　勝ち残りの競争戦略』日本経済新聞出版社．

伊藤孝（2006）「世界石油産業の現段階―「スーパー・メジャーズ」の形成とその歴史的意義について―」．

――――（2008）「エクソンモービル社による原油と天然ガスの生産活動―1990年代初頭以降の新展開―」埼玉大学経済学会『社会科学論集』125号．

――――（2013）「1970年代におけるエクソン社の原油獲得活動」埼玉大学経済学会『社会科学論集』138号．

居波邦泰（2011）「米国のコスト・シェアリング契約に係る移転価格訴訟の考察―ザイリンクス事案及びベリタス事案―」『税大ジャーナル』16号．

――――（2014）「税源浸食と利益移転（BEPS）に係る我が国の対応に関する考察（Ⅰ）」『税務大学校論叢』79号．

犬飼重仁編（2008）『わが国企業グループキャッシュマネジメント高度化への提言―グローバリゼーション下の企業財務の対応と実践―』クロスボーダー・キャッシュマネジメント研究報告書，NIRA．

犬飼重仁（2009）『アジア版MTN（Medium Term Note）プログラムの実行可能性に関する調査報告と提言』一般公表用改訂新版．

井本亨（2004）「アメリカ商業銀行の経営戦略─1990年代のシティコープのターンアラウンド─」『立命館経営学』42巻6号．
岩田健治（1996）『欧州の金融統合』日本経済評論社．
HSBC東京支店（2003）『アジアのキャッシュマネジメント』東洋経済新報社．
王忠毅（2002）『日系多国籍企業の財務戦略と取引費用─金融子会社，移転価格，タックス・ヘイブンをめぐって』九州大学出版会．
大石芳裕・桑名義晴・田端昌平・安室憲一（2012）『多国籍企業と新興国市場』文眞堂．
大村敬一（2010）『ファイナンス論─入門から応用まで』有斐閣．
奥田宏司・神澤正典編（2010）『現代国際金融（第2版）』法律文化社．
奥田宏司（2012）『現代国際通貨体制』日本経済評論社．
奥田宏司・代田純・櫻井公人編（2016）『現代国際金融（第3版）─構図と解明』法律文化社．
上川孝夫他編（2003）『現代国際金融論（新版）』有斐閣．
川上桃子（2012）『圧縮された産業発展』名古屋大学出版会．
川本明人（1995）『多国籍銀行論─銀行のグローバルネットワーク─』ミネルヴァ書房．
────（2006）「グローバル化のもとでの金融業の国際展開と欧米メガバンク」『修道商学』47巻1号．
儀我壮一郎（2008）「日本の医療と製薬企業の新動向」『立命館経営学』46巻6号．
木村福成・丸屋豊二郎・石川幸一編（2002）『東アジア国際分業と中国』ジェトロ．
桑原小百合（2003）「ラテンアメリカの金融部門への外資参入」『ラテンアメリカ論集』37号．
小西宏美（2008）「IMF＝OECDの直接投資統計改定議論にみる多国籍企業内国際投資マネーフロー」駒澤大学『経済学論集』39巻4号．
────（2009）「アメリカ株式市場における自社株買い─擬制資本への投資と利潤の実物資本への不転化─」駒澤大学『経済学論集』40巻4号．
────（2010）「グループ内国際貸付資本としてのインハウスバンクと直接投資」駒澤大学『経済学論集』42巻1号．
────（2012）「アメリカ系非金融多国籍企業の資本余剰とインハウスバンクの逆投資」駒澤大学『経済学論集』44巻2号．
小山堅（2000）「石油低価格による国際石油市場への影響」『エネルギー経済』2000年春号．
桜井満夫（1990）『ユーロ・ボンド市場と日本』東洋経済新報社．
佐藤定幸（1984）『多国籍企業の政治経済学』有斐閣．
佐藤秀夫（2005）「ベンチマークサーベイデータに見る米国多国籍企業の展開─1966年から2002年まで─」研究年報『経済学』（東北大学）67巻1号，2005年9月．
社団法人企業研究会（2004）『キャッシュマネジメントシステム（CMS）の導入・運

用実践事例集』.
代田純（2002）『日本の株式市場と外国人投資家』東洋経済新報社.
関下稔（2002a）「海外証券投資と海外直接投資の関連と区別に関する一考察―ダニング・ウィルキンス論争をもとにして―」『立命館国際研究』15巻2号.
─── （2002b）『現代多国籍企業のグローバル構造―国際直接投資・企業内貿易・子会社利益の再投資―』文眞堂.
─── （2012）『21世紀の多国籍企業 アメリカ企業の変容とグローバリゼーションの深化』文眞堂.
─── （2014）「多国籍製薬産業とグローバルスタンダード―アメリカにおけるブロックバスターモデルの確立と知財支配―」『立命館国際地域研究』39号.
関下稔・鶴田廣巳・奥田宏司・向壽一（1984）『多国籍銀行―国際金融不安の主役―』有斐閣.
関下稔・奥田宏司（1985）『多国籍銀行とドル体制―国際金融不安の構図―』有斐閣.
関下稔・板木雅彦・中川涼司（2006）『サービス多国籍企業とアジア経済 21世紀の推進軸』ナカニシヤ出版.
関根栄一・岩谷賢伸（2009）「日本企業のアジアにおけるキャッシュマネジメントの現状と展望」『資本市場クォータリー』2009 Winter.
髙島登志郎・中村健太・長岡貞男・本庄裕司（2009）「製薬企業とバイオベンチャーとのアライアンス―日米欧製薬企業の比較分析―」医薬産業政策研究所リサーチペーパー・シリーズ No. 48.
田島陽一（2006）『グローバリズムとリージョナリズムの相克―メキシコの開発戦略』晃洋書房.
田中素香・岩田健治編（2008）『現代国際金融』有斐閣.
徳田昭雄（2000）『グローバル企業の戦略的提携』ミネルヴァ書房.
冨浦英一（2014）『アウトソーシングの国際経済学』日本評論社.
中村正史（2008）『キャッシュマネジメントシステム導入・運営ガイド』中央経済社.
中村雅秀（1995）『多国籍企業と国際税制―海外子会社，タックス・ヘイブン，移転価格，日米租税摩擦の研究―』東洋経済新報社.
─── （2010）『多国籍企業とアメリカ租税政策』岩波書店.
中村雅秀編（1987）『累積債務の政治経済学』ミネルヴァ書房.
夏目啓二（2014）『21世紀のICT多国籍企業』同文舘出版.
西山茂（2013）『キャッシュマネジメント入門』東洋経済新報社.
日本政策投資銀行（2003）『バイオ産業をリードする米国バイオベンチャー―日本型バイオベンチャー創出モデルの構築は可能か―』
NIRAフォーラム（2006）『「次世代企業トレジャリー・マネジメントへの展望」―GEのグローバル・キャッシュマネジメントに学ぶ―参考論文集』(http://www.nira.or.jp/past/newsj/kanren/170/172/siryo/05.pdf)
萩原伸次郎・中本悟編（2005）『現代アメリカ経済―アメリカン・グローバリゼーシ

ョンの構造』日本評論社.

長谷川信次（1998）『多国籍企業の内部化理論と戦略提携』同文舘出版.

藤田芳司（2013）『医薬品産業の過去・現在・未来―故きを温ねて新しきを知る』医学評論社.

藤巻一男（2002）「海外直接投資の動向と国際課税問題に関する一考察」『税務大学校論叢』40 巻.

星野妙子編（2002）『発展途上国の企業とグローバリゼーション』アジア経済研究所.

細井長（2002）「湾岸諸国の石油政策における外資導入策とレンティア国家論」『立命館経営学』40 巻 6 号.

洞口治夫（1992）『日本企業の海外直接投資―アジアへの進出と撤退』東京大学出版会.

堀坂浩太郎・細野昭雄・古田島秀輔（2002）『ラテンアメリカ多国籍企業論：変革と脱民族化の試練』日本評論社.

本庄資（2011）「オフショア事業・投資拠点とオフショア・タックス・ヘイブンとの間に介在する『導管国（a conduit country）』をめぐる国際課税―実効税率引下げ競争に利用されるサンドイッチ・スキーム―」『税大ジャーナル』17 巻.

三井健次・小林創（2010）「近未来の医薬品製造〜クロス・コラボレーション・ハブモデルの進展〜」ブーズ・アンド・カンパニー株式会社.

峰如之介（2008）『ヒューレット・パッカードのグローバル戦略と日本市場―健全な合理主義が会社を救う―』日経 BP 社.

宮崎義一（1982）『現代資本主義と多国籍企業』岩波書店.

向壽一（1997）『多国籍企業・銀行論―大競争時代へのサバイバル戦略』中央経済社.

欧文文献

Albuquerque, Rui（2003）"The composition of international capital flows: risk sharing through foreign direct investment." *Journal of International Economics*, vol. 61.

Aliber, Robert Z.（1993）The Multinational Paradigm, The MIT Press.（岡本康雄訳『多国籍企業パラダイム』文眞堂，1997 年）

Angell, Marcia（2004）*The Truth about the Drug Companies*, Random House.（栗原千絵子・斉尾武郎監訳『ビッグ・ファーマ　製薬会社の真実』篠原出版新社，2005 年）

Bain & Company, Inc.（2012）*A World Awash in Money: Capital Trends Through 2020*.

Barefoot, Kevin B. and Mataloni Jr., Raymond J.（2011）"Operations of U.S. Multinational Companies in the United States and Abroad." *Survey of Current Business*, Nov. 2011.

Bartlett, C.A. and Ghoshal, S.（1989）Managing Across Borders, Harvard Business

School Press.（吉原英樹監訳『地球市場時代の企業戦略：トランスナショナル・マネジメントの構築』日本経済新聞社，1990 年）

Beck, Thorsten and Martinez Peria, Maria S.（2010）"Foreign Bank Acquisitions and Outreach: Evidence from Mexico." *Journal of Financial Intermediation*, vol. 19, issue 1.

Bedell, D.（2007）"Driving Efficiency", *Global Finance*, Mar 2007, Vol. 21, Iss.3.

Bloodgood, Laura（2007）"Inbound and Outbound U.S. Direct Investment With Leading Partner Countries." United States International Trade Commission, *Journal of International Commerce and Economics*.

───（2009）"Inbound and Outbound U.S. Foreign Direct Investment, 2000-2007." United States International Trade Commission, *Journal of International Commerce and Economics*.

Blouin, Jennifer, Krull, Linda and Robinson, Leslie（2012）"Where in the world are "permanently reinvested" foreign earnings?" *University of Pennsylvania, University of Oregon and Dartmouth College working paper*.

Bryant, Ralph C.（1987）*International Financial Intermediation*, The Brookings Institutions.（高橋俊治・首藤恵訳『金融の国際化と国際銀行業』東洋経済新報社，1988 年）

Buckley, Peter J. and Casson, Mark（1976）*The Future of the Multinational Enterprise*, Macmillan.（清水隆雄訳『多国籍企業の将来』文眞堂，1993 年）

Coll, Steve（2012）Private Empire: ExxonMobile and American Power, The Penguin Press.（森義雅訳『石油の帝国　エクソンモービルとアメリカのスーパーパワー』ダイヤモンド社，2014 年）

Committee on the Global Financial System（2004）*Foreign direct investment in the financial sector of emerging market economies*, BIS.

Competition Commission & Office of Fair Trading（2010）Merger Assessment Guidelines, CC2（Revised）.

Christensen, Clayton M. and Bever, Derek van（2014）"The Capitalist's Dilemma" Harvard Business Review, June 2014.（「なぜイノベーションへの投資を過小評価してしまうのか　資本家のジレンマ」『ダイヤモンドハーバードビジネスレビュー』2014 年 12 月号）

Curcuru, Stephanie E., Dvorak, Tomas and Warnock, Francis E.（2008）"Cross-Border Returns Differentials", *The Quarterly Journal of Economics*, Nov. 2008.

De Nederlandsche Bank（2000）"Special Financial Institutions in the Netherlands", *Statistical Bulletin*, Mar. 2000, p. 21.

De Nederlandsche Bank（2004）*FDI-Other Capital (with Focus on Short-Term)*,（DITEG, Issue Paper#22）Nov. 2004.

Desai, Mihir A., Foley, C. Fritz and Hines Jr., James R.（2007）"The Internal Mar-

kets of Multinational Firms", SCB March 2007.
Desai, Mihir A., Foley, C. Fritz and Forbes, Kristin J. (2008) "Financial Constraints and Growth: Multinational and Local Firm Responses to Currency Depreciations." *The Review of Financial Studies*, vol. 21, no. 6.
Dharmapala, Dhammika, Foley, C. Fritz and Forbes, Kristin J. (2011) "Watch What I do, Not What I Say: The Unintended Consequences of the Homeland Investment Act," *The Journal of Finance*, Vol. 66, No. 3, June 2011.
DITEG (2005) DITEG Outcome Paper #11-B, Apr. 2005.
DNB (2013) "Development of Dutch SFIs in 2011", *Statistical News Release*, Jan. 2013.
Dunning, John H. (1977) "Trade, location of economic activity and the MNE: a search for an eclectic approach" in Ohlin, B., Hsselborn, P.O. and Wijkman, P.M. (eds) *The International Allocation of Economic Activity*, Macmillan.
Dunning, John H. and Dilyard, John (1999) "Towards a general paradigm of foreign direct and foreign portfolio investment", *Transnational Corporations*, 8.
Dyer, Davis, Dalzell, Frederick and Olegario, Rowena (2003) *Rising Tide: Lessons from 165 Years of Brand Building at Procter & Gamble*, Harvard Business School Press.（足立光・前平謙二訳『P&Gウェイ』東洋経済新報社, 2013年）
Edwards, Alexander, Kravet, Todd and Wilson, Ryan (2014) "Trapped Cash and the Profitability of Foreign Acquisitions", *Rotman School of Management Working Paper No. 1983292*.
Eije, Henk von and Westerman, Wim (2002) "Multinational Cash Management and Conglomerate Discounts in the Euro Zone", International Business Review, vol. 11, Issue 4.
Eitemen, David K., Stonehill, Arthur I. and Moffett, Michael H. (2013) *Multinational Business Finance, Global Edition, 13th edition*, Pearson Education Limited.
European Commission, Competition DG (2009) *Pharmaceutical Sector Inquiry, Final Report*, 8 July 2009.
FTC (1952) *The International Petroleum Cartel, Staff report to the Federal Trade Commission Submitted to the Subcommittee on Monopoly of the Select Committee on Small Business*.（諏訪良二訳『国際石油カルテル』（オイルレポート社, 1998年）
GE Capital European Funding (2010) Directors' report and consolidated financial statements Year ended 31 December 2010 (http://www.rns-pdf.londonstockexchange.com/rns/1744B_8-2012-4-11.pdf) 2013.2.18.
GECC Base Prospectus, Programme for the Issuance of Euro Medium-Term Notes and Other Debt Securities, Due 9 Months or More from Date of Issue (http://www.rns-pdf.londonstockexchange.com/rns/1744B_4-2012-4-11.pdf) 2013.2.19.

Gourinchas, Pierre-Olivier and Rey, Helene (2007) "From World Banker to World Venture Capitalist: U.S. External Adjustment and the Exorbitant Privilege", *G7 Current Account Imbalances: Sustainability and Adjustment*, University of Chicago Press.

Grubel, Herbert G. (1977) "A Theory of Multinational Banking," *Banca Nazionale del Lavoro Quarterly Review*, no. 123.

Grubert, Harry (2012) "Foreign Taxes and the Growing Share of U.S. Multinational Company Income Abroad: Profits, Not Sales, are Being Globalizes", *Office of Tax Analysis Working Paper* 103.

Hamel, Gary and Prahalad, C.K. (1994) *Competing for the Future*, Harvard Business School Press. (一條和生訳『コア・コンピタンス経営　未来への競争戦略』日本経済新聞社，2001 年)

Helpman, Elhanan (2011) *Understanding Global Trade*, Harvard University Press.

Holland, C.P. et al. (1994) "The Evolution of a Global Cash Management System", *Sloan Management Review*, Fall 1994.

Hubbard, Nancy A. (2013) Conquering Global Markets, Palgrave Macmillan. (KPMGFAS 監訳『欧米・新興国・日本 16 カ国 50 社のグローバル市場参入戦略』東洋経済新報社，2013 年)

Hung, Juann H. and Mascaro, Angelo (2004) "Return on Cross-Border Investment: Why Does U.S. Investment Abroad Do Better?", CBO Technical paper 2004-17, Dec. 2004.

Hymer, Stephen Herbert (1976) "The International Operations of National Firms: A Study of Direct Foreign Investment" (宮崎義一編訳『多国籍企業論』所収，岩波書店，1979 年)

Ietto-Gillies, Grazia (2002) *Transnational Corporations: Fragmentation Amidst Integration*, Routledge.

IMF (2009) *Balance of Payments and International Investment Position Manual, Sixth Edition*. (BPM6)

International and Financial Accounts Branch, Australian Bureau of Statistics (2004) *Reinvested Earnings* (DITEG Issue Paper #5A) May 2004.

Itay, Goldstein and Razin, Assaf (2005) "Foreign Direct Investment VS Foreign Portfolio Investment", *NBER Working Paper Series*, Working Paper 11047.

Jones, Geoffrey (2005) *Multinationals and Global Capitalism: From the 19th to the 21st Century*, Oxford University Press. (安室憲一・梅野巨利訳『国際経営講義：多国籍企業とグローバル資本主義』有斐閣，2007 年)

Kindleberger, Charles P. (1967) *The International Corporation: A Symposium*, The Massachusetts Institute of Technology. (藤原武平太・和田和訳『多国籍企業―その理論と行動』財団法人日本生産性本部，1971 年)

Knickerbocker, Frederic T. (1973) *Oligopolistic Reaction and Multinational Enterprise*, Cambridge, MA: Division of Research, Graduate School of Business Administration, Harvard University.（藤田忠訳『多国籍企業の経済理論』東洋経済新報社，1978年）

Kozlow, Ralph (2002) *Exploring the Borderline Between Direct Investment and Other Types of Investment: The U.S. Treatment* (BOPCOM-02/35) Oct. 2002.

Kozlow, Ralph (2004) *Directional Principle and Reverse Investment*, (DITEG Issue Papers 7&8) Nov. 2004.

Krugman, Paul R. (1991) *Geography and Trade*, MIT Press.（北村行伸ほか訳『脱「国境」の経済学─産業立地と貿易の新理論』東洋経済新報社，1994年）

Krugman, Paul R. and Obstfeld, Maurice (2009) *International Economics: Theory & Policy*, Eighth Edition.（山本章子訳『クルーグマンの国際経済学　理論と政策（上・下）』ピアソン桐原，2011年）

Landefeld, J. Steven, Lawson, Ann M. and Weinberg, Douglas B. (1992) "Rates of Return on Direct Investment", *Survey of Current Business*, Aug. 1992.

Lean, David F., Ogur, Jonathan D. and Rogers, Robert F. (1982) *Competition and Collusion in Electrical Equipment Markets: An Economic Assessment*, Bureau of Economics Staff Report to the Federal Trade Commission.

Linden, Greg, Dedrick, Jason and Kraemer, Kenneth L. (2011) "Innovation and Job Creation in a Global Economy: The Case of Apple's iPod," *Journal of International Commerce and Economics*, May 2011.

Lipsey, R.E. and Muccielli, J. (2002) *Multinational Firms and Impacts on Employment, Trade and Technology*, Routledge

Lundan, Sarianna M. (2006) "Reinvested earnings as a component of FDI: an analytical review of the determinants of reinvestment," *Transnational Corporations*, vol. 15, no. 3, Dec. 2006.

Mahajan, Sanjiv (2006) "Concentration ratios for businesses by industry in 2004", *Economic Trends 635*.

Mataloni, Jr., Raymond J. (2000) "An Examination of the Low Rates of Return of Foreign-Owned U.S. Companies", *Survey of Current Business*, Mar. 2000.

Matraves, Catherine, "Market Structure, R&D and Advertising in the Pharmaceutical Industry", *The Journal of Industrial Economics*, Vol. 47, No. 2 (Jun. 1999), pp. 169-194.

Mines, Samuel (1978) *Pfizer …… An Informal History*.

Munoz, Carlos S. (2004) *Inclusion in Direct Investment of Transactions Between Financial SPEs and Affiliated (Non-financial) Companies*, (DITEG Issue Paper 11) Nov. 2004.

National Bank of Belgium (2004) *Various Special Cases*, (DITEG Issue Paper #21),

Nov. 2004.

Navaretti, Giorgio Barba and Venables, Anthony J. (2004) *Multinational Firms in the World Economy*, Princeton University Press.

Netherlands Foreign Investment Agency (2013) *Why Invest in Holland?*, Jan. 2013.

OECD (2000) *Towards Global Tax Co-operation Progress in Identifying and Eliminating Harmful Tax Practices*, Jun. 2000.

OECD (2008) *OECD Benchmark Definition of Foreign Direct Investment, Forth Edition.*（OECD ベンチマーク第 4 版）

Packard, David (1995) The HP Way, HarperCollins Publishers.（依田卓巳訳『HP ウェイ（増補版）』海と月社，2011 年）

Pitelis, Christos N. and Sugden, Roger (2000) *The Nature of the Transnational Firm*, Routledge.

Porter, Michael E. (1985) *Competitive Advantage*, Macmillan Inc.（土岐坤・中辻萬治・小野寺武夫訳『競争優位の戦略―いかに高業績を持続させるか―』ダイヤモンド社，1985 年）

Porter, Michael E. (1986) *Competition in Global Industries*, Harvard Business School Press.（土岐坤他訳 『グローバル企業の競争戦略』ダイヤモンド社，1992 年）

Porter, Michael E. (1998) *On Competition*, Harvard Business School Press.（竹内弘高訳『競争戦略論Ⅰ・Ⅱ』ダイヤモンド社，1999 年）

Robbins, Sidney M. and Stobaugh, Robert B. (1973) *Money in the Multinational Enterprise: A Study of Financial Policy*, Basic Books, Inc.

Rugman, Alan M. (1981) Inside the Multinationals, Croom Helm.（江夏健一・中島潤・有沢孝義・藤沢武史訳『多国籍企業と内部化理論』ミネルヴァ書房，1983 年）

Sarno, Lucio, Taylor, Mark P. (1999) "Hot money, accounting labels and the permanence of capital flows to developing countries: an empirical investigation." *Journal of Development Economics*, Vol. 59.

Saxenian, AnnaLee (1994) *Regional Advantage: Cultural and Competition in Silicon Valley and Route 128*, Harvard University Press.（山形浩生・柏木亮二訳『現代の二都物語　なぜシリコンバレーは復活し，ボストン・ルート 128 は沈んだのか』日経 BP，2009 年）

Schreiber, J.J. Servan (1967) Le Défi Américain, Editions de Noel.（林信太郎・吉崎英男訳『アメリカの挑戦』タイムライフインターナショナル，1968 年）

Sheingold, Steven and Nguyen, Nguyen Xuan (2014) "Impacts of Generic Competition and Benefit Management Practices on Spending for Prescription Drugs: Evidence from Medicare's Part D Benefit." *Medicare & Medicaid Research Review*, Vol. 4, No. 1.

Sola, Pierre (2006) *FDI Statistics—Treatment of Inter-Company Transactions of Financial Intermediaries with Non-Financial Entities*, (BOPCOM-06/24) Oct. 2006.
Stopford, John M. and Wells Jr., L.T. (1972) *Managing the Multinational Enterprise*, Longman.
Udy, Martin, Button Richard (2004) *Intercompany Remittances*, (DITEG Issue Paper #21A) Dec. 2004.
United Nations Center on Transnational Corporations (1982) *Transnational Corporations in the Power Equipment Industry*.
Vernon, Raymond (1971) *Sovereignty at Bay: The Multinational Spread of U.S. Enterprises*, Basic Books. (霍見芳浩訳『多国籍企業の新展開　追いつめられる国家主権』ダイヤモンド社、1973年)
Walter, Ingo (1999) "The Asset Management Industry in Europe: Competitive Structure and Performance Under EMU." BSA Gamma Foundation Conference on the Future of Asset Management, Lugano, Switzerland.
——— (2011) "Growth in the Global Institutional Asset Management Industry: Structure, Conduct, Performance." *The Journal of Investing*, Vol. 20, No. 3.
Wilkins, Mira (1974) *The Maturing of Multinational Enterprise*, Harvard University Press (江夏健一・米倉昭夫訳『多国籍企業の成熟（上・下）』ミネルヴァ書房、1976-78年)
——— (1999) "Two literature, two storylines: Is a general paradigm of foreign portfolio and foreign direct investment feasible?", *Transnational Corporation*, 8.
World Bank (1999) *Global Development Finance*.

年報・白書など

Bureau of Economic Analysis, *Survey of Current Business*, various issues.
House of Commons, Committee of Public Accounts (2012) *HM Revenue & Customs: Annual Report and Accounts 2011-12*, Nineteenth Report of Session 2012-13.
Permanent Subcommittee on Investigations (2012a) Exhibits: Hearings on Offshore Profit Shifting and the U.S. Tax Code, Sep. 20, 2012.
Permanent Subcommittee on Investigations (2012b) Statement of Senator Carl Levin (D-MICH) Before U.S. Senate Subcommittee on Investigations on Offshore Profit Shifting and the U.S. Tax Code, Sep. 20, 2012.
Permanent Subcommittee on Investigations (2013) Exhibits: Hearings on Offshore Profit Shifting and the U.S. Tax Code-Part 2 (Apple Inc.), May 21, 2013.
UNCTAD, World Investment Report, various years. (WIR)

US CEA, Economic Report of the President, various years.（『米国経済白書』）
厚生労働省（2002）「医薬品産業ビジョン」.
―――（2007）「新医薬品産業ビジョン」.
―――（2013）「医薬品産業ビジョン 2013」.

索引

[あ]

アウトソーシング　6, 149, 153, 155, 158
アップル　150, 151, 175, 185, 214
アドバンス・タックス・ルーリング（Advance Tax Ruling）　55, 73
移転価格　29
インハウスバンク　1, 13, 19, 22, 28, 33, 54, 58, 73, 88, 102, 162, 168, 194, 203, 208, 218
エクソンモービル　125, 127, 133
エレクトロニック・バンキング　21
オイルショック　125
オフショアリング　6, 179
オランダ領アンティル　28, 33

[か]

為替規制　17, 21, 76, 137
間接投資　2
企業内貿易　1, 11, 20
規模の経済性　152, 155, 159, 214
逆投資　27, 32-35, 86, 96, 162-165, 171, 182, 186
技術移転　38
キャッシュ・コンセントレーション　16
キャピタルゲイン　2, 8, 204
競争の排除　5
競争優位　150, 158
金融子会社　13, 40
グーグル　182, 211
グリーンフィールド（投資）　95, 104, 120, 125, 218
グループ内収益再投資　88, 91, 202, 218-219
グローバル資金管理（グローバル・キャッシュマネジメント・システム）　1, 14, 21, 79, 150, 164, 196, 208, 213-214, 218
経営資源　7, 150
現地化　212-214
子会社株式　2, 79

子会社間投資　32, 90
子会社内収益再投資　88, 201
国際資本市場　2, 56
国際生産ネットワーク　6, 152
コスト・シェアリング契約　185

[さ]

財務部　20, 205, 210, 214
サプライ・チェーン・マネージメント　20
サーベラス　141
ジェネリック（後発薬）　117-118, 122, 155
シェブロン　130
シティバンク　137
ジャストインタイム　20
資金回収型逆投資　171
資金調達代替型逆投資　168, 171
資金不足（余剰）子会社　16, 29, 78, 164, 172, 182, 199, 204, 206
市場の不完全性　5, 152
支配　4, 28, 32, 35, 79, 86, 149, 152, 157, 158, 210, 212, 214, 227
支配実現型直接投資　86, 95, 101, 104, 113, 125, 136, 150, 155, 157, 196, 201, 218
資本移動の自由化　21, 137
資本移動コスト　79, 207-208
資本参加免税　25, 73, 163, 194
収益再投資　27, 30, 87, 96, 194, 217
新外為法　21
スウィーピング　17, 64
スーパー・メジャーズ　125, 131
スマイルカーブ　159
税制優遇国　55, 73, 175, 196
製造委託　149, 153, 155, 158
製造受託　151, 154, 157
折衷理論　5
ゼネラル・エレクトリック（General Electric: GE）→　GE
ゼロバランス　203, 210

索引　243

戦略的提携　6, 150, 153
租税回避　184

[た]

対米直接投資　216
多国籍企業　4, 19, 33, 102, 151, 171, 212
多国籍企業内国際マネーフロー　23
多国籍企業内国際所得マネーフロー　23, 29, 70
多国籍企業内国際投資マネーフロー　23, 35, 37, 212
多国籍銀行　136
ダニング　5
ダブル・アイリッシュ＆ダッチ・サンドイッチ　74-75
為銀主義　21
超過利潤　8, 79, 86, 157
直接投資　4, 23, 28-29, 33, 37, 78, 92, 151, 158, 166, 202, 207, 212
導管体　13
投資ファンド　141
独占的産業株式資本　8
取引コスト　5
トレジャリーセンター　13, 40, 203, 210

[な]

内部化　5, 152, 158
内部留保　30, 194
ネッティング　14-16, 18
年齢効果説　216

[は]

バイオ医薬品　123-124, 156
ハイマー（S. ハイマー）　4, 78, 207
バークシャー・ハサウェイ　141
パススルー資金　35-36
バリューチェーン　150-154, 156, 158
バンク・オブ・アメリカ　137
非出資型国際生産（Non-Equity Modes of International Production: NEM）　6, 149
ファイザー　115, 120, 124, 150, 155, 156, 158
ヒューレット・パッカード　187, 219

ブラックロック　141
プーリング　16-19, 36-37, 78, 88, 164, 196, 199, 202, 204, 208, 210
プロダクト・ライフ・サイクル論　5
ペプシコ　211
ベンチマークサーベイ（Benchmark Survey）　3, 94, 173
ポートフォリオ投資　4, 23, 28, 34, 86, 164, 166, 202, 207, 212, 217
本国投資法（Homeland Investment Act）　96, 165

[ま]

マイクロソフト　182, 211, 219, 220
メルク　116, 124, 150, 155, 156, 158
持株会社　25, 53-55, 102

[や]

優位性　5, 153, 156-158, 181
ユーロ（統一通貨）　17, 21
ユーロCP　168
ユーロMTN　168

[ら]

ライセンス（契約）　155, 157
利益移転説　216
利ざや　4, 204, 206, 208
利子率　79, 207
リスク補償説　216
リーマン・ショック　132

[欧文]

BEA（Bureau of Economic Analysis）　3, 33, 45-47, 55
BPM6（*Balance of Payments and International Investment Position Manual, Sixth Edition*：IMF国際収支マニュアル第6版）　22, 26, 30-32, 34-35, 64-66, 90, 103, 162, 170, 196, 209
CRO（Contract Research Organization：医薬品臨床試験受託機関）　154
DNB（De Nederlandsche Bank：オランダ中央銀行）　45, 58, 196

FDIR (Foreign Direct Investment Relationships：直接投資関係) 23, 35, 209
GE (General Electric：ゼネラル・エレクトリック) 1, 168, 182, 196, 203, 205, 215, 219-220
M&A (Mergers & Acquisitions：企業の合併・買収) 95-96, 104, 120, 124, 156, 218
MOFA (Majority-Owned Foreign Affiliates：多数株所有外国子会社) 46-47, 51, 173
NEM→ 非出資型国際生産
OEM (Original Equipment Manufacturing：相手先ブランド製造) 153
P&G 213
PCMO (Pharmaceutical Contract Manufacturing Organization：医薬品製造受託機関) 155, 157-159
SFIs (Special Financial Institutions：特別金融機関) 58, 196
SPE (Special Purpose Entity：特別目的会社) 13, 40, 41
SWIFT 21, 41, 211
USDIA (U.S. Direct Investment Abroad) 45
ZBA (Zero Balance Account) 16

著者紹介

小西 宏美(こにし ひろみ)

2002 年 立命館大学大学院国際関係研究科博士号取得(国際関係学:立命館大学)
現職 駒澤大学経済学部准教授

主要業績

「多国籍企業の資金調達と対外直接投資―アメリカ多国籍企業ヨーロッパ子会社の資金調達―」立命館大学『立命館国際地域研究』第 24 号, 2006 年.
「アメリカ株式市場における自社株買い―擬制資本への投資と利潤の実物資本への不転化―」駒澤大学『経済学論集』第 40 巻第 4 号, 2009 年.
「リーマンショック以降の米経済と FRB」奥田宏司・代田純・櫻井公人編『現代国際金融(第 3 版)―構図と解明―』法律文化社, 2016 年.

グローバル資金管理と直接投資

2017 年 1 月 18 日 第 1 刷発行

定価(本体 4200 円+税)

著 者 小 西 宏 美
発行者 柿 﨑 均
発行所 ㈱日本経済評論社

〒101-0051 東京都千代田区神田神保町 3-2
電話 03-3230-1661/FAX 03-3265-2993
URL: http://www.nikkeihyo.co.jp
振替 00130-3-157198

装丁＊渡辺美知子 太平印刷社/高地製本所

落丁本・乱丁本はお取替いたします Printed in Japan
Ⓒ KONISHI Hiromi 2017
ISBN978-4-8188-2453-9

・本書の複製権・翻訳権・上映権・譲渡権・公衆送信権(送信可能化権を含む)は, ㈳日本経済評論社が保有します.

・ⓙCOPY 〈㈳出版者著作権管理機構 委託出版物〉
本書の無断複写は著作権法上での例外を除き禁じられています. 複写される場合は, そのつど事前に, ㈳出版者著作権管理機構(電話 03-3513-6969, FAX 03-3513-6979, e-mail: info@jcopy.or.jp)の許諾を得てください.

中小企業金融としての ABL
　―課題と対策―

　　　　　　　　　　　　　　　　　　　　相馬一天　本体 3500 円

IMF と新国際金融体制

　　　　　　　　　　　　　　　　　　　　大田英明　本体 4900 円

アメリカ大手銀行グループの業務展開
　―OTD モデルの形成過程を中心に―

　　　　　　　　　　　　　　　　　　　　掛下達郎　本体 3800 円

国際金融史
　―国際金本位制から世界金融危機まで―

　　　　　　　　　　　　　　　　　　　　上川孝夫　本体 5200 円

EU 経済・通貨統合とユーロ危機

　　　　　　　　　　　　　　　　　　　　星野郁　本体 5600 円

米国の金融規制変革

　　　　　　　　　　　　　　　　　　　　若園智明　本体 4800 円

IMF 8 条国移行
　―貿易・為替自由化の政治経済史―

　　　　　　　　　　　　　　　　　　　　浅井良夫　本体 7600 円

IMF と世界銀行の誕生
　―英米の通貨協力とブレトンウッズ会議―

　　　　　　　　　　　　　　　　　　　　牧野裕　本体 6400 円

現代国際通貨体制

　　　　　　　　　　　　　　　　　　　　奥田宏司　本体 5400 円

グローバリゼーションと国際通貨

　　　　　　　　　　　　　　　　　紺井博則・上川孝夫編　本体 4700 円

日本経済評論社